U0952844

成人
教育

成人（网络）教育系列规划教材

荣获全国高校现代远程教育协作组评比“网络教育教材建设金奖”

纳税会计

（第三版）

NASHUI KUAIJI

主　编　余海宗

西南财经大学出版社
Southwestern University of Finance & Economics Press
中国·成都

图书在版编目(CIP)数据

纳税会计/余海宗主编 .—3 版 .—成都: 西南财经大学出版社,2018. 12

ISBN 978-7-5504-3364-9

Ⅰ. ①纳… Ⅱ. ①余… Ⅲ. ①税收会计 Ⅳ. ①F810. 42

中国版本图书馆 CIP 数据核字(2018)第 003999 号

纳税会计(第三版)

主编:余海宗

责任编辑:向小英　杨婧颖

封面设计:何东琳设计工作室

责任印制:朱曼丽

出版发行	西南财经大学出版社(四川省成都市光华村街 55 号)
网　　址	http://www. bookcj. com
电子邮件	bookcj@ foxmail. com
邮政编码	610074
电　　话	028-87352211　87352368
照　　排	四川胜翔数码印务设计有限公司
印　　刷	四川五洲彩印有限责任公司
成品尺寸	185mm×260mm
印　　张	13. 75
字　　数	299 千字
版　　次	2018 年 12 月第 3 版
印　　次	2018 年 12 月第 1 次印刷
印　　数	1— 3000 册
书　　号	ISBN 978-7-5504-3364-9
定　　价	29. 80 元

继续（网络）教育系列规划教材
编审委员会

总序

十九大报告明确提出："办好继续教育，加快建设学习型社会，大力提高国民素质。"高等学历继续教育作为国家高等教育的重要组成部分，保证和提高人才培养质量是国家办好继续教育的核心要求，作为教育资源的高质量教材是保证人才培养质量的基础之一。高等学历继续学历教育学生对教材质量的要求越来越高。为了进一步提高继续（网络）教育的人才培养质量，帮助学生更好地学习，依据西南财经大学继续（网络）教育人才培养目标、成人学习的特点及规律，西南财经大学继续（网络）教育学院和西南财经大学出版社共同规划，依托学校各专业学院的骨干教师资源，致力于开发适合继续（网络）学历教育学生的高质量优秀系列规划教材。

西南财经大学继续（网络）教育学院和西南财经大学出版社按照继续（网络）教育人才培养方案，编写了专科及专升本公共基础课、专业基础课、专业主干课和部分选修课教材，以完善继续（网络）教育教材体系。

本系列教材的读者主要是在职人员，他们具有一定的社会实践经验和理论知识，个性化学习诉求突出，学习针对性强，学习目的明确。因此，本系列教材的编写突出了基础性、职业性、实践性及综合性。教材体系和内容结构具有新颖、实用、简明、易懂等特点，对重点、难点问题的阐述深入浅出、形象直观，对定理和概念的论述简明扼要。

为了编好本套系列规划教材，在学校领导、出版社和各学院的大力支持下，成立了由学校副校长、博士生导师杨丹教授任主任，冯卫东教授以及继续（网络）教育学院陈顺刚院长任副主任，其他部分学院领导参加的编审委员会。在编审委员会的组织下，经过广泛深入的调查研究，制定了我校继续（网络）教育教材建设规划，明确了建设目标。

在编审委员会的协调下，各学院组织了具有丰富继续（网络）教育教学经验并有教授或副教授职称的教师担任主编，由各书主编组织成立教材编写团队，确定教材编写大纲、实施计划及人员分工等，经编审委员会审核每门教材的编写大纲后再进行教材的编写。自2009年启动以来，经几年的打造，现已出版了近百种教材。该系列教材出版后，社会反响较好，获得了教育部网络教育教材建设评比金奖。

下一步根据教学需要，我们还将做两件事：一是结合转变教学与学习范式，按照理念先进、特色鲜明、立体化建设、模块新颖的要求，引进先进的教材编写模块来修订、完善已出版的教材；二是补充部分新教材。

希望经多方努力，力争将此系列教材打造成适应教学范式转变的高水平教材。在此，我们对各学院领导的大力支持、各位作者的辛勤劳动以及西南财经大学出版社的鼎力相助表示衷心的感谢！在今后教材的使用过程中，我们将听取各方面的意见，不断修订、完善教材，使之发挥更大的作用。

西南财经大学继续（网络）教育学院

2018 年 5 月

第三版前言

随着世界经济全球化的不断发展和市场经济的不断深入，我国贸易和投资与国际间的合作迅速发展，对会计教育的适应性也有了更高的要求，我国会计准则和纳税体系也在不断完善之中。为了满足教学的需要以及教学内容能与我国现行最新的纳税流程相匹配，我们修订了这本《纳税会计》教程。

本书分章叙述了我国现行的主要税种及其基本内容、应交税费计算、会计处理方法及纳税申报表填制等。各个章节首先均由引言归纳总结各税种改革的历史和流程。在内容编制上，法律规定在先，核算方法和会计实务处理在后，综合体现了法规的准确性、对市场经济的诉求的适应性和及时调整性，同时能够凸显核算技能的新颖性、核算方法的程序性和实用性。教材的编制着重理论分析与实践运用相结合，旨在培养学生扎实的理论基础以及实务操作能力。

本次修订结合了最新的纳税改革的成果，同时借鉴国内外相关资料，对全书做了一次全面的梳理、修改、调整，其宗旨仍是希望本书能够更好地体现新的法规内容，更好地服务于广大读者。2016 年 3 月 24 日，财政部、国家税务总局向社会公布了《营业税改征增值税试点实施办法》。经国务院批准，自 2016 年 5 月 1 日起，在全国范围内全面推开营改增试点，将建筑业、房地产业、金融业、生活服务业等全部营业税纳税人纳入试点范围，由缴纳营业税改为缴纳增值税。2018 年 4 月 4 日，关于税率调整的文件《财政部税务总局关于调整增值税税率的通知》（财税〔2018〕32 号）正式下发，自 5 月 1 日起执行。因此本书删除了营业税章节，将原属于营业税纳税项目均调整至增值税纳税项目，并同时将增值税税率更新至 16%、10%。增加了环境保护税、船舶吨税等新的内容，修改了资源税、印花税、城镇土地使用税等内容。同时，进一步调整了个人所得税的有关内容，对增值税、企业所得税等纳税申报表进行了更新等。

本次修订的分工如下：西南财经大学余海宗教授担任主编，负责全书修改的结构以及内容的设计。参与本次修订的具体分工如下：第一章由余海宗教授执笔，第二章由李倩执笔，第三、四章翟航执笔，第五、六章由何雅洁执笔，第七、八章由张超东执笔。

由于编者水平有限，本书难免存在疏漏之处，恳请读者和各位同仁不吝指正，以便我们进一步补充和修订。

编　者

2018 年 12 月

第二版前言

随着世界经济全球化的不断发展和市场经济的不断深入，我国贸易和投资与国际间的合作迅速发展，对会计教育的适应性也有更高的要求，我国会计准则和纳税体系也在不断完善之中。为满足教学的要求，我们修订了这本《纳税会计》教程。

本书分章叙述了我国现行的主要税种及其基本内容、应交税费计算及其会计处理方法。各章在内容的编写上，法律规定在先，核算方法和会计实务处理在后，体现了法规的准确性、核算技能的新颖性、核算方法的程序性和实用性，理论分析与实践应用相结合。

本书结合了最近的纳税改革的成果，借鉴了国内外相关资料，在第一版的基础上进行了一定的修改。增加矿产资源开采、挖掘、切割、破碎、分拣、洗选等劳务属于增值税应税劳务的规定；进一步明确企业重组过程中实物资产转让不征收增值税的规定；按照新政策修改了营业税的起征点；增加转让上市公司限售股有关所得税处理的规定；按照2011年9月1日以后新修订的个人所得税规定调整了税率表、费用扣除标准和纳税期限；按照新执行的《车船税法》修改了车船税的征税范围、细化了税额表、明确了纳税地点等。

本次修订的分工如下：西南财经大学余海宗教授担任主编，负责全书修改的结构以及内容的设计，由吴艳玲和周才友担任副主编，协助主编对教材内容进行总纂。除了第一版的作者外，参加本次修订的具体分工如下：第一章由余海宗执笔，第二章由吴艳玲执笔，第三章由代秋昳执笔，第四章由张艺蓝执笔，第五章由周才友执笔，第六章由谢璇执笔，第七章由杨洋执笔，第八章由刘宇蒙执笔。

由于编者水平有限，本书难免存在疏漏之处，恳请读者和各位同仁不吝指正，以便我们进一步补充和修订。

编　者

2013年9月

前言

在经济全球化、信息网络化的背景下，会计作为国际通用的商业语言，国际趋同的步伐亦随之加快。会计教育也必须适应这种变化，顺应这种要求。为了满足成人（网络）教育的教学需要，我们编写了这本《纳税会计》。

近年来，我国虽已陆续启动了增值税改革、出口退税制度改革、个人所得税改革、消费税改革、企业所得税改革等，但实现依法诚信纳税，仍然需要纳税人与税务机关的共同努力。纳税人必须认真履行纳税义务，严格按照国家税收法律规定，及时、足额地缴纳各项税款，为建立健全与事权相匹配的财税体制以及完善社会主义市场经济体制做出应有的贡献。各级税务机关必须依法征税，严格、公正、文明执法，认真落实依法征税、应收尽收、坚决不收过头税、诚信服务，落实税收减免管理办法，绝不能擅自减免税收，为纳税人纳税创造公平、良好的环境。

正确的会计核算是依法纳税的基础，而依法纳税又是会计核算的重要内容。2006年2月《企业会计准则》的颁布，2007年3月17日国家税务总局《企业所得税法》的颁布，2007年12月11日《企业所得税法实施条例》的公布，使得会计中的纳税问题和纳税中的会计问题，更加成为纳税会计的核心研究部分。何况税负与企业、单位的经济利益息息相关，作为纳税人的企业、单位，不仅要依法纳税、认真履行纳税义务，而且还应充分享受纳税人的权利。在不影响国家税收政策实施的前提下，能否充分享受国家的税收优惠政策，使本企业、本单位的税负既合法又合理，是经济管理者尤其是会计工作者应该重视的问题。

本书按我国现行主要税种，分章叙述了其基本内容、应交税费计算及会计处理方法；同时，也将实际工作中可能会遇到的各种纳税申报表以及填制方法进行了说明。各章在内容的编写上，法律规定在先，核算方法和会计实务处理在后，体现了法规的准确性、核算技能的新颖性、核算方法的程序性和实用性。

随着我国税收制度和法规的不断完善，书中引用法规若与以后颁布的税收法规不相一致时，应以新的法律规定为依据。

本书由西南财经大学余海宗教授担任主编，负责拟定教材大纲、设计编写体例和确定内容结构，并负责总纂、修改和定稿。具体编写分工如下：第一章由余海宗编写，

第二、三章由梁遁偲编写，第四章由王成编写，第五章由刘海霞编写，第六章由罗欣编写，第七章由熊若岚编写，第八章由倪露编写。

由于编者水平有限，时间较紧，加之税制和会计准则仍在不断改革变化中，本书难免存在疏漏之处，恳请读者和各位同仁不吝指正，以便再版时进一步补充和修订。

编者

2010 年 5 月

目 录

第一章　纳税会计概述

【学习目的与要求】

1. 了解纳税会计的概念、特点。
2. 掌握纳税会计与财务会计的关系。
3. 掌握纳税人的权利、义务及其法律责任。

第一节　纳税会计的概念

纳税会计是融税法与会计核算于一体的边缘学科，它与财务会计既有密切的联系，又有明显的区别。

一、纳税会计的概念

纳税会计又称税务会计，是社会经济发展到一定阶段的产物，是关于税收及其会计处理的方法体系。

一般认为，纳税会计是以税收法律法规为依据，以货币为主要计量单位，运用会计学的理论及其专门方法，核算和监督纳税人的纳税事务，参与纳税人的预测、决策，实现既依法纳税，又合理减轻税负的一种专业会计。

二、纳税会计与财务会计的联系与区别

纳税会计与财务会计不但在会计主体、计量尺度、核算的基本原理和方法等方面相同，而且纳税会计的计税依据是财务会计所提供的资料。也就是说，纳税会计作为一项实质性工作并不是独立存在的，而是企业会计的一个特殊领域，是以财务会计为基础的。纳税会计资料大多来源于财务会计，它对财务会计处理中与现行税法不相符的会计事项，或出于税务筹划目的需要调整的事项，按纳税会计方法计算、调整，并做调整分录，再融于财务会计账簿或财务会计报告之中。

纳税会计与财务会计的区别如下：

（一）会计目标不同

财务会计主要向投资者和债权人等提供有关企业财务状况和经营成果以及现金流动状况等方面的信息，以供其衡量、预测、评价企业的偿债能力、营运能力和获利能

力，并作出相应的投资和信贷决策。

纳税会计主要是向税务部门及企业决策者提供有关企业应纳税款等税务方面的信息，供税务部门审核、检查企业计税情况，供决策者掌握企业的税负情况。

（二）核算的主要依据不同

财务会计的核算依据是各种会计法规制度，包括会计法、企业会计准则等。纳税会计的核算依据除了各种会计法规与制度外，更重要的是税收法律法规。当企业会计准则与税收法规不一致时，纳税会计则以税收法规为依据来调整财务会计核算结果。

（三）提供的信息不同

财务会计通过确认、计量与记录经济业务和会计事项，编制资产负债表、利润表和现金流量表，反映企业财务状况、经营成果和现金流量等情况，为会计信息使用者提供决策有用的信息。纳税会计通过计量、计算、检查等专门方法，保证纳税人按税法的规定纳税，使纳税人既不违反税法规定，又使其税负最低。纳税会计主要编制纳税申报表及应交增值税明细表，列明应交税款、未交税款、减免税款和应退税款等内容，提供有关纳税的资料。

（四）会计基础不同

财务会计一般采用权责发生制处理会计事项，而纳税会计则由于其会计目标的制约，必须采用混合基础处理会计事项。所谓混合基础，是指权责发生制和收付实现制同时运用进行会计处理。并且，纳税会计在进行纳税业务核算时，较少运用会计稳健性，而财务会计在其整个核算过程中都必须贯彻稳健性。

纳税会计与财务会计提供的是关于纳税人的不同方面的信息，为使信息更为明确和实用，需将纳税会计从财务会计中分离出来，自成学科体系。

三、纳税会计的特点

纳税会计具有法律性、专业性、融合性和双重性的特点。

（一）法律性

法律性是纳税会计区别于其他专业会计的主要标志。纳税主体不论采用何种记账基础进行核算，都必须遵守税收法律法规。宪法规定，依法纳税是每个公民的义务。因此，遵守税收法律法规，依法及时、足额纳税，保证国家的财政收入，是纳税会计的一个目标。税法同其他法律一样，具有严肃性，如果纳税人不遵守税法，就会受到处罚，情节严重者将承担刑事责任。

（二）专业性

纳税会计运用会计特有的专门方法仅对纳税有关的经济业务进行核算和监督，包括计算税款、填制纳税申报表、办理纳税手续、记录税款缴纳及退补税款情况、编制纳税报表等，都需要有会计专业知识和税收专业知识。因此，纳税会计是专业性很强的会计学科。

(三) 融合性

纳税会计是融税收法规和会计准则于一体的特种专业会计。纳税会计在依税法核算的同时，还必须结合各专业会计的特点进行会计确认、计量、记录与报告。纳税会计研究的对象是税务管理活动中的会计问题，同时又是会计核算中的税务活动问题。从这个意义上讲，纳税会计是研究税务与会计交叉问题的一门边缘性、应用性经济学科。

(四) 双重性

纳税会计的双重性是指其会计目标的双重性。①纳税会计最重要的目标是保证国家及时、足额地取得税收收入，离开了这一特定目标，纳税会计便失去了存在的意义。纳税会计报送的纳税申报表与税收缴款书等会计资料，旨在接受税务机关的监督与审核，完成其纳税义务。②纳税会计的另一个重要目标是维护纳税人的合法权益。税务机关要依法征税，纳税人要依法纳税。纳税人要充分行使其权利，维护其权益。

四、纳税会计的目标

纳税会计的目标是向纳税会计信息使用者提供关于纳税人税款形成、计算、申报、缴纳等税务活动方面的会计信息，以利于纳税会计信息使用者的决策。纳税会计信息使用者主要有各级税务机关和企业的利益相关者。各级税务机关可以凭借纳税会计的信息，进行税款征收、检查和监督。企业的利益相关者包括投资人、债权人、经营者等，可凭借纳税会计的信息，了解纳税人纳税义务的履行情况和税收负担，并为其进行投资决策、税收筹划和经营决策提供依据。纳税会计的目标，具体来说，主要包括以下几个方面：

(一) 依法履行纳税义务，保证国家财政收入

纳税会计要以国家的现行税收法律法规为依据，在财务会计有关信息的基础上，正确进行与税款形成、计算、申报、缴纳有关的会计处理和调整计算，正确、及时地填报有关的纳税报表，及时、足额地缴纳各种税款，保证国家财政收入。

(二) 正确进行税务处理，维护纳税人的合法权益

纳税会计要求纳税人依法按时进行纳税申报和缴纳税款，如遇特殊情况，不能按时申报或不能按时缴纳税款的，有权申请延期申报或申请延期缴纳税款。纳税人对税务机关做出的具体行政行为不服的，有权申请复议或向法院起诉。纳税人在处理各种税务问题时，要充分行使自己的权利，以维护自身的合法权益。

(三) 合理选择纳税方案，科学进行纳税筹划

纳税会计涉及的是与纳税人纳税有关的特定领域。在这个领域，要服从和服务于纳税人经营管理的总目标，即合法地减轻纳税人税负，提高企业经济效益。因此，进行税收筹划，选择税负较轻的方案，是纳税会计的目标之一，也是纳税人享受权利的具体体现。

第二节 纳税会计核算的前提和原则

一、纳税会计核算的基本前提

纳税会计目标是向税务信息的使用者提供有关纳税人税务活动的信息，以利于他们的管理或决策。而纳税人错综复杂的税务业务，使会计实务存在种种不确定因素，要进行正确的判断和估计，必须首先明确纳税会计的基本前提。由于纳税会计是以财务会计为基础，因此，财务会计中的基本前提有些也适用于纳税会计，如会计分期、货币计量等，但因纳税会计的法定性等特点，纳税会计核算的基本前提也有其特殊性。

（一）纳税主体

纳税主体是指税法规定的直接负有纳税义务的单位和个人。正确界定纳税主体，就是要求每个纳税主体应与其他纳税主体分开，保持单独的会计记录并报告其经营状况。国家规定各税种的不同纳税人，有利于体现税收政策中合理负担和区别对待的原则，协调国民经济各部门、各地区、各层次的关系。

纳税主体与财务会计中的“会计主体”有一定区别。会计主体是财务会计为之服务的特定单位，会计确认、计量、记录和报告提供的财务信息，被严格限制在一个特定的、独立的或相对独立的经营单位之内。典型的会计主体是企业。纳税主体必须是能够独立承担纳税义务的纳税人。在一般情况下，会计主体应是纳税主体。但在特殊或特定情况下，会计主体不一定就是纳税主体，如独立核算的车间。反之，纳税主体也不一定就是会计主体。

（二）持续经营

持续经营的前提意味着企业在可以预见的未来，将会继续存在足够长的时间以实现其现在的承诺或经营管理目标。预期所得税在将来被继续课征是所得税款递延及暂时性差异能够存在，并且能够使用资产负债表债务法进行所得税处理的理由所在。

（三）货币时间价值

货币（资金）在其运行过程中具有增值能力。即使不考虑通货膨胀的因素，今天的 1 元钱比若干年后收到 1 元钱的价值要大得多。这说明，同样一笔资金，不同时间具有不同的价值。随着时间的推移，投入周转使用的资金价值将会发生增值，这种增值的能力或数额，就是货币的时间价值。这一基本前提已成为税收立法、税收征管的基点。因此，各个税种都明确规定纳税义务发生时间的确认原则、纳税期限、缴库期限等。正因为如此，递延确认收入或加速确认费用可以产生巨大的资金优势，在税收筹划实践中，人们逐步认识到最少纳税和最迟纳税的重要性。与此同时，政府及财税部门也深感货币时间价值原则的重要性，开始注意这些问题，积极地参与税收立法活动。

（四）纳税期间

纳税期间（年度）是指纳税人按照税法规定应向国家缴纳各种税款的起止时间。我国税法规定，应纳税期间自公历1月1日起至12月31日止。但如果纳税人在一个纳税年度的中间开业，或者由于改组、合并、破产、关闭等原因，使该纳税年度的实际经营期不足12个月的，应当以其实际经营期限为一个纳税年度。纳税人清算时，应当以清算期间作为一个纳税年度。纳税年度不等同于纳税期限，如增值税、消费税、营业税的纳税期限一般是一个月，而所得税强调的是年度应税收益，实行的是按月或按季预缴，年度汇算清缴。纳税人可在税法规定的范围内选择、确定纳税年度，但必须符合税法规定的采用和改变应纳税年度的办法，并且遵循税法中所做出的关于对不同企业组织形式、企业类型的各种限制性规定。

二、纳税会计的原则

由于纳税会计与财务会计密切相关，因此，《企业会计准则——基本准则》中规定的会计信息质量要求及会计要素的确认与计量原则，基本上也都适用于纳税会计。但又因纳税会计与税法的特定联系，税法中的实际支付能力原则、公平税负原则、程序优先于实体原则等，会非常明显地影响纳税会计。结合财务会计信息质量要求与税收原则和纳税会计本身的特点，纳税会计应遵循以下原则：

（一）权责发生制与收付实现制相结合的会计基础原则

权责发生制也称应计制，是指在确定某一会计期间的收入或费用时，以权利和义务是否发生为标准，即只要权利已经发生，不论款项是否已收到，都确认为当期收入；只要义务已经发生，不论款项是否已付出，都确认为当期费用。收付实现制又称现金制，它与权责发生制正好相反，收付实现制在确定某一会计期间的收入和费用时，以款项是否实际收到和付出为标准，即只要款项在当期收到，无论是否应该在该期收到，都应该确认为当期收入；只要款项在当期支付，无论是否应该在该期支付，都应该确认为当期费用。

权责发生制以权利和义务的发生来确定收入和费用的实际归属，能够合理、有效地确定不同会计期间的收益和企业的经营成果，体现了公允性和合理性。因此，在企业会计核算中，坚持以权责发生制为基础。相比之下，按收付实现制来确定收入和费用的实际归属，则欠公允合理。因此，收付实现制适用于政府和事业单位等非营利组织会计核算。

由于收付实现制具有运用简单，易于审核，使收入与费用的实现具有确定性，到纳税人最有支付能力时上缴税款，税收征管的可操作性强等特点，因此在税收历史上，最初采用的是收付实现制。但后来由于财务会计广泛采用权责发生制，加之账簿记录转换的不方便，纳税会计也采用了权责发生制。但是，纳税会计的权责发生制与财务会计的权责发生制是有区别的。①必须考虑支付能力，使得纳税人在最有能力支付时支付税款；②确定性的需要，使得收入和费用的实际实现具有确定性；③保护政府财政税收收入。例如，在收入的确认上，权责发生制的纳税会计，由于在一定程度上被支付能力原则所覆盖而包含着一定的收付实现制的方法。如在流转税法规中，都将“取得索取销售款的凭据的当天”作为纳税义务发生的时间，但在确定转让不动产的营业税纳税义务时间时规定：“纳税人转让土地使用权或者销售不动产，采用预收款方式的，其纳税义务发生时间为收到预收款的当天。”尽管纳税人收取的预收款在会计上要记为“预收账款”和“递延收益”。纳税会计采用收付实现制时，确定计税收入或计税成本的并不一定是现金形式，只要能以现金计价即可。如纳税人在以物易物进行非货币性交易时，收到对方一项实物资产或无形资产，便应按该实物资产（或无形资产）的公允价值来确认和计量换出资产所实现的收入。此外，财务会计通常采用稳健性计列的某些估计、预计费用，在纳税会计中是不能够被接受的。因为纳税会计强调“该经济行为已经发生”的限制条件，从而起到保护政府税收收入的目的。

综上可见，纳税会计在以权责发生制为基础的同时，适度引用收付实现制，以达到保证国家财政收入的目的。

（二）配比思想原则

配比思想是指企业在进行会计确认、计量时，某一特定时期的收入应当与取得该收入相关的成本、费用配比。会计核算中的配比思想是以权责发生制为基础的，如果说权责发生制主要是一个确认基础，那么配比原则就主要是一个计量和计算原则。当运用权责发生制基础对收入、成本和费用等会计要素进行会计确认后，再进一步地运用配比思想将一定时期、特定产品或项目、特定部门的收入与其相关的成本和费用进行比较，以揭示相应的经营成果。

纳税会计在总体上遵循纳税人取得的收入与其相关的成本、费用和损失配比的思想。尤其是应用于所得税会计，在确定企业所得税税前扣除项目和金额时，应遵循配比思想原则，即纳税人发生的费用应当在其应配比的当期申报扣除，纳税人某一纳税年度应申报的可扣除费用，不得提前或滞后申报扣除。纳税会计与财务会计运用配比思想在内涵和实际运用结果方面有较大差别，体现在：

（1）会计核算坚持稳健性和不完全的历史成本原则，因而将提取的资产减值准备，如坏账准备、存货跌价准备等计入资产减值损失，进行期间配比。而纳税会计坚持应纳税所得额是纳税人的应税收入与这些收入所实际发生的成本、费用相抵减后的结果，恪守历史成本原则，因而上述的会计期间配比需做纳税调整。

（2）会计利润是在权责发生制基础上配比计算的结果，而纳税会计由于适度地采用了收付实现制，不完全是以会计学意义上的收入与成本费用进行比较计算，因而应纳税所得额往往不等于会计利润。

（3）在会计核算中，为了分别核算不同产品或不同业务分部、不同地区的经营成果，需要将直接费用、间接费用、期间费用在不同产品或项目、不同分部、不同地区间进行合理分类、分配和归集。纳税会计中的配比原则不仅表现在这些方面，而且还要同时遵循“纳税人可扣除的费用从性质和根源上必须与取得应税收入相关”这一原则，即首先区别不同项目的税收待遇进行分项或分类配比；其次赞助支出、担保支出等被视为与应税收入不相关，因而规定不得在税前扣除。

（4）企业会计准则规定，变更会计政策时，如果累积影响数能够合理确定，应采用追溯调整法进行处理，并将会计政策变更的累积影响数调整期初留存收益，会计报表其他相关项目的期初数也应一并调整。而在纳税处理上，纳税人不得因会计政策变更而调整以前年度的应纳税所得额和应纳税额，也不得因此而调整以前年度尚未弥补的亏损。

（三）划分营业收益和资本收益原则

营业收益和资本收益具有不同的来源，并担负着不同的纳税责任，在纳税会计中应严格划分。营业收益是指企业通过其经常性的主要经营活动而获得的收入，通常表现为现金流入或其他资产的增加或负债的减少，其内容包括主营业务收入和其他业务收入两个部分，其税额的课征标准一般按正常税率计征。

资本收益是指在出售税法规定的资本资产时所得的收益，如投资收益、出售或交换有价证券的收益等。资本收益的课税标准具有许多不同于营业收益的特殊规定。因此，为了正确计算所得税，就应该有划分两种收益的原则和具体的划分标准。

（四）统一性和确定性原则

纳税会计是以税法为主要依据，而我国税法的指导思想是“统一税法，公平税负，简化税制，合理分权”。其中“合理分权”是指在主要的税收立法权集中在中央的前提下，依法赋予地方政府适当的税收立法权，它绝非是指纳税人可拥有自由取舍和裁量税法规定、自主确定计税规则和方法的权力。从这个意义上说，税法在其有效范围内具有高度集中、高度统一的特征。

为了体现和保持税法的统一性和确定性特征，一方面，我国税收程序法中明确规定了纳税人的权利与义务，税收实体法中对各税法构成要素进行了统一规定，严格要求纳税人依法进行纳税申报和缴纳税款；另一方面，对税额计算中需要随时随地做出判断和结论的交易与事项（如财产损失金额及其处理等），税法或是要求纳税人必须经税务机关审核批准，或是规定税务机关有权核定征收，或是规定税务机关有权依法确定计税依据。这样，就极大限度地控制了纳税人对应纳税额、纳税时间的自由调整权。纳税会计在进行税务处理时，要严格遵守税法，因此，具有统一性和确定性成为纳税会计必须遵循的一项原则。

（五）税款支付能力原则

税款支付能力与纳税能力有所不同。纳税能力是指纳税人应以合理的标准确定计税基数，有同等计税基数的纳税人应负担同一税种的同等税款。因此，纳税能力体现的是合理负税原则。税款支付能力与企业的其他费用支出有所不同。税款支付全部是现金流出，因此，在考虑纳税能力的同时，更应考虑税款的支付能力。纳税会计在确认、计量、记录其收入、收益、成本、费用时，应选择保证支付能力的会计方法。

（六）税收筹划原则

纳税会计在进行税收实务处理时，要时刻注重税收筹划。税收筹划又称纳税筹划。它是纳税人在其经营决策、筹资决策和投资决策过程中，在不违反税法的前提下，以降低税负为目标，运用现代管理理论与方法，对纳税活动进行方案的规划、预测、比较、决策等一系列管理活动的总称。税收筹划是在市场经济条件下，企业经营行为自主化、利益格局独立化的必然产物。

第三节　纳税人的权利、义务与法律责任

掌握纳税人的权利、义务和法律责任，有助于会计人员做好纳税会计实务工作，维护纳税人的合法权益，依法承担纳税义务，减少不必要的税收支出，避免本不应承担的法律责任。

一、纳税人的权利

纳税人享受国家税法规定的减免税优待，一般可以分为以下两种情况：①国家为支持和鼓励某些产业、产品和经营项目的发展，在税法规定的条件和范围内给予的扶持性减免税；②纳税人有特殊困难或遭受自然灾害，税务机关根据纳税人的申请而给予的困难性减税、免税。

（1）申请延期申报和延期缴纳税款的权利。纳税人不能按期办理纳税申报，或有特殊困难不能按期缴纳税款的，经税务机关核准，可以延期申报和延期缴纳税款。

（2）依法申请收回多缴的税款。纳税人超过应纳税额缴纳的税款，允许在三年内申请退还；逾期税务机关不予受理。

（3）认为税务机关具有不当的行政行为，使自己的合法权益遭受损失的，纳税人有权要求税务机关赔偿。

（4）有权要求税务机关对自己的生产经营和财务状况及有关资料等保守秘密。

（5）不负有代收、代扣、代缴义务的纳税人，有权依法拒绝税务机关要求其执行代收、代扣、代缴税款的义务。

（6）有权对税务机关做出的具体行政行为申请复议和向法院起诉及要求听证。

（7）有权对税务机关及其工作人员的各种不法行为进行揭露、检举和控告；有权检举违反税收法律、行政法规的行为。

（8）国家法律、行政法规规定的其他权利。

二、纳税人的义务

（1）依照税法规定申请办理税务登记、变更或注销税务登记，并按规定使用税务登记证件，不得转借、涂改、损毁、买卖或者伪造税务登记证件。

（2）必须按规定设置账簿。个体工商户确实不能设置账簿的，须报经税务机关批准。

（3）必须按税法规定办理纳税申报，报送纳税申报表、财务会计报表及税务机关要求报送的其他资料。因特殊情况不能按期办理的，须报经税务机关批准。

（4）必须按税法规定的纳税期限缴纳税款。因特殊情况不能按期缴纳的，经省、

自治区、直辖市税务机关批准，可延期缴纳，但最长不得超过三个月。

（5）要按税收法律与行政法规的规定保管和使用发票。

（6）欠缴税款需要出境的，应当在出境前向税务机关结清应纳税款或提供担保。

（7）接受税务机关的税务检查，如实反映情况，提供有关证明材料，不得拒绝、隐瞒。

（8）与税务机关发生纳税争议时，必须先依照法律、行政法规的规定缴纳税款及滞纳金，再申请税务行政复议。

（9）国家法律、行政法规规定的其他义务。

纳税人享有的权利和承担的义务，一般也适用于法律规定的代扣、代收、代缴义务人。

三、纳税人的法律责任

（一）违反税务管理基本规定行为的处罚

（1）纳税人有下列行为之一的，由税务机关责令限期改正，可以处2 000元以下的罚款；情节严重的，处2 000元以上10 000元以下的罚款。

①未按照规定的期限申报办理税务登记、变更或者注销登记的；

②未按照规定设置、保管账簿或者保管记账凭证和有关资料的；

③未按照规定将财务、会计制度或者财务、会计处理办法和会计核算软件报送税务机关备查的；

④未按照规定将其全部银行账号向税务机关报告的；

⑤未按照规定安装、使用税控装置，或者损毁或擅自改动税控装置的；

⑥纳税人未按照规定办理税务登记证件验证或者换证手续的。

（2）纳税人不办理税务登记的，由税务机关责令限期改正；逾期不改正的，由工商行政管理机关吊销其营业执照。

（3）纳税人未按照规定使用税务登记证件，或者转借、涂改、损毁、买卖、伪造税务登记证件的，处2 000元以上10 000元以下的罚款；情节严重的，处10 000元以上50 000元以下的罚款。

（4）扣缴义务人违反账簿、凭证管理的处罚。扣缴义务人未按照规定设置、保管代扣代缴、代收代缴税款账簿或者保管代扣代缴、代收代缴税款记账凭证及有关资料的，由税务机关责令限期改正，可以处2 000元以下的罚款；情节严重的，处2 000元以上5 000元以下的罚款。

（5）纳税人、扣缴义务人未按规定进行纳税申报的法律责任。纳税人未按照规定的期限办理纳税申报和报送纳税资料的，或者扣缴义务人未按照规定的期限向税务机关报送代扣代缴、代收代缴税款报告表和有关资料的，由税务机关责令限期改正，可以处2 000元以下的罚款；情节严重的，可以处2 000元以上10 000元以下的罚款。

（二）偷税及其法律责任

偷税是指纳税人伪造、变造、隐匿、擅自销毁账簿、记账凭证，或者在账簿上多列支出或者不列、少列收入，或者经税务机关通知申报而拒不申报或者进行虚假的纳税申报，不缴或者少缴应纳税款的，是偷税。对纳税人偷税的，偷税数额占应纳税额不到10%且偷税数额不到10 000元的，由税务机关追缴其不缴或者少缴的税款、滞纳金，并处不缴或者少缴的税款的50%以上五倍以下的罚款。

2009年2月28日，第十一届全国人民代表大会常务委员会第七次会议通过的《中华人民共和国刑法》（以下简称《刑法》）修正案（七）规定：纳税人采取欺骗、隐瞒手段进行虚假纳税申报或者不申报，逃避缴纳税款数额较大且占应纳税额的10%以上的，处三年以下有期徒刑或者拘役，并处罚金；数额巨大且占应纳税额的30%以上的，处三年以上七年以下有期徒刑，并处罚金。

（三）逃避追缴欠税的法律责任

纳税人欠缴应纳税款，采取转移或者隐匿财产的手段，妨碍税务机关追缴欠缴的税款的，由税务机关追缴欠缴的税款、滞纳金，并处欠缴税款的50%以上五倍以下的罚款；构成犯罪的，依法追究刑事责任。

《刑法》第二百零三条规定：纳税人逃避追缴欠税数额在一万元以上不满十万元的，处三年以下有期徒刑或者拘役，并处或者单处欠缴税款一倍以上五倍以下罚金；数额在十万元以上的，处三年以上七年以下有期徒刑，并处欠缴税款一倍以上五倍以下罚金。

（四）骗取出口退税的法律责任

以假报出口或者其他欺骗手段，骗取国家出口退税款的，由税务机关追缴其骗取的退税款，并处骗取税款一倍以上五倍以下的罚款；构成犯罪的，依法追究刑事责任。

《刑法》第二百零四条规定：骗取国家出口退税款，数额较大的，处五年以下有期徒刑或者拘役，并处骗取税款一倍以上五倍以下罚金；数额巨大或者有其他严重情节的，处五年以上十年以下有期徒刑，并处骗取税款一倍以上五倍以下罚金；数额特别巨大或者有其他特别严重情节的，处十年以上有期徒刑或者无期徒刑，并处骗取税款一倍以上五倍以下罚金或者没收财产。

对骗取国家出口退税款的，税务机关可以在规定期间内停止为其办理出口退税。

（五）抗税的法律责任

抗税是以暴力、威胁方法拒不缴纳税款。抗税除由税务机关追缴其拒缴的税款、滞纳金外，依法追究刑事责任。情节轻微，未构成犯罪的，由税务机关追缴其拒缴的税款、滞纳金，并处拒缴税款一倍以上五倍以下的罚款。

《刑法》第二百零二条规定：以暴力、威胁方法拒不缴纳税款的，处三年以下有期徒刑或者拘役，并处拒缴税款一倍以上五倍以下罚金；情节严重的，处三年以上七年以下有期徒刑，并处拒缴税款一倍以上五倍以下罚金。

（六）进行虚假申报或不进行申报行为的法律责任

纳税人、扣缴义务人编造虚假计税依据的，由税务机关责令限期改正，并处五万元以下的罚款。纳税人不进行纳税申报，不缴或者少缴应纳税款的，由税务机关追缴其不缴或者少缴的税款、滞纳金，并处不缴或者少缴税款50%以上五倍以下的罚款。

（七）在规定期限内不缴或者少缴税款的法律责任

纳税人、扣缴义务人在规定期限内不缴或者少缴应纳或者应解缴的税款，经税务机关责令限期缴纳，逾期仍未缴纳的，税务机关除依照《税收征管法》第四十条规定采取强制执行措施，追缴其不缴或者少缴的税款外，可以处不缴或者少缴税款50%以上五倍以下的罚款。

（八）扣缴义务人不履行扣缴义务的法律责任

扣缴义务人应扣未扣、应收而不收税款的，由税务机关向纳税人追缴税款，对扣缴义务人处应扣未扣、应收未收税款50%以上三倍以下的罚款。

（九）不配合税务机关依法检查的法律责任

纳税人、扣缴义务人逃避、拒绝或者以其他方式阻挠税务机关检查的，由税务机关责令改正，可以处一万元以下的罚款；情节严重的，处一万元以上五万元以下的罚款。税务机关依法到车站、码头、机场、邮政企业及其分支机构检查纳税人有关情况时，有关单位拒绝的，由税务机关责令改正，可以处一万元以下的罚款；情节严重的，处一万元以上五万元以下的罚款。

【本章思考题】

1. 什么是纳税会计？纳税会计有哪些特点？
2. 纳税会计与财务会计有哪些联系和区别？
3. 纳税人有哪些权利与义务？

第二章 增值税的会计核算

【学习目的与要求】

1. 了解增值税、增值税纳税人的分类以及增值税的纳税义务人。

2. 掌握增值税征税范围的一般规定，对视同销售货物、混合销售和兼营行为的征税规定、不征收增值税的货物和收入的相关规定。

3. 掌握增值税一般纳税企业会计科目的设置，增值税的税率与征收率。

4. 掌握增值税销项税额的会计核算。

5. 掌握增值税进项税额的会计核算。

6. 掌握增值税进项税额转出的会计核算。

7. 掌握增值税出口退税的会计核算。

8. 掌握增值税减免税额的会计核算。

9. 掌握一般纳税人应纳税额的会计核算及申报表的填制。

10. 掌握小规模纳税人应纳税额的会计核算及申报表的填制。

增值税是以商品和劳务在流转过程中产生的增值额作为征税对象而征收的一种流转税。按照我国增值税法的规定，增值税是对在我国境内销售货物或者加工、修理修配劳务（以下简称劳务），销售服务、无形资产、不动产以及进口货物的单位和个人，就其销售货物、劳务、服务、无形资产、不动产（以下统称应税销售行为）的增值额和货物进口金额为计税依据而课征的一种流转税。

增值税法是指国家制定的用以调整增值税征收与缴纳之间权利和义务关系的法律规范。

增值税之所以能够在世界上众多国家推广，是因为其可以有效地防止商品在流转过程中的重复征税问题，并使其具备保持税收中性、普遍征收、税收负担由最终消费者承担、实行税款抵扣制度、实行比例税率、实行价外税制度等特点。

我国从 1979 年开始在部分城市试行生产型增值税。2008 年国务院决定全面实施增值税改革，即将生产型增值税转为消费型增值税。2011 年年底国家决定在上海试点营业税改征增值税工作，并逐步将试点地区已扩展到全国。2016 年 3 月 23 日，经国务院批准，财政部和国家税务总局发布了《关于全面推开营业税改征增值税试点的通知》（国税〔2016〕36 号，以下简称“增值税通知”），通知决定自 2016 年 5 月 1 日起，在全国范围内全面推开营业税改征增值税（以下简称“营改增”）试点，将建筑业、房地产业、金融业、生活服务业等全部营业税纳税人，纳税人试点范围，由缴纳营业税改为缴纳增值税。2017 年 11 月 19 日国务院发布了“关于废止《中华人民共和国营业税暂行条例》和修改《中华人民共和国增值税暂行条例》的决定”（国令第 691 号），正式结束了营业税的历史使命。

第一节　增值税会计概述

增值税是指对在我国境内销售货物或者提供加工、修理修配劳务以及进口货物的单位和个人，就其货物销售或提供劳务的增值额和进口货物的金额计算税款，并实行税款抵扣制的一种流转税。从计税原理而言，增值税是对商品生产和流通中各环节的新增价值或商品附加值进行征税，所以称之为“增值税”。然而，由于新增价值或商品附加值在商品流通过程中是一个难以准确计算的数据，因此，在增值税的实际操作上采用间接计算办法，即从事货物销售以及提供应税劳务的纳税人，要根据货物或应税劳务销售额，按照规定的税率计算税款，然后从中扣除上一道环节已纳增值税税款，其余额即为纳税人应缴纳的增值税税款。这种计算办法同样体现了对新增价值征税的原则。

一、纳税义务人

（一）单位

一切在中华人民共和国境内从事销售或者进口货物、提供应税劳务、提供应税服务以及销售无形资产和不动产的单位都是增值税纳税义务人，包括国有企业、集体企业、私有企业、股份制企业、外商投资企业、外国企业、其他企业和行政单位、事业单位、军事单位、社会团体及其他单位。

（二）个人

凡从事货物销售或进口、提供应税劳务、提供应税服务以及销售无形资产和不动产的个人都是增值税纳税义务人，包括个体经营者及其他个人。

（三）承租人和承包人

企业租赁或承包给他人经营的，以承租人或承包人为纳税义务人。

（四）进口货物的收货人或办理报关手续的单位和个人

对报关进口的货物，以进口货物的收货人或办理报关手续的单位和个人为进口货物的纳税人。对代理进口货物，以海关开具的完税凭证上的纳税人为增值税纳税人。即对报关进口货物，凡是海关的完税凭证开具给委托方的，对代理方不征收增值税；凡是海关的完税凭证开具给代理方的，对代理方应按规定征收增值税。

（五）扣缴义务人

境外的单位或个人在境内销售应税劳务而境内未设有经营机构的，其应纳税款以代理人为扣缴义务人；没有代理人的，以购买者为扣缴义务人。

二、增值税纳税人的分类

根据《增值税暂行条例》及其实施细则的规定，划分一般纳税人和小规模纳税人的基本依据是纳税人的会计核算是否健全，是否能够提供准确的税务资料以及企业规模的大小。而衡量企业规模的大小一般以年销售额为依据。因此，现行增值税制度是以纳税人年销售额的大小和会计核算水平这两个标准为依据来划分一般纳税人和小规模纳税人的。

（一）小规模纳税人的认定

根据规定，凡符合下列条件的视为小规模纳税人：

（1）从事货物生产或提供应税劳务的纳税人，以及以从事货物生产或提供应税劳务为主，并兼营货物批发或零售的纳税人，年应征增值税销售额（以下简称年应税销售额）在500万元（含）以下的。

（2）从事货物批发或零售的纳税人，年应税销售额在500万元（含）以下的；年应税销售额超过小规模纳税人标准的其他个人按小规模纳税人纳税；非企业性单位、不经常发生应税行为的企业，可选择按小规模纳税人纳税。

（3）对于从事提供应纳税服务、销售无形资产或不动产的纳税人，年应税销售额超过500万元的，应向主管税务机关办理增值税一般纳税人资格登记手续。

认定小规模纳税人的权限，在县级以上税务机关。

（二）一般纳税人的认定

一般纳税人是指年应税销售额（包括一个公历年度内的全部应税销售额）超过财政部规定的小规模纳税人标准的企业和企业性单位（以下简称企业）。具体包括：

（1）从事货物生产或提供应税劳务的纳税人，以及以从事货物生产或提供应税劳务为主，并兼营货物批发或零售的纳税人，年应税销售额在500万元以上的。

（2）从事货物批发或零售的纳税人，年应税销售额在500万元以上的。

（3）新开业的符合一般纳税人条件的企业，应在办理税务登记的同时申请办理一般纳税人认定手续。税务机关对其（非商贸企业）预计年应税销售额超过小规模企业标准的暂认定为一般纳税人。

新开业的企业（非商贸企业）开业后的实际年应税销售额未超过小规模纳税人标准的，应重新申请办理一般纳税人认定手续。

（4）年应税销售额未超过标准的商业企业以外的其他小规模企业，会计核算健全，能准确核算并提供销项税额、进项税额的，可申请办理一般纳税人认定手续。已开业的小规模企业（商贸企业除外），其年应税销售额超过小规模纳税人标准的，应在次年1月底以前申请办理一般纳税人认定手续。

（5）纳税人总分支机构实行统一核算，其总机构年应税销售额超过小规模企业标准，但分支机构是商业企业以外的其他企业，年应税销售额未超过小规模企业标准的，其分支机构可申请办理一般纳税人认定手续。在办理认定手续时，须提供总机构所在地主管税务机关批准其总机构为一般纳税人的证明（总机构申请认定表的影印件）（商贸企业除外）。

（6）为了加强对加油站成品油销售的增值税征收管理，从2009年1月1日起，对从事成品油销售的加油站，无论其年应税销售额是否超过80万元，一律按增值税一般纳税人征税。

（7）下列纳税人不属于一般纳税人：

①年应税销售额未超过小规模纳税人标准的企业（以下简称小规模企业）；

②个人（除个人经营者以外的其他个人）；

③选择按照小规模纳税人纳税的非企业性单位；

④选择按照小规模纳税人纳税的不经常发生应税行为的企业。

三、我国现行增值税征税范围的一般规定

自2016年5月1日全面"营改增"之后，增值税征税范围包括：①销售或者进口的货物；②销售劳务；③销售服务；④销售无形资产；⑤销售不动产。增值税征税范围的具体内容如下：

（一）销售货物

"货物"是指除土地、房屋和其他建筑物等一切不动产之外的有形动产，包括电力、热力和气体在内。销售货物是指有偿转让货物的所有权。"有偿"不仅仅指从购买方取得货币，还包括取得货物或其他经济利益。

（二）提供加工和修理修配劳务

"加工"是指受托加工货物，加工后的货物所有权仍属于委托者的业务，即通常所说的委托加工业务。"委托加工业务"是指由委托方提供原料及主要材料，受托方按照委托方的要求制造货物并收取加工费的业务。"修理修配"是指受托对损伤和丧失功能的货物进行修复，使其恢复原状和功能的业务。这里的"提供加工和修理修配劳务"都是指有偿提供加工和修理修配劳务。但单位或个体经营者聘用的员工为本单位或雇主提供的加工、修理修配劳务则不包括在内。

（三）进口货物

进口货物是指申报进入我国海关境内的货物。确定一项货物是否属于进口货物，必须看其是否办理了报关进口手续。通常，境外产品要输入境内，必须向我国海关申报进口，并办理有关报关手续。只要是报关进口的应税货物，均属于增值税征税范围，在进口环节缴纳增值税（享受免税政策的货物除外）。

（四）提供应税服务

"营改增"后，以前缴纳营业税的一些服务项目，现全部缴纳增值税，这些服务包括：①交通运输服务；②邮政服务；③电信服务；④建筑服务；⑤金融服务；⑥现代服务（包括研发和技术服务、信息技术服务、文化创意服务、物流辅助服务、租赁服务、鉴证咨询服务、广播影视服务、商务辅助服务和其他现代服务）；⑦生活服务（指

为满足城乡居民日常生活需求提供的各类服务活动，包括文化体育服务、教育医疗服务、旅游娱乐服务、餐饮住宿服务、居民日常服务和其他生活服务）。

（五）销售无形资产或不动产

无形资产是指不具有实物形态，但能带来经济利益的资产，包括技术、商标、著作权、商誉、自然资源使用权和其他权益性无形资产；不动产是指不能移动或者移动后会引起性质、形状改变的财产，包括建筑物、构筑物等。

四、对视同销售货物行为的征税规定

单位或个体经营者的下列行为，视同销售货物，征收增值税：

（1）将货物交付他人代销；

（2）销售代销货物；

（3）设有两个以上机构并实行统一核算的纳税人，将货物从一个机构移送到其他机构用于销售，但相关机构设在同一县（市）的除外；

（4）将自产或委托加工的货物用于非应税项目；

（5）将自产、委托加工或购买的货物作为投资，提供给其他单位或个体经营者；

（6）将自产、委托加工或购买的货物分配给股东或投资者；

（7）将自产、委托加工的货物用于集体福利或个人消费；

（8）将自产、委托加工或购买的货物无偿赠送给他人。

（9）单位和个体工商户向其他单位或者个人无偿销售应税服务、无偿转让无形资产或者不动产，但以公益活动为目的或者以社会公众为对象的除外。

对上述行为视同销售货物或提供应税劳务，按规定计算销售额并征收增值税。一是为了防止通过这些行为逃避纳税，造成税款流失；二是为了避免税款抵扣链条的中断，导致各环节间的税负的不均衡。

五、对混合销售行为和兼营行为的征税规定

（一）混合销售行为

所谓混合销售行为，是指现实生活中有些销售行为同时涉及货物和增值税应税服务，即在同一项销售行为中既包括销售货物又包括提供应税服务。《增值税暂行条例实施细则》中规定：对于从事货物的生产、批发或零售的企业、企业性单位及个体经营者的混合销售行为，均视为销售货物，征收增值税；对于其他单位和个体经营者的混合销售行为，按照销售应税服务缴纳增值税。

以上所说的从事货物的生产、批发或零售的企业、企业性单位及个体经营者，包括以从事货物的生产、批发或零售为主，并兼营非应税劳务的企业、企业性单位及个体经营者在内。

对以从事非增值税应税劳务为主，并兼营货物销售的单位和个人其混合销售行为应视为销售非应税劳务，不征收增值税。但如果其设立单独的机构经营货物销售并单

独核算，该单独机构应视为从事货物的生产、批发或零售的企业、企业性单位，其发生的混合销售行为应当征收增值税。

（二）兼营非应税劳务

所谓兼营非应税劳务，是指纳税人的经营范围既包括销售货物和应税劳务，又包括提供非应税劳务，且从事的非应税劳务与某一项销售货物或提供的应税劳务属于无直接联系和从属关系的情况。即销售货物或应税劳务与提供非应税劳务不同时发生在同一购买者身上，即不发生在同一项销售行为中。

（三）混合销售与兼营非应税劳务的异同点及其税务处理的规定

混合销售与兼营，两者既有相同的方面，又有明显的区别。其相同点是：两种行为的经营范围都有销售货物和提供劳务这两类经营项目。其区别是：混合销售强调的是在同一项销售行为中存在着两类经营项目的混合，销售货款及劳务价款是同时从一个购买方取得的；兼营强调的是在同一纳税人的经营活动中存在着两类经营项目，但这两类经营项目不是在同一项销售行为中发生，即销售货物和应税劳务与提供非应税劳务不是同时发生在同一购买者身上。混合销售与兼营既然是两个不同的税收概念，那么在税务处理上的规定也不同。混合销售的纳税原则是按“经营主业”划分，只征收一种税，即或者征收增值税或者征收营业税。兼营的纳税原则是分别核算、分别征税，即对销售货物或应税劳务的销售额，征收增值税；对提供非应税劳务获取的收入额征收营业税。对兼营行为不分别核算或者不能准确核算的，其非应税劳务应与货物或应税劳务一并征收增值税。

第二节 增值税的会计科目设置

一、增值税一般纳税企业会计科目的设置

增值税一般纳税企业有两个特点：①企业销售货物或提供劳务、提供应税服务以及销售无形资产、不动产可以开具增值税专用发票；②企业购货取得的增值税专用发票上注明的增值税税额可以抵减销项税额。

企业应交的增值税，在“应交税费”账户下设置“应交增值税”“未交增值税”“预交增值税”“待抵扣进项税额”“待认证进项税额”“待转销项税额”“简易计税”“转让金融商品应交增值税”“代扣代交增值税”。“应交税费——应交增值税”账户分别设置“进项税额”“销项税额抵减”“已交税金”“减免税款”“出口抵减内销产品应纳税额”“销项税额”“出口退税”“进项税额转出”“转出多交增值税”和“转出未交增值税”专栏。其格式如表 2－1 所示。

表 2－1　　　　　　　　　　应交税费——应交增值税

略	借方							贷方					借或贷	余额
	进项税额	已交税金	减免税款	出口抵减内销产品应纳税额	转出未交增值税	销项税额抵减	合计	销项税额	出口退税	进项税额转出	转出多交增值税	合计		

现对专栏的核算内容分述如下：

“进项税额”专栏：登记企业购入货物或接受应税劳务而支付的、准予从销项税额中抵扣的增值税税额。企业购入货物或接受劳务而支付的进项税额，用蓝字登记；退回所购货物应冲销的进项税额，用红字登记。

“已交税金”专栏：登记企业已缴纳的增值税税额。企业已缴纳的增值税税额，用蓝字登记；退回多缴的增值税税额，用红字登记。

“减免税款”专栏：登记企业按规定直接减免的、用于指定用途的（新建项目、改扩建和技术改造项目、归还长期借款、冲减进口货物成本等）或未规定专门用途的、准予从销项税额中抵扣的增值税税额。按规定，直接减免的增值税用蓝字登记，冲销直接减免的增值税用红字登记。

“出口抵减内销产品应纳税额”专栏：登记企业按规定的退税率计算的当期应予抵扣的税额。

“转出未交增值税”专栏：企业应交未交的增值税由该项目结转到“应交税费——未交增值税”账户的贷方。

“销项税额”专栏：登记企业销售货物应税劳务而应收取的增值税税额。企业销售货物或提供劳务而应收取的增值税税额，用蓝字登记；退回销售货物应冲销的销项税额，用红字登记。

“出口退税”专栏：登记企业出口适用零税率的货物，向海关办理报关出口手续后，凭出口报关单等有关凭证，向税务机关申报办理出口退税而收到的税款。出口货物办理退税而收到的税款，用蓝字登记；出口货物办理退税后发生退货或者退关而补交已退税款，用红字登记。

“进项税额转出”专栏：登记企业的购进货物、在产品、产成品等发生非正常损失以及其他原因而不应从销项税额中抵扣，按规定转出的进项税额。

“转出多交增值税”专栏：企业多交的增值税由该项目结转到“应交税费——未交增值税”账户的借方。

“销项税额抵减”专栏：记录一般纳税人按照现行增值税制度规定因扣减销售额而减少的销项税额。

二、增值税税率与征收率

按照增值税规范化的原则，我国增值税采取了基本税率（16）% 再加二档低税率

（10%和6%）的模式。由于对某些货物还要通过开征消费税来承担税收负担的特殊调节功能，因此无须设置高税率。

（一）税率

（1）自2018年5月1日后，纳税人销售货物、劳务、有形动产租赁服务或者进口货物，除下列第（二）项、第（四）项、第（五）项另有规定外，税率为16%。

（2）自2018年5月1日后，纳税人提供交通运输、邮政、基础电信、建筑、不动产租赁服务、销售不动产、转让土地使用权、销售或者进口下列货物，税率为10%：

①粮食等农产品、食用植物油、鲜奶；

②自来水、暖气、冷气、热水、煤气、石油液化气、天然气、二甲醚、沼气、居民用煤炭制品；

③图书、报纸、杂志、音像制品、电子出版物；

④饲料、化肥、农药、农机、农膜；

（3）纳税人销售服务、无形资产，除（一）、（二）、（五）另有规定外，税率为6%。

（4）纳税人出口货物，税率为零。但是，国务院另有规定的除外。

（5）境内单位和个人跨境销售国务院规定范围内的服务、无形资产，税率为零。

（二）征收率

增值税征收率是指对特定的货物或特定的纳税人发生应税销售行为在某一生产流通环节应纳税额与销售额的比率。增值税征收率适用于两种情况，一是小规模纳税，二是一般纳税人发生应税销售行为按规定可以选择简易计税方法计税的。征收率一般规定是3%。

第三节　销项税额的会计核算

一、销项税额的概念及计算

销项税额是指纳税人销售货物或者提供应税劳务，按照销售额和《增值税暂行条例》规定的税率计算并向购买方收取的增值税税额。其含义是：①销项税额是计算出来的，对销售方来讲，在没有依法抵扣其进项税额前，销项税额不是其应纳增值税税额，而是销售货物或提供应税劳务的整体税负；②销售额是不含销项税额的销售额，是从购买方收取的，体现了价外税的性质。

销项税额是销售货物或提供应税劳务的销售额与税率的乘积，该概念是相对于进项税额来说的，定义销项税额是为了区别于应纳税额。其计算公式如下：

销项税额＝销售额×税率

或　销项税额＝组成计税价格×税率

二、销售额的确定

由于销项税额 = 销售额 × 增值税税率，在增值税税率一定的情况下计算销项税额的关键在于正确、合理地确定销售额。

（一）销售额的一般规定

《增值税暂行条例》第六条规定：销售额为纳税人销售货物或者应税劳务、应税服务以及无形资产和不动产向购买方收取的全部价款和价外费用。具体地说，应税销售额包括以下内容：

（1）销售货物或提供应税劳务取自于购买方的全部价款。

（2）向购买方收取的各种价外费用。其具体内容包括：手续费、补贴、基金、集资费、返还利润、奖励费、违约金、延期付款利息、包装费、包装物租金、储备费、优质费、运输装卸费、代收款项、代垫款项及其他各种性质的价外收费。上述价外费用无论会计制度如何核算，都应并入销售额计税。但上述价外费用不包括以下四项费用：

①向购买方收取的销项税额。因为增值税属于价外税，其税款不应包含在销售货物的价款之中。

②受托加工应征消费税的货物，而由受托方向委托方代收代缴的消费税。这是因为代收代缴消费税只是受托方履行法定义务的一种行为，此项税金虽然构成委托加工货物售价的一部分，但它同受托方的加工业务及其收取的应税加工费没有内在关联。

③同时符合以下两个条件的代垫运费，即承运部门的运费发票开具给购货方，并且由纳税人将该项发票转交给购货方的。在这种情况下，纳税人仅仅是为购货人代办运输业务，而未从中收取额外费用。

④同时符合以下条件代为收取的政府性基金或者行政事业性收费：一是国务院或者财政部批准设立的政府性基金，由国务院或者省级人民政府及其财政、价格主管部门批准设立的行政事业性收费；二是收取时开具省级以上财政部门印制的财政票据；三是所收款项全额上缴财政。

（3）消费税税金。由于消费税属于价内税，因此凡征收消费税的货物在计征增值税税额时，应税销售额应包括消费税税金。这里需强调的是，增值税的销售额是不含增值税销售额的，因而在确定增值税销售额时，应注意将价外费用合并销售额后也是不含税的。如果价外费用是价税合并收取的，应换算成不含税销售额。

（二）混合销售的销售额

一项销售行为如果既涉及货物又涉及服务，为混合销售。从事货物的生产、批发或者零售的单位和个体工商户的混合销售，按照销售货物缴纳增值税；其他单位和个体工商户的混合销售，按照销售服务缴纳增值税。

（三）兼营行为的销售额

兼营是指纳税人兼有销售货物、提供加工修理修配劳务、销售服务、无形资产或者不动产（简称“应税销售行为”）。由于各项应税销售行为适用税率各不相同，因此企业应分别核算不同应税销售行为的销售额，未分别核算销售额的，从高适用税率或征收率。

（四）价款和税款合并收取情况下的销售额

现行增值税实行价外税即纳税人向购买方销售货物或应税劳务所收取的价款中不应包含增值税税款，价款和税款在增值税专用发票上分别注明。作为增值税税基的只是增值税专用发票上单独列明的不含增值税税款的销售额。但是，根据税法规定，有些一般纳税人，如商品零售企业或其他企业将货物或应税劳务出售给消费者、使用单位或小规模纳税人，只能开具普通发票，而不能开具增值税专用发票。这样，一部分纳税人（包括一般纳税人和小规模纳税人）在销售货物或提供应税劳务时，就会将价款和税款合并定价，发生销售额和增值税税额合并收取的情况。

在这种情况下，就必须将开具在普通发票上的含税销售额换算成不含税销售额，作为增值税的税基。其换算公式为：

不含税销售额 = 含税销售额 ÷（1 + 税率）

（五）视同销售行为销售额的确定

视同销售行为是增值税税法规定的特殊销售行为，在本章的第一节已经列明了八种视同销售行为。由于视同销售行为一般不以资金形式反映出来，因而会出现视同销售而无销售额的情况。另外，有时纳税人销售货物或提供应税劳务的价格明显偏低而且无正当理由。在上述情况下，主管税务机关有权按照下列顺序核定其计税销售额：

（1）按纳税人最近时期发生同类应税销售行为的平均销售价格确定。

（2）按其他纳税人最近时期发生同类应税销售行为的平均销售价格确定。

（3）用以上两种方法均不能确定其销售额的情况下，可按组成计税价格确定销售额。

其计算公式为：

组成计税价格 = 成本 ×（1 + 成本利润率）

属于应征消费税的货物，其组成计税价格应加计消费税税额。其计算公式为：

组成计税价格 = 成本 ×（1 + 成本利润率）+ 消费税税额

或　组成计税价格 = 成本 ×（1 + 成本利润率）÷（1 － 消费税税率）

公式中的成本分为两种情况：属于销售自产货物的为实际生产成本；属于销售外购货物的为实际采购成本。但属于应从价定率征收消费税的货物，其组成计税价格公式中的成本利润率，为《消费税若干具体问题的规定》中规定的成本利润率（详见第三章消费税组成计税价格的计算）。

（六）特殊销售方式的销售额

在市场竞争过程中，纳税人会采取某些特殊、灵活的销售方式销售货物，以求扩大销售、占领市场。这些特殊销售方式及销售额的确定方法是：

1. 以折扣方式销售货物

纳税人采取折扣方式销售货物，如果销售额和折扣额在同一张发票上“金额栏”分别注明，可以按折扣后的销售额征收增值税；如果将折扣额另开发票，不论其在财务上如何处理，均不得从销售额中减除折扣额。

2. 以旧换新方式销售货物

纳税人采取以旧换新方式销售货物的（金银首饰除外），应按新货物的同期销售价格确定销售额。

3. 还本销售方式销售货物

所谓还本销售，是指销货方将货物出售之后，按约定的时间，一次或分次将购货款部分或全部退还给购货方，退还的货款即为还本支出。纳税人采取还本销售货物的，不得从销售额中减除还本支出。

4. 采取以物易物方式销售

以物易物双方都应作购销处理，以各自发出的货物核算销售额并计算销项税额，以各自收到的货物核算购货额及进项税额。需要强调的是，在以物易物活动中，双方应各自开具合法的票据，必须计算销项税额；但如果收到货物不能取得相应的增值税专用发票或者其他合法票据的，不得抵扣进项税额。

5. 销售自己使用过的固定资产的征免规定

（1）一般纳税人销售自己使用过的属于《增值税暂行条例》第十条规定不得抵扣且未抵扣进项税额的固定资产，适用简易办法依照3%征收率减按2%征收增值税。

纳税人销售自己使用过的固定资产，适用简易办法依照3%征收率减按2%征收增值税政策的，可以放弃减税，适用简易办法依照3%征收率缴纳增值税，并可以开具增值税专用发票。

“已使用过的固定资产”是指纳税人根据财务会计制度已经计提折旧的固定资产。

（2）小规模纳税人（除其他个人外，下同）销售自己使用过的固定资产，减按2%征收率征收增值税。

（3）纳税人（含一般纳税人和小规模纳税人）销售旧货，适用简易办法依照3%征收率减按2%征收增值税。

所称旧货，是指进入二次流通的具有部分使用价值的货物（含旧汽车、旧摩托车和旧游艇），但不包括自己使用过的物品。

上述纳税人销售自己使用过的固定资产、物品和旧货适用简易办法依照3%征收率减按2%征收增值税的，按下列公式确定销售额和应纳税额：

应纳税额 = 含税销售额 ÷ （1 + 3%） × 2%

（七）包装物押金计税问题

纳税人为销售货物而出租出借包装物收取的押金，单独记账的，时间在一年内，又未过期的，不并入销售额征税；但对逾期未收回不再退还的包装物押金，应按所包装货物的适用税率计算纳税。这里需要注意两个问题：①“逾期”的界定，“逾期”是以一年（12 个月）为期限；②押金属于含税收入，应先将其换算为不含税销售额再并入销售额征税。另外，包装物押金与包装物租金不能混淆，包装物租金属于价外费用，在收取时并入销售额征税。

从 1995 年 6 月 1 日起，对销售除啤酒、黄酒以外的其他酒类产品收取的包装物押金，无论是否返还均应并入销售额征税。

三、销项税额的会计核算

（一）一般销售方式下销项税额的会计核算

按应收或实际收到的价税合计，借记“应收账款”“应收票据”“银行存款”等账户；按照规定税率收取的增值税税额，贷记“应交税费——应交增值税（销项税额）”账户；按实现的销售额，贷记“主营业务收入”“其他业务收入”等账户。发生的销货退回，作相反的会计处理。

【例 2-1】2018 年 5 月 7 日光华工业企业为一般纳税人，其销售 A 库存商品一批，销售价款为 180 000 元，增值税税率为 16%，用现金支付代垫运杂费 400 元，已办妥托收手续。

根据上述经济业务，企业应做如下会计处理：

借：应收账款	209 200	
贷：库存现金		400
主营业务收入		180 000
应交税费——应交增值税（销项税额）		28 800

3 日后，购货方将 A 产品一部分退出，该工业企业开出红字增值税专用发票，计退货款为 20 000 元，增值税为 3 200 元。

借：主营业务收入	20 000	
应交税费——应交增值税（销项税额）	3 200	
贷：应收账款		23 200

或：

借：应收账款	23 200（红字）	
贷：主营业务收入		20 000（红字）
应交税费——应缴增值税（销项税额）		3 200（红字）

（二）赊销和分期收款方式下销项税额的会计处理

采取赊销和分期收款方式销售货物，其纳税义务的发生时间为按合同约定的收款日期的当天。无论款项是否收到，均应在合同规定的收款日期按合同规定的收款金额计算增值税销项税额，并按收款比例结转相应的成本。

其会计处理为：

（1）发出产品时：

借：发出商品

贷：库存商品

（2）在合同约定的收款日期开具增值税专用发票（或普通发票），并计算增值税销项税额：

借：银行存款

贷：主营业务收入

应交税费——应交增值税（销项税额）

同时，结转相应的成本：

借：主营业务成本

贷：发出商品

（3）如果企业未收到款项，但是按合同规定，应该作为销售处理：

借：应收账款

贷：主营业务收入

应交税费——应交增值税（销项税额）

同时，结转相应的成本：

借：主营业务成本

贷：发出商品

（三）预收货款方式下销项税额的会计核算

采取预收货款方式销售货物，其纳税义务发生时间为货物发出的当天。企业收到预收货款时，不作销售处理，等到发出产品时才作销售处理。

其会计处理为：

（1）企业收到预收款时：

借：银行存款

贷：预收账款

（2）企业发出货物时：

借：预收账款

应收账款（银行存款）

贷：主营业务收入

应交税费——应交增值税（销项税额）

企业将自产、委托加工的货物用于管理部门、非生产机构、捐赠、赞助、集资、广告、样品、职工福利奖励、分配给股东或投资者等方面时，税法规定这类业务应视同对外销售，应根据国家的有关规定，按照主管税务部门认可的价格确定或者组成计税价格，不得以成本价作为收入。但是，会计制度没有明确规定会计处理中作为成本还是收入。只是税法明确规定视同销售行为，在发生时也必须开具增值税专用发票，增值税专用发票上记载的税额作为销项税额，这与一般的进项税额转出的意义不同，为了方便征收管理，会计上将其作为销项税额处理。

目前这类视同销售业务在会计处理上有两种方法：

（1）直接作销售处理：

借：在建工程等

　贷：应交税费——应交增值税（销项税额）

　　　主营业务收入（其他业务收入）

（2）一方面按税法要求按销售同类货物价格计算应纳税额；另一方面按生产货物或委托加工货物的成本直接结转其成本，不作销售处理。

借：在建工程等

　贷：应交税费——应交增值税（销项税额）

　　　库存商品等

根据我国现行增值税的规定，有九种情况应该视同销售进行会计处理。

（1）将货物交付他们代销的销项税额的会计核算。委托其他纳税人代销货物，其纳税义务发生时间为收到代销单位销售的代销清单的当天。

委托代销有两种方式：买断方式和收取手续费方式。

①采取买断方式代销商品，代销方可以自己制定销售价格，销售价格与买断价格之间的差额为代销方的利润。

委托方收到代销清单时：

借：应收账款

　贷：主营业务收入

　　　应交税费——应交增值税（销项税额）

②采取收取手续费方式代销商品，代销方只能按代销协议确定的代销价格销售代销商品。

企业发出代销商品时，借记“委托代销商品”账户，贷记“库存商品”账户；企业收到代销单位的代销清单，并根据代销清单开具增值税专用发票，借记“银行存款”“应收账款”账户，贷记“主营业务收入”及“应交税费——应交增值税（销项税额）”账户。委托单位支付的代销手续费，应在接到受托单位转来的普通发票后，借记“销售费用”账户，贷记“银行存款”“应收账款”账户。

（2）将自产、委托加工的货物用于非应税项目销项税额的会计处理。企业将自产或委托加工的货物用于非应税项目，按会计准则规定，并非销售业务，但在自产或委托加工的货物本身消耗的原材料、支付的加工费中，已有一部分“进项税额”从“销项税额”中扣除，所以，视同销售货物计算应交增值税。在移送货物时，按自产或委托加工货物的成本及其所用货物的计税价格乘以适用税率计算的应纳增值税之和，借记“其他业务成本”“管理费用”等账户；按自产或委托加工货物的成本，贷记“库存商品”“原材料”“低值易耗品”等账户；按应纳税额，贷记“应交税费——应交增值税（销项税额）”账户。

注意：购进货物时明确用于非应税项目，不属于增值税纳税范围，不视同销售，仅将其进项税额计入采购成本，不得作为增值税的抵扣。

【例2－2】光华工厂将自己生产的乙产品40件用于本企业管理部门，该产品单位售价为200元。按规定将应纳的增值税税额和产品成本（单位生产成本160元）之和计入工程成本，销项税额为 1 280 元（40 ×200 ×16%）。会计处理如下：

借：管理费用　　7 760

　贷：库存商品　　6 400

　　应交税费——应交增值税（销项税额）　　1 280

（3）企业将自产、委托加工或购买的货物作为投资的会计处理。企业以产成品、库存商品进行投资，应视同销售货物计算销项税，其纳税义务的发生时间为货物移送的当天。其账务处理为：借记“长期股权投资”，贷记“主营业务收入”“应交税费——应交增值税（销项税额）”“银行存款”等账户。

【例 2 -3】光华公司为一般纳税人，2018 年 5 月 8 日其用自己生产的产品向某企业投资，双方协商确定以（不含增值税）10 000 元价格入账，并开出增值税专用发票，增值税税率为 16%。

增值税 =10 000 ×16% =1 600（元）

借：长期股权投资　　11 600

　贷：主营业务收入　　10 000

　　应交税费——应交增值税（销项税额）　　1 600

（4）企业将自产、委托加工的货物用于集体福利消费的会计处理。企业将自产、委托加工的货物用于集体福利消费的，应视同销售货物计算应交增值税，借记“在建工程”“应付职工薪酬”等账户，贷记“应交税费——应交增值税（销项税额）”账户。

（5）企业将自产、委托加工的货物无偿赠送他人的会计处理。为避免企业相互赠送性的投资行为，这类业务应视同销售货物计算应交增值税，借记“营业外支出”账户，贷记“应交税费——应交增值税（销项税额）”账户。

（6）企业将自产委托加工或购买的货物分配给股东或投资者销项税额的会计处理。这一行为实际上相当于货物出售后取得货币资金，然后再将利润分配给股东，因此这一行为应视同销售行为，通过销售来处理。

借：应付股利

　贷：主营业务收入

　　应交税费——应交增值税（销项税额）

借：主营业务成本

　贷：库存商品

（7）企业将自产、委托加工或购买的货物无偿赠送他人时销项税额的会计处理。这类业务并非销售活动，因为企业并未获得经济利益，但按税法规定，要视同销售货物计算缴纳增值税。

借：营业外支出

　贷：主营业务收入

　　应交税费——应交增值税（销项税额）

借：主营业务成本

　贷：库存商品

（8）企业随同产品出售但单独计价的包装物的会计处理。企业随同产品出售但单独计价的包装物，按规定应缴纳增值税，借记“应收账款”等账户，贷记“应交税费——应交增值税（销项税额）”账户。企业逾期未退还的包装物押金，按规定应缴纳增值税，借记“其他应付款”等账户，贷记“应交税费——应交增值税（销项税额）”账户。

（9）单位和个体工商户向其他单位或者个人无偿销售应税服务、无偿转让无形资产或者不动产，但以公益活动为目的或者以社会公众为对象的除外。

（四）特殊销售方式下销项税额的会计核算

1. 价外费用的会计核算

凡随同销售货物或提供应税劳务向购买方收取的价外费用，无论其会计制度如何核算，均应并入销售额计算应纳税额。价外费用应视为含税收入，在征税时换算成不含税收入再并入销售额。

其会计处理为：

借：银行存款

　贷：主营业务收入

　　　其他业务收入——价外费用（不含税收入）

　　　应交税费——应交增值税（销项税额）

2. 混合销售行为的会计核算

从事货物的生产、批发或零售为主的企业（年货物销售额超过50%），在一项销售行为中，发生涉及应交增值税服务的（如交通运输，建筑安装、餐饮、娱乐等）视为混合销售行为，涉及非应交增值税的视为产品的销售，应开具增值税专用发票，缴纳增值税。

【例2-4】光华建筑门窗厂为一般纳税人，2018 年 5 月 1 日销售阳台窗，每平方米 180 元，共销售 1 000 平方米，另每平方米收取运输及安装费 40 元，均为含税价。收取的款项已存入银行。

上述业务为混合销售，所以应将运输及安装费视为产品销售，上述经济业务应按如下核算：

该业务不含税销售额：$(180\times1000+40\times1000)/(1+16\%)=189\ 655.17$（保留两位小数）

该业务应交增值税：$189\ 655.17\times16\%=30344.83$

根据上述计算结果，企业应做如下会计处理：

借：银行存款	220 000
贷：主营业务收入	189 655.17
应交税费——应交增值税（销项税额）	30 344.83

3. 采取折扣方式销售的会计核算

在会计核算上折扣分为现金折扣和商业折扣，会计核算也不相同，但税法着重于根据所开发票来做判断，如果销售额和折扣额在同一张发票上“金额栏”分别注明的，可按折扣后的余额作为销售额计算增值税；如果将折扣额另开发票，不论在财务上如何处理，均不将从销售额中减除折扣额。所以，在确定销售额和开具发票时，应注意把握是否应在一张发票上“金额栏”分别注明销售额和折扣额。

（五）兼营行为的会计核算

兼营是指纳税人的经营活动中既包括销售货物、提供加工修理修配劳务，又包括销售服务、无形资产或者不动产的行为。由于各项应税销售行为适用税率各不相同，因此企业应分别核算不同应税销售行为的销售额，未分别核算销售额的，从高适用税率或征收率。

销售额 = 含税销售额 ÷（1 + 税率）

【例2－5】光华建筑装饰材料商店为一般纳税人，2018 的年 5 月 12 日其销售建筑装饰材料 56 000 元（不含税），增值税税率为 16%；同时又对外承揽安装、装饰工程 43 000 元，（不含税）增值税税率为 10%；款项已收存银行。

销售建筑装饰材料应交增值税 = 56 000 × 16% = 8 960（元）

提供安装、装饰工程应交增值税 = 43 000 × 10% = 4 300（元）

根据上述计算结果，企业应作如下会计处理：

借：银行存款	112 260	
贷：主营业务收入		56 000
其他业务收入		43 000
应交税费——应交增值税（销项税额）		13 260

若该商店不能分别核算，仅能得出该月销售建筑材料收入为 99 000 元（56 000 + 43 000），则：

增值税 =（56 000 + 43 000）× 16% = 15 840（元）

会计处理如下：

借：银行存款	114 840	
贷：主营业务收入		99 000
应交税费——应交增值税（销项税额）		15 840

第四节 进项税额的会计核算

一、进项税额的含义

纳税人购进货物或者接受应税劳务，所支付或者负担的增值税为进项税额。进项税额与销项税额是两个相互对应的概念。在购销业务中，对于销货方而言，在收回货款的同时，收回销项税额；对于购货方而言，在支付货款的同时，支付进项税额。也就是说，销货方收取的销项税额就是购货方支付的进项税额。

一般而言，准予抵扣的进项税额可以根据以下两种方法来确定：①进项税额体现支付或者负担的增值税，直接在销货方开具的增值税专用发票和海关完税凭证上注明的税额，不需要计算；②购进某些货物或者接受应税劳务时，其进项税额是通过根据支付金额和法定的扣除率计算出来的。

二、进项税额的确定

根据税法规定，准予从销项税额中抵扣的进项税额如下：

（1）从销售方取得的增值税专用发票上注明的增值税税额。

（2）从海关取得的完税凭证上注明的增值税税额。

（3）购进免税农产品进项税额的确定与抵扣。

增值税一般纳税人购进农业生产者销售的免税农产品，按照农产品收购发票或者销售发票上注明的农产品买价和规定的扣除率计算进项税额扣除。自2017年7月1日—2018年4月30日，扣除率调整为11%，2018年5月1日以后扣除率再次调整为10%。对于上述规定适用于生产销售或委托受托加工低税率货物或服务，或直接将购进农产品销售的情形；但是针对纳税人购进用于生产销售或委托受托加工税率为17%（2018年5月1日以前）或16%货物的，农产品在11%或10%扣除率基础上加计2%的扣除，实际扣除率变为13%或12%。

购进农产品进项税额计算公式 = 买进 × 扣除率

三、进项税额的会计核算

（一）可以从销项税额中抵扣的进项税额的会计处理

1. 企业国内采购货物

借：材料采购

　　应交税费——应交增值税（进项税额）

　贷：银行存款（应付账款）等

购入货物发生的退货，作相反的会计处理。

【例2－6】2018年5月15日光华公司（工业企业）购入一批钢材，增值税专用发票上注明的料款为600万元，增值税税额为96万元。货款已经支付，钢材已经到达并验收入库。

根据上列经济业务，企业应作如下会计处理：

借：材料采购　　6 000 000

　　应交税费——应交增值税（进项税额）　　960 000

　贷：银行存款　　6 960 000

借：原材料——钢材　　6 000 000

　贷：材料采购　　6 000 000

2. 企业接受投资转入的货物

借：原材料

　　应交税费——应交增值税（进项税额）

　贷：实收资本

3. 企业接受捐赠转入的货物

借：原材料

　　应交税费——应交增值税（进项税额）

　贷：营业外收入

【例2－7】2018年5月20日清江商业企业接受捐赠奶粉一批，增值税专用发票上注明增值税税额为1 600元，确认的不含税价格为10 000元。

根据上述经济业务，企业应作如下会计处理：

借：库存商品——奶粉　　10 000

　　应交税费——应交增值税（进项税额）　　1 600

　贷：营业外收入　　11 600

4. 企业接受应税劳务

按照增值税专用发票上注明的增值税税额借记“应交税费——应交增值税（进项税额）”账户；按增值税专用发票上记载的加工、修理修配等货物成本的金额，借记“其他业务成本”“制造费用”“委托加工物资”“管理费用”“销售费用”等账户；按应付或实际支付的金额，贷记“应付账款”“银行存款”等账户。

【例2－8】2018年5月6日光华公司委托柳林公司将一批零件进行精加工，价款为8 000元，加工单位开来的增值税专用发票上注明的加工费为500元，增值税税额为80元（500×16%＝80），开出转账支票支付。

根据上述经济业务，企业应作如下会计处理：

①发出加工材料时：

借：委托加工物资　　8 000

　贷：原材料　　8 000

②支付加工费时：

借：委托加工物资　　500

　　应交税费——应交增值税（进项税额）　　80

　贷：银行存款　　580

③加工完毕，收回加工材料时：

借：原材料　　8 500

　贷：委托加工物资　　8 500

5. 企业进口货物

企业进口时支付给我国海关的增值税，通过“应交税费——应交增值税（进项税额）”的借方反映，表示为上交之后的增值税可以在国内销售时进行抵扣。

【例2-9】光华公司（外贸公司）某月从美国进口一批货物，当地购买价为10万美元，2018年6月1日运抵我国大连口岸支付包装费1 500美元、运费9 000美元、保险费150美元、有关手续费500美元。该进口货物的关税税率为50%，消费税税率为5%，增值税税率为16%。（假定汇率为8.5）

关税完税价格＝（100 000＋1 500＋9 000＋150＋500）×8.5＝944 775（元）

关税＝944 775×50%＝472 387.50（元）

$$消费税=\frac{944\ 775+472\ 387.50}{1-5\%}\times 5\%=74\ 587.50（元）$$

组成计税价格＝944 775＋472 387.50＋74 587.50＝1 491 750（元）

应纳增值税＝1 491 750×16%＝238 680（元）

根据以上计算结果，应作如下会计处理：

①支付进口货款时：

借：材料采购　　850 000

　贷：银行存款　　850 000

②支付各种到达目的地港口之前的采购费用时：

借：材料采购　　94 775

　贷：银行存款　　94 775

③进口货物入关时需向我国海关缴纳税款时：

借：应交税费——应交进口关税　　472 387.50

　　　　　——应交消费税　　74 587.50

　　　　　——应交增值税（进项税额）　　238 680

　贷：银行存款　　785 655

6. 企业购进免税农产品

按购入农产品的买价和规定的扣除率计算的进项税额，借记“应交税费——应交增值税（进项税额）”账户；按买价扣除进项税额，借记“材料采购”等账户；按应付或实际支付的价款，贷记“银行存款”等账户。

【例2-10】2018年7月8日，金沙罐头厂直接从农民手中收购猪肉加工，购入猪肉20 000千克，每千克为1.10元，用现金支付款项。

根据上述经济业务，企业应作如下会计处理：

借：材料采购　　22 000

　　应交税费——应交增值税（进项税额）　　2 860

贷：库存现金　　　　　　　　　　　　　　　　　　　24 860

（二）外购材料短缺与损耗进项税额的会计处理

（1）供应单位造成的短缺，若对方决定近期内予以补货，则短缺材料的进项税额暂不得抵扣，需待补来材料验收入库后，方可再予以抵扣。

（2）若对方决定退赔货款，应视不同情况比照销货退回进行处理：如购买方未付货款且未作会计处理，应退回原发票，注明作废后，重开发票；如购买方已付货款或已作会计处理，必须取得当地主管税务机关开具的“进货退出及索取折让证明单”交供应方，企业则应在取得对方开具的红字增值税专用发票后，以红字冲减原已登记的进项税额。

（3）运输单位造成的短缺或毁损，应向运输部门索赔，索赔款中的进项税额不能抵扣：

借：其他应收款

　贷：应交税费——应交增值税（进项税额转出）

购入货物途中发生的非常损失，其进项税额不得抵扣：

借：待处理财产损溢

　贷：应交税费——应交增值税（进项税额转出）

（三）不得从销项税额中抵扣的进项税额的会计处理

（1）纳税人兼营免税项目或简易计税方法计税项目而无法准确划分不得抵扣的进项税额的，按下列公式计算：

不得抵扣的进项税额

$$=\begin{array}{c}\text{当月无法划分的}\\\text{全部进项税额}\end{array}\times\frac{\text{当月免税项目销售额}+\text{当月简易计税方法计税项目销售额}}{\text{当月全部销售额合计}}$$

（2）企业购入货物及接受应税劳务、服务、无形资产和不动产直接用于简易计税方法计税项目，或直接用于免税项目以及直接用于集体福利和个人消费的，假如取得增值税专用发票，由于不再产生销项税额，所以在计入购入货物及接受劳务的成本，一起连同支付给供货方的增值税，计入购入货物及接受劳务的成本，不得作为进项税额。

【例 2-11】2018 年 6 月 5 日光华公司发生下列部分经济业务，取得增值税专用发票：

①购进建筑材料 10 000 元，用于办公楼修缮，增值税为 1 600 元；

②请电脑公司来修理厂部电脑，修理费为 1 600 元，增值税为 256 元；

③购进饮料 4 500 元，发给职工饮用，增值税为 720 元。

上述款项均用转账支票支付。

根据上述经济业务，企业应作如下会计处理：

借：管理费用　　　　　　　　　　　　　　　　11 600

　贷：银行存款　　　　　　　　　　　　　　　　　11 600

借：管理费用　　　　　　　　　　　　1 856
　贷：银行存款　　　　　　　　　　　　　1 856
借：应付职工薪酬——应付福利费　　　　5 220
　贷：银行存款　　　　　　　　　　　　　5 220

④企业购入货物或接受应税劳务没有取得增值税专用发票，而取得普通发票的（不包括购进免税农产品、废旧物资），购货方不能自己计算增值税，作为进项税额反映的，只能按普通发票上列明的价税合计借记“材料采购”等账户，贷记“银行存款”等账户。

第五节　进项税额转出的会计核算

一、进项税额转出的相关规定

按《增值税暂行条例》规定，下列项目的进项税额不得从销项税额中抵扣：

（1）用于简易计税方法计税项目的购进货物或者应税劳务。

（2）用于免税项目的购进货物或者应税劳务。

（3）用于集体福利或者个人消费的购进货物或者应税劳务、服务、无形资产以及不动产。

（4）非正常损失的购进货物。

（5）非正常损失的在产品、产成品所耗用的购进货物或者应税劳务、服务。

（6）纳税人购进货物或者应税劳务，未按照规定取得并保存增值税扣税凭证，或者增值税扣税凭证上未按照规定注明增值税税额及其他有关事项的，其进项税额不得从销项税额中抵扣。

二、进项税额转出的会计核算

一般纳税人将其购进的货物或应税劳务、服务、无形资产以及不动产已作为进项税额处理后发生下列两种情况，则原进项税额不能抵扣，只能转出。

第一种情况是，纳税人购进的货物，在产品、库存商品以及不动产发生非正常损失，应将其已经抵扣的进项税额以“进项税额转出”予以抵销。因为发生非正常损失，不能实现销售，不会产生销项税额，在购进时已作为进项税额抵扣的增值税需抵销。借记“待处理财产损溢”账户，贷记“应交税费——应交增值税（进项税额转出）”账户。

第二种情况是，购进的货物改变用途等，即购进的货物不再转卖或生产加工后出售，而是用于简易计税方法计税项目、免税项目、集体福利和个人消费等。此种情况是指原已作为进项税额处理后才改变用途，销项税额不能形成，则原处理的进项税额也不能抵扣，只能贷记“应交税费——应交增值税（进项税额转出）”账户。

【例2-12】2018年6月光华公司（商业企业）仓库失火，造成库存商品毁损，其采购成本为240 000元，进项税额为38 400元。

根据上述经济业务，企业应作如下会计处理：

借：待处理财产损溢　　278 400

　贷：库存商品　　240 000

　　应交税费——应交增值税（进项税额转出）　　38 400

【例2-13】2018年6月柳林公司（工业企业）将购入的用于生产用的材料专用于职工食堂，该材料成本为30 000元，进项税额为4 800元。

根据上述经济业务，企业应作如下会计处理：

借：在建工程　　34 800

　贷：原材料　　30 000

　　应交税费——应交增值税（进项税额转出）　　4 800

第六节　出口退税的会计核算

目前，我国的出口货物、劳务和跨境应税行为的增值税税收政策分为以下三种形式：

（1）出口免税并退税，即《关于出口货物劳务增值税和消费税政策的通知》（财税〔2012〕39号，以下简称《通知》）中所说的“适用增值税退（免）税政策的范围”。出口免税是指对货物、劳务和跨境应税行为在出口销售环节免征增值税，这是把货物、劳务和跨境应税行为出口环节与出口前的销售环节都同样视为一个征税环节；出口退税是指对货物、劳务和跨境应税行为在出口前实际承担的税收负担，按规定的退税率计算后予以退还。适用增值税退（免）税政策的出口货物、劳务和应税行为，按照规定实行增值税“免、抵、退”税或“免、退”税办法，其中“免、抵、退”税办法主要适用于自营或委托出口自产货物的生产企业，而“免、退”税办法主要适用于外贸企业。

（2）出口免税不退税，即《通知》中所说的“适用增值税免税政策的范围”。出口免税与上述第1项含义相同。出口不退税是指适用这个政策的出口货物、劳务和跨境应税行为因在前一道生产、销售环节或进口环节是免税的，因此，出口时该货物、劳务和跨境应税行为的价格中本身就不含税，也无须退税。

（3）出口不免税也不退税，即《通知》中所说的“适用增值税征税政策的范围”。出口不免税是指对国家限制或禁止出口的某些货物、劳务和跨境应税行为的出口环节视同内销环节，照常征税，出口不退税是指对这些货物、劳务和跨境应税行为出口不退还出口前其所负担的税款。

目前，我国增值税的出口退税主要采取“免、抵、退”政策。实行免、抵、退税办法的“免”税，是指对生产企业出口的自产货物，免征本企业生产销售环节增值税；

“抵”税，是指生产企业出口自产货物所耗用的原材料、零部件、燃料、动力等所含应予退还的进项税额，抵顶内销货物的应纳税额；“退”税，是指生产企业出口的自产货物或者外贸企业在当月内应抵顶的进项税额大于内销货物应纳税额时，对未抵顶完的部分予以退税。

一、出口货物退税的计算

1. 免、抵、退税的计算方法与计算公式

（1）当期应纳税额的计算：

当期应纳税额 = 当期内销货物的销项税额 -（当期进项税额 - 当期免抵退税不得免征和抵扣税额）- 上期留抵税额

其中：

当期免、抵、退税不得免征和抵扣税额 = 出口货物离岸价 × 外汇人民币牌价 ×（出口货物征税率 - 出口货物退税率）- 免、抵、退税不得免征和抵扣税额和抵减额

出口货物离岸价（FOB）以出口发票计算的离岸价为准。

免、抵、退税不得免征和抵扣税额抵减额 = 免税购进原材料价格 ×（出口货物征税率 - 出口货物退税率）

免税购进原材料包括从国内购进免税原材料和进料加工免税进口料件，其中进料加工免税进口料件的价格为组成计税价格。

进料加工免税进口料件的组成计税价格 = 货物到岸价 + 海关实征关税和消费税

如果当期没有免税购进原材料价格，前述公式中的免、抵、退税不得免征和抵扣税额抵减额，以及后面公式中的免、抵、退税额抵减额，就不用计算。

（2）免、抵、退税额的计算：

免、抵、退税额 = 出口货物离岸价 × 外汇人民币牌价 × 出口货物退税率 - 免、抵、退税额抵减额

其中：

免、抵、退税额抵减额 = 免税购进原材料价格 × 出口货物退税率

（3）当期应退税额和免、抵税额的计算：

①如当期期末留抵税额 ≤ 当期免、抵、退税额，则：

当期应退税额 = 当期期末留抵税额

当期免抵税额 = 当期免、抵、退税额 - 当期应退税额

②如当期期末留抵税额 > 当期免、抵、退税额，则：

当期应退税额 = 当期免抵退税额

当期免抵税额 = 0

当期期末留抵税额根据当期增值税纳税申报表中的“期末留抵税额”确定。

2. 企业免、抵、退税计算实例

【例 2 - 14】 光华公司为自营出口的生产企业，是增值税一般纳税人，出口货物的

征税税率为16%，退税税率为13%。2018年6月的有关经营业务为：购进原材料一批，取得的增值税专用发票上注明的价款为200万元，外购货物准予抵扣的进项税额34万元通过认证。上月末留抵税款3万元，本月内销货物不含税销售额100万元，收款116万元存入银行，本月出口货物的销售额折合人民币200万元。试计算该企业当期的免、抵、退税额。

（1）当期免、抵、退税不得免征和抵扣税额=200×（16%－13%）=6（万元）

（2）当期应纳税额=100×16%－（34－6）－3=16－28－3=－15（万元）

（3）出口货物免、抵、退税额=200×13%=26（万元）

（4）按规定，如当期末留抵税额≤当期免抵退税额时：

当期应退税额=当期期末留抵税额

即该企业当期应退税额=15（万元）

（5）当期免、抵税额=当期免、抵、退税额－当期应退税额

当期免、抵税额=26－15=11（万元）

【例2－15】光华公司为自营出口的生产企业，是增值税一般纳税人，出口货物的征税税率为16%，退税税率为13%。2018年6月有关经营业务为：购原材料一批，取得的增值税专用发票上注明的价款为400万元，外购货物准予抵扣的进项税额64万元通过认证。上期末留抵税款5万元。本月内销货物不含税销售额100万元，收款116万元存入银行。本月出口货物的销售额折合人民币200万元。试计算该企业当期的免、抵、退税额。

（1）当期免、抵、退税不得免征和抵扣税额=200×（16%－13%）=6（万元）

（2）当期应纳税额=100×16%－（68－6）－5=16－62－5=－51（万元）

（3）出口货物免、抵、退税额=200×13%=26（万元）

（4）按规定，如当期期末留抵税额>当期免抵退税额时：

当期应退税额=当期免抵退税额

即该企业当期应退税额=26（万元）

（5）当期免、抵税额=当期免抵退税额－当期应退税额

该企业当期免、抵税额=26－26=0（万元）

二、生产企业出口退税的会计核算

生产企业及1993年12月31日后批准设立的外商投资企业直接出口或委托外贸企业代理出口的货物，按规定，一律免征本环节的增值税，并按退税率计算出口货物的进项税额，抵减内销产品的应纳税额。

（一）货物出口销售后，结转成本

借：主营业务成本

　贷：库存商品

（二）企业按购进原材料等取得的增值税专用发票上记载的增值税税额与按退税率计算的增值税税额的差额

借：主营业务成本

  贷：应交税费——应交增值税（进项税额转出）

（三）按规定的退税率计算的出口货物的进项税额抵减内销产品的应纳税额

借：应交税费——应交增值税（出口抵减内销产品应纳税额）

  贷：应交税费——应交增值税（出口退税）

企业在实际收到退税款时：

借：银行存款

  贷：应交税费——应交增值税（出口退税）

【例2-16】 有进出口经营权的光华公司（生产企业），某年第三季度报关出口一批货物，离岸价为300万美元（汇率为1∶6.8），当季度内内销货物销售额为400万元，购进货物价款为1 000万元。该企业出口货物的退税率为14%；购销货物税率均为16%。

①出口货物不予抵扣或退税额为：

300×6.8×（16%－14%）=40.8（万元）

②当季度应纳税额为：

400×16%－（1 000×16%－40.8）=64－119.2=－55.2（万元）

③出口货物免、抵、退税额=300×6.8×14%=285.6（万元）

④按规定，如当期期末留抵税额≤当期免抵退税额时：

当期应退税额=当期期末留抵税额

即该企业当前应退税额为55.2万元

⑤当期免、抵税额=285.6－55.2=230.4（万元）

根据上述计算结果，会计处理为：

①报关出口：

借：银行存款 20 400 000

  贷：主营业务收入 20 400 000

②出口货物不予抵扣：

借：主营业务成本 408 000

  贷：应交税费——应交增值税（进项税额） 408 000

③国内购进：

借：材料采购 10 000 000

  应交税费——应交增值税（进项税额） 1 600 000

  贷：银行存款 11 600 000

④国内销售：

借：银行存款等 4 640 000

贷：主营业务收入　4 000 000

　　应交税费——应交增值税（销项税额）　640 000

⑤按规定的退税率（14%）计算的出口货物的进项税额抵减内销产品的应纳税额：

借：应交税费——应交增值税（出口退税）　2 304 000

　贷：应交税费——应交增值税（出口抵减内销产品应纳税额）　2 304 000

⑥实际收到退税额：

借：银行存款　552 000

　贷：应交税费——应交增值税（出口退税）　552 000

三、外贸企业出口货物退税的核算

对有进出口经营权的外贸企业收购货物直接出口或委托其他外贸企业代理出口货物的，应依据购进货物所取得的增值税专用发票上列明的进项税额和该货物适用的退税率计算退税。其计算公式为：

应退税额 = 购进货物的平均购进金额 × 退税率

（1）外贸企业在国内收购出口的货物：

借：材料采购

　　销售费用——运杂费

　　应交税费——应交增值税（进项税额）

　贷：银行存款

（2）货物出口销售：

①出口销售时：

借：银行存款等

　贷：主营业务收入

②结转主营业务成本时：

借：主营业务成本

　贷：库存商品

③按购进时取得的增值税专用发票上记载的增值税税额与按规定的退税率计算的增值税税额的差额，即不清退的部分，作为出口商品的已销成本。

借：主营业务成本

　贷：应交税费——应交增值税（进项税额转出）

④按退税率计算出应收的出口退税：

借：其他应收款

　贷：应交税费——应交增值税（出口退税）

⑤收到出口退税时：

借：银行存款

　贷：其他应收款

第七节　减免税额的会计核算

一、直接减免增值税的会计核算

对于直接免征的货物销售时，不使用增值税专用发票，其取得的销售收入全部计入“主营业务收入”账户。其会计处理如下：

借：银行存款（或应收账款）

　贷：主营业务收入

　　应交税费——应交增值税（销项税额）

借：应交税费——应交增值税（减免税款）

　贷：营业外收入

二、先征后返、即征即退增值税的会计核算

对于先征后返、即征即退的纳税人，计缴税款时按正常的销售处理；返还税款时，其会计处理为：

借：银行存款

　贷：营业外收入

第八节　一般纳税人应纳税额的会计核算及申报表的填制

一、一般纳税人应纳税额的计算

在确定了销项税额和进项税额后，就可以得出实际应纳税额。基本计算公式为：

应纳税额 = 当期销项税额 − 当期进项税额

（一）计算应纳税额的时间界定

计算应纳税额，在确定时间界限时，应掌握以下有关规定：

（1）销项税额的时间界定；

（2）进项税额抵扣时限的界定。

（二）扣减当期销项税额的规定

税法规定，一般纳税人因销货退回和折让而退还给购买方的增值税税额，应从发生销货退回或折让当期的销项税额中扣减。

（三）扣减当期进项税额的规定

1. 进货退回或折让的税务处理

税法规定，一般纳税人因进货退回和折让而从销货方收回的增值税税额，应从发

生进货退回或折让当期的进项税额中扣减。

2. 向供货方收取的返还收入的税务处理

自2004年7月1日起，对商业企业向供货方收取的与商品销售量、销售额挂钩（如以一定比例、金额、数量计算）的各种返还收入，均应按平销返利行为的有关规定冲减当期增值税进项税额。冲减进项税额的计算公式为：

当期应冲减的进项税额 = 当期取得的返还资金 ÷（1 + 所购进货适用增值税税率）×所购进货物适用增值税税率

商业企业向供货方收取的各种返还收入，一律不得开具增值税专用发票。

3. 已经抵扣进项税额的购进货物发生用途改变的税务处理

由于增值税采用"购进扣税法"，当期购进的货物或应税劳务如果未确定用于非经营性项目，其进项税额会在当期销项税额中予以抵扣。但已经抵扣进项税额的购进货物或应税劳务如果事后改变用途，如用于非应税项目、免税项目、职工福利或个人消费，购进货物发生非正常损失，在产品或产成品发生非常损失，根据税法规定，应将购进货物或应税劳务的进项税额从当期的进项税额中扣减。无法准确确定该项进项税额的，按当期实际成本计算应扣减的进项税额。

（四）一般纳税人应纳税额的计算

【例2-17】光华纺织厂（增值税一般纳税人）主要生产棉纱、棉型涤纶纱、棉坯布、棉型涤纶坯布和印染布。2018年6月份外购项目如下（外购货物均已验收入库，本月取得的相关发票均在本月认证并抵扣）：

（1）外购染料价款30 000元，增值税专用发票上注明税额为4 800元。

（2）外购低值易耗品价款15 000元，增值税专用发票上注明税额为2 400元。

（3）从供销社棉麻公司购进棉花一批，增值税专用发票上注明税额为27 200元。

（4）从农业生产者手中购进棉花价款40 000元，无进项税额。

（5）从小规模纳税人企业购进修理用配件6 000元，发票未注明税额。

（6）购进煤炭100吨，价款9 000元，增值税专用发票上注明税额为900元。

（7）生产用外购电力若干千瓦时，增值税专用发票上注明税额为5 270元。

（8）生产用外购水若干吨，增值税专用发票上注明税额为715元。

（9）购气流纺纱机1台，价款50 000元，增值税专用发票上注明税额为8 000元。

该厂本月销售货物情况如下（除注明外，销售收入均为不含税）：

①销售棉坯布120 000米，销售收入240 000元。

②销售棉型涤纶布100 000米，销售收入310 000元。

③销售印染布90 000米，其中销售给一般纳税人80 000米，销售收入280 000元，销售给小规模纳税人10 000米，价税混合收取，计40 000元。

④销售各类棉纱给一般纳税人，价款220 000元，销售各类棉纱给小规模纳税人，价税混合收取，计60 000元。

根据上述资料，计算该厂6月份应纳增值税。

分析过程：

对该厂增值税的计算可分为三个部分进行，首先计算销项税额，其次计算进项税额，最后再根据销项税额和进项税额计算应纳税额。

第一，销项税额的计算。

计算销项税额时，除价税混收的之外，其他销售项目用销售收入额乘以增值税税率即可取得。

（1）销售给一般纳税人的货物收入：棉坯布 240 000 元，棉型涤纶布 310 000 元，印染布 280 000 元，各类棉纱 220 000 元。

销项税额的计税依据为：

计税依据 = 240 000 + 310 000 + 280 000 + 220 000 = 1 050 000（元）

销项税额为：

销项税额 = 1 050 000 × 16% = 168 000（元）

（2）销售给小规模纳税人的货物，是价税混合收取的，需要先分出销售额，确定销售额的公式为：销售额 = 含税销售收入 ÷（1 + 增值税税率）；然后再计算应纳税额。本月销售给小规模纳税人的货物收入：印染布 40 000 元，各类棉纱 60 000 元，计 100 000 元。

销售额 = 100 000 ÷（1 + 16%）= 86 206.9（元）

销项税额为：

销项税额 = 86 206.9 × 16% = 13 793.104（元）

（3）该厂本月销项税额合计为：

销项税额合计 = 168 000 + 13 793.104 = 181 793.104（元）

第二，进项税额的计算。

（1）购进货物增值税专用发票上注明的税额为：外购染料 4 800 元，外购低值易耗品 2 400 元，外购棉花 27 200 元，外购煤炭 900 元，外购电力 5 270 元，外购水 715 元，计 41 285 元。

（2）购进农业产品按 12% 的税率计算进项税额。该厂本月从农业生产者手中购进棉花，按价款 40 000 元计算应抵扣的进项税额。

进项税额 = 40 000 × 12% = 4 800（元）

（3）该厂本月从小规模纳税人企业中购进的配件因没有取得增值税专用发票，其讲项税额不得抵扣。

（4）该厂本月购进的气流纺纱机，取得了增值税专用发票，进项税可抵扣。

进项税额 = 8 000（元）

（5）该厂本月进项税额合计为：

进项税额合计 = 41 285 + 4 800 + 8 000 = 54 085（元）

第三，应纳税额的计算。

企业应纳增值税税额，是用当期销项税额减去当期进项税额计算的。其计算公式为：

应纳税额 = 当期销项税额 − 当期进项税额

该厂本月应纳税额为：

应纳税额＝181 793.104－54 085＝127 708.104（元）

【例2－18】光华机床厂（增值税一般纳税人）2018年6月外购项目如下（外购货物均已验收入库，相关票据均在本月认证并抵扣）：

（1）外购钢材，价款50 000元，增值税专用发票上注明税额为8 000元。

（2）外购煤炭，价款10 000元，增值税专用发票上注明税额为1 600元。

（3）外购协作件，价款30 000元，增值税专用发票上注明税额为4 800元。

（4）外购低值易耗品6 500元，其中从一般纳税人购入物品4 000元，增值税专用发票上注明税额为640元，从小规模纳税人购入物品2 500元，发票上未注明税额。

（5）外购生产用电力，价款2 000元，增值税专用发票上注明税额为320元。

（6）外购生产用水，价款176.93元，增值税专用发票上注明税额为17.693元。该厂本月销售情况如下：

①采用托收承付结算方式销售给甲厂机床60 000元（不含税），货已发出，托收已在银行办妥，货款尚未收到。

②采用分期收款结算方式销售给乙厂机床，价款100 000元（不含税），货已发出，合同规定本月到期货款40 000元，但实际只收回货款20 000元。

③采用其他结算方式销售给丙厂机床及配件，价款80 000元（不含税），货已发出，货款已收到。

根据上述资料，计算该厂本月应纳增值税。

分析过程：

第一，本月销项税额的计算。

该厂本月销售货物的结算方式分为托收承付、分期收款和其他结算方式三种。按照增值税政策规定：对采用托收承付和其他结算方式的，其纳税义务发生时间为货物发出，同时收讫价款或者取得索取价款凭证的当天；对采用分期收款结算方式销售货物的，其纳税义务发生时间为销售合同规定的收款日期当天。因此，该厂本月的计税销售额为：

销售给甲厂货物，价款60 000元。

销售给乙厂货物，价款40 000元。

销售给丙厂货物，价款80 000元。

合计180 000元。

本月销项税额＝180 000×16%＝28 800（元）

第二，本月进项税额的计算。

该厂本月进项税额为：钢材8 000元，煤炭1 600元，协作件4 800元，低值易耗品640元，电力320元，水17.693元。合计：14 777.693元。

第二，本月应纳增值税税额的计算。

本月应纳增值税税额＝28 800（销项税额）－15 377.693（进项税额）

＝13 422.307（元）

二、缴纳增值税的会计核算

（一）当月上交本月增值税

借：应交税费——应交增值税（已交税金）
　贷：银行存款

（二）应纳增值税跨月上交

（1）月份终了，企业应将当月发生的应交未交增值结转：
借：应交税费——应交增值税（转出未交增值税）
　贷：应交税费——未交增值税
（2）月份终了，企业应将当月多交的增值税结转：
借：应交税费——未交增值税
　贷：应交税费——应交增值税（转出多交增值税）
（3）当月上交上月应交未交的增值税：
借：应交税费——未交增值税
　贷：银行存款

三、增值税一般纳税人纳税申报办法

（一）基本规定

为保障全面推开营业税改征增值税改革试点工作能顺利实施，国家税务总局发布了《全面推开营业税改征增值税试点后增值税纳税申报有关事项的公告》（国家税务总局公告 2016 年第 13 号）和《关于调整增值税纳税申报有关事项的公告》（国家税务总局公告 2017 年第 19 号）。

（二）纳税申报资料

纳税申报资料包括纳税申报表及其附列资料和纳税申报其他资料。

1. 纳税申报表及其附列资料

增值税一般纳税人（以下简称一般纳税人）纳税申报表及其附列资料包括：

（1）《增值税纳税申报表（一般纳税人适用）》（见表 2－2）。

（2）《增值税纳税申报表附列资料（一）》（本期销售情况明细）。（略）

（3）《增值税纳税申报表附列资料（二）》（本期进项税额明细）。（略）

（4）《增值税纳税申报表附列资料（三）》（服务、不动产和无形资产扣除项目明细）。（略）

一般纳税人销售服务、不动产和无形资产：在确定服务、不动产和无形资产销售额时，按照有关规定可以从取得的全部价款和价外费用中扣除价款的，需填报《增值税纳税申报表附列资料（三）》。其他情况不填写该附列资料。

（5）《增值税纳税申报表附列资料（四）》（税额抵减情况表）。（略）

(6)《增值税纳税申报表附列资料（五）》（不动产分期抵扣计算表）。（略）

(7)《增值税减免税申报明细表》。（略）

2. 纳税申报的其他资料

(1) 已开具的税控机动车销售统一发票和普通发票的存根联。

(2) 符合抵扣条件且在本期申报抵扣的增值税专用发票（含税控机动车销售统一发票）的抵扣联。

(3) 符合抵扣条件且在本期申报抵扣的海关进口增值税专用缴款书、购进农产品取得的普通发票的复印件。

(4) 符合抵扣条件且在本期申报抵扣的税收完税凭证及其清单，书面合同、付款证明和境外单位的对账单或者发票。

(5) 已开具的农产品收购凭证的存根联或报查联。

(6) 纳税人销售服务、不动产和无形资产，在确定服务、不动产和无形资产销售额时，按照有关规定从取得的全部价款和价外费用中扣除价款的合法凭证及其清单。

(7) 主管税务机关规定的其他资料。

纳税申报表及其附列资料为必报资料。纳税申报其他资料的报备要求由各省、自治区、直辖市和计划单列市国家税务局确定。

特别说明，纳税人跨县（市）提供建筑服务、房地产开发企业预售自行开发的房地产项目、纳税人出租与机构所在地不在同一县（市）的不动产，按规定需要在项目所在地或不动产所在地主管国税机关预缴税款的，需填写《增值税预缴税款表》。

（三）增值税纳税申报表（一般纳税人适用）

【分类索引】

➢ 业务类别

申报纳税

➢ 表单类型

纳税人填报

➢ 设置依据（表单来源）

政策规定表单

【政策依据】

《国家税务总局关于调整增值税纳税申报有关事项的公告》（国家税务总局公告〔2013〕第32号）

【表单】

表 2－2　**增值税纳税申报表**

（适用于增值税一般纳税人）

根据《中华人民共和国增值税暂行条例》和《交通运输业和部分现代服务业营业税改征增值税试点实施办法》的规定制定本表。纳税人不论有无销售额，均应按主管税务机关核定的纳税期限按期填报本表，并向当地税务机关申报。

税款所属时间：自　　年　月　日至　　年　月　日　　填表日期：　年　月　日　　金额单位：元至角分

纳税人识别号					所属行业：		
纳税人名称	（公章）	法定代表人姓名		注册地址		营业地址	
开户银行及账号			企业登记注册类型			电话号码	

项目		栏次	一般货物及劳务和应税服务		即征即退货物及劳务和应税服务	
			本月数	本年累计	本月数	本年累计
销售额	（一）按适用税率征税销售额	1				
	其中：应税货物销售额	2				
	应税劳务销售额	3				
	纳税检查调整的销售额	4				
	（二）按简易征收办法征税销售额	5				
	其中：纳税检查调整的销售额	6				
	（三）免、抵、退办法出口销售额	7			——	——
	（四）免税销售额	8			——	——
	其中：免税货物销售额	9			——	——
	免税劳务销售额	10			——	——
税款计算	销项税额	11				
	进项税额	12				
	上期留抵税额	13				——
	进项税额转出	14				
	免、抵、退应退税额	15			——	——
	按适用税率计算的纳税检查应补缴税额	16			——	——
	应抵扣税额合计	17 = 12 + 13 － 14 － 15 + 16		——		——
	实际抵扣税额	18（如 17 < 11，则为 17，否则为 11）				
	应纳税额	19 - 11　18				
	期末留抵税额	20 = 17 － 18				——
	简易征收办法计算的应纳税额	21				
	按简易征收办法计算的纳税检查应补缴税额	22			——	——
	应纳税额减征额	23				
	应纳税额合计	24 = 19 + 21 － 23				

表2-2(续)

税款缴纳	期初未缴税额(多缴为负数)	25				
	实收出口开具专用缴款书退税额	26			——	——
	本期已缴税额	27=28+29+30+31				
	①分次预缴税额	28		——		——
	②出口开具专用缴款书预缴税额	29		——	——	——
	③本期缴纳上期应纳税额	30				
	④本期缴纳欠缴税额	31				
	期末未缴税额(多缴为负数)	32=24+25+26-27				
	其中:欠缴税额(≥0)	33=25+26-27		——		——
	本期应补(退)税额	34=24-28-29		——		——
	即征即退实际退税额	35	——	——		
	期初未缴查补税额	36			——	——
	本期入库查补税额	37			——	——
	期末未缴查补税额	38=16+22+36-37			——	——
授权声明	如果你已委托代理人申报,请填写下列资料: 为代理一切税务事宜,现授权 (地址)为本纳税人的代理申报人,任何与本申报表有关的往来文件,都可寄予此人。 授权人签字:	申报人声明	此纳税申报表是根据《中华人民共和国增值税暂行条例》的规定填报的,我相信它是真实的、可靠的、完整的。 声明人签字:			

以下由税务机关填写:

收到日期: 接收人: 主管税务机关盖章:

【表单说明】

本纳税申报表及其附列资料填写说明(以下简称本表及填写说明)适用于增值税一般纳税人(以下简称纳税人)。

一、名词解释

(一)本表及填写说明所称"应税货物",是指增值税的应税货物。

(二)本表及填写说明所称"应税劳务",是指增值税的应税加工、修理、修配劳务。

(三)本表及填写说明所称"应税服务",是指营业税改征增值税的应税服务。

(四)本表及填写说明所称"按适用税率计税""按适用税率计算"和"一般计税方法",均指按"应纳税额=当期销项税额-当期进项税额"公式计算增值税应纳税额的计税方法。

(五)本表及填写说明所称"按简易办法计税""按简易征收办法计算"和"简易计税方法",均指按"应纳税额=销售额×征收率"公式计算增值税应纳税额的计税方法。

(六)本表及填写说明所称"应税服务扣除项目",是指纳税人提供应税服务,在确定应税服务销售额时,按照有关规定允许其从取得的全部价款和价外费用中扣除价款的项目。

（七）本表及填写说明所称“税控增值税专用发票”，包括以下3种：

（1）增值税防伪税控系统开具的防伪税控“增值税专用发票”；

（2）货物运输业增值税专用发票税控系统开具的“货物运输业增值税专用发票”；

（3）机动车销售统一发票税控系统开具的税控“机动车销售统一发票”。

二、《增值税纳税申报表（一般纳税人适用）》填写说明

（一）“税款所属时间”：指纳税人申报的增值税应纳税额的所属时间，应填写具体的起止年、月、日。

（二）“填表日期”：指纳税人填写本表的具体日期。

（三）“纳税人识别号”：填写纳税人的税务登记证号码。

（四）“所属行业”：按照国民经济行业分类与代码中的小类行业填写。

（五）“纳税人名称”：填写纳税人单位名称全称。

（六）“法定代表人姓名”：填写纳税人法定代表人的姓名。

（七）“注册地址”：填写纳税人税务登记证所注明的详细地址。

（八）“生产经营地址”：填写纳税人实际生产经营地的详细地址。

（九）“开户银行及账号”：填写纳税人开户银行的名称和纳税人在该银行的结算账户号码。

（十）“登记注册类型”：按纳税人税务登记证的栏目内容填写。

（十一）“电话号码”：填写可联系到纳税人的常用电话号码。

（十二）“即征即退货物、劳务和应税服务”列：填写纳税人按规定享受增值税即征即退政策的货物、劳务和应税服务的征（退）税数据。

（十三）“一般货物、劳务和应税服务”列：填写除享受增值税即征即退政策以外的货物、劳务和应税服务的征（免）税数据。

（十四）“本年累计”列：一般填写本年度内各月“本月数”之和。其中，第13、20、25、32、36、38栏及第18栏“实际抵扣税额”“一般货物、劳务和应税服务”列的“本年累计”分别按本填写说明第（二十七）、（三十四）、（三十九）、（四十六）、（五十）、（五十二）、（三十二）条要求填写。

（十五）第1栏“（一）按适用税率计税销售额”：填写纳税人本期按一般计税方法计算缴纳增值税的销售额，包含：在财务上不作销售但按税法规定应缴纳增值税的视同销售和价外费用的销售额；外贸企业作价销售进料加工复出口货物的销售额；税务、财政、审计部门检查后按一般计税方法计算调整的销售额。

营业税改征增值税的纳税人，应税服务有扣除项目的，本栏应填写扣除之前的不含税销售额。

本栏“一般货物、劳务和应税服务”列“本月数”＝《附列资料（一）》第9列第1至5行之和－第9列第6、7行之和；本栏“即征即退货物、劳务和应税服务”列“本月数”＝《附列资料（一）》第9列第6、7行之和。

（十六）第2栏“其中：应税货物销售额”：填写纳税人本期按适用税率计算增值税的应税货物的销售额。包含在财务上不作销售但按税法规定应缴纳增值税的视同销

售货物和价外费用销售额，以及外贸企业作价销售进料加工复出口货物的销售额。

（十七）第3栏“应税劳务销售额”：填写纳税人本期按适用税率计算增值税的应税劳务的销售额。

（十八）第4栏“纳税检查调整的销售额”：填写纳税人因税务、财政、审计部门检查，并按一般计税方法在本期计算调整的销售额。但享受增值税即征即退政策的货物、劳务和应税服务，经纳税检查发现偷税的，不填入“即征即退货物、劳务和应税服务”列，而应填入“一般货物、劳务和应税服务”列。

营业税改征增值税的纳税人，应税服务有扣除项目的，本栏应填写扣除之前的不含税销售额。

本栏“一般货物、劳务和应税服务”列“本月数”＝《附列资料（一）》第7列第1至5行之和。

（十九）第5栏“按简易办法计税销售额”：填写纳税人本期按简易计税方法计算增值税的销售额。包含纳税检查调整按简易计税方法计算增值税的销售额。

营业税改征增值税的纳税人，应税服务有扣除项目的，本栏应填写扣除之前的不含税销售额；应税服务按规定汇总计算缴纳增值税的分支机构，其当期按预征率计算缴纳增值税的销售额也填入本栏。

本栏“一般货物、劳务和应税服务”列“本月数”≥《附列资料（一）》第9列第8至13行之和－第9列第14、15行之和；本栏“即征即退货物、劳务和应税服务”列“本月数”≥《附列资料（一）》第9列第14、15行之和。

（二十）第6栏“其中：纳税检查调整的销售额”：填写纳税人因税务、财政、审计部门检查，并按简易计税方法在本期计算调整的销售额。但享受增值税即征即退政策的货物、劳务和应税服务，经纳税检查发现偷税的，不填入“即征即退货物、劳务和应税服务”列，而应填入“一般货物、劳务和应税服务”列。

营业税改征增值税的纳税人，应税服务有扣除项目的，本栏应填写扣除之前的不含税销售额。

（二十一）第7栏“免、抵、退办法出口销售额”：填写纳税人本期适用免、抵、退税办法的出口货物、劳务和应税服务的销售额。

营业税改征增值税的纳税人，应税服务有扣除项目的，本栏应填写扣除之前的销售额。

本栏“一般货物、劳务和应税服务”列“本月数”＝《附列资料（一）》第9列第16、17行之和。

（二十二）第8栏“免税销售额”：填写纳税人本期按照税法规定免征增值税的销售额和适用零税率的销售额，但零税率的销售额中不包括适用免、抵、退税办法的销售额。

营业税改征增值税的纳税人，应税服务有扣除项目的，本栏应填写扣除之前的免税销售额。

本栏“一般货物、劳务和应税服务”列“本月数”＝《附列资料（一）》第9列第18、19行之和。

（二十三）第9栏“其中：免税货物销售额”：填写纳税人本期按照税法规定免征增值税的货物销售额及适用零税率的货物销售额，但零税率的销售额中不包括适用免、抵、退税办法出口货物的销售额。

（二十四）第10栏“免税劳务销售额”：填写纳税人本期按照税法规定免征增值税的劳务销售额及适用零税率的劳务销售额，但零税率的销售额中不包括适用免、抵、退税办法的劳务的销售额。

（二十五）第11栏“销项税额”：填写纳税人本期按一般计税方法计税的货物、劳务和应税服务的销项税额。

营业税改征增值税的纳税人，应税服务有扣除项目的，本栏应填写扣除之后的销项税额。

本栏“一般货物、劳务和应税服务”列“本月数”=《附列资料（一）》（第10列第1、3行之和-10列第6行）+（第14列第2、4、5行之和-14列第7行）；

本栏“即征即退货物、劳务和应税服务”列“本月数”=《附列资料（一）》第10列第6行+第14列第7行。

（二十六）第12栏“进项税额”：填写纳税人本期申报抵扣的进项税额。

本栏“一般货物、劳务和应税服务”列“本月数”+“即征即退货物、劳务和应税服务”列“本月数”=《附列资料（二）》第12栏“税额”。

（二十七）第13栏“上期留抵税额”

（1）上期留抵税额按规定须挂账的纳税人，按以下要求填写本栏的“本月数”和“本年累计”。

上期留抵税额按规定须挂账的纳税人是指试点实施之日前一个税款所属期的申报表第20栏“期末留抵税额”“一般货物及劳务”列“本月数”大于零，且兼有营业税改征增值税应税服务的纳税人（下同）。其试点实施之日前一个税款所属期的申报表第20栏“期末留抵税额”“一般货物及劳务”列“本月数”，以下称为货物和劳务挂账留抵税额。

①本栏“一般货物、劳务和应税服务”列“本月数”：试点实施之日的税款所属期填写“0”；以后各期按上期申报表第20栏“期末留抵税额”“一般货物、劳务和应税服务”列“本月数”填写。

②本栏“一般货物、劳务和应税服务”列“本年累计”：反映货物和劳务挂账留抵税额本期期初余额。试点实施之日的税款所属期按试点实施之日前一个税款所属期的申报表第20栏“期末留抵税额”“一般货物及劳务”列“本月数”填写；以后各期按上期申报表第20栏“期末留抵税额”“一般货物、劳务和应税服务”列“本年累计”填写。

③本栏“即征即退货物、劳务和应税服务”列“本月数”：按上期申报表第20栏“期末留抵税额”“即征即退货物、劳务和应税服务”列“本月数”填写。

（2）其他纳税人，按以下要求填写本栏“本月数”和“本年累计”。

其他纳税人是指除上期留抵税额按规定须挂账的纳税人之外的纳税人（下同）。

①本栏“一般货物、劳务和应税服务”列“本月数”：按上期申报表第20栏“期末留抵税额”“一般货物、劳务和应税服务”列“本月数”填写。

②本栏“一般货物、劳务和应税服务”列“本年累计”：填写“0”。

③本栏“即征即退货物、劳务和应税服务”列“本月数”：按上期申报表第20栏“期末留抵税额”“即征即退货物、劳务和应税服务”列“本月数”填写。

（二十八）第14栏“进项税额转出”：填写纳税人已经抵扣，但按税法规定本期应转出的进项税额。

本栏“一般货物、劳务和应税服务”列“本月数”+“即征即退货物、劳务和应税服务”列“本月数”=《附列资料（二）》第13栏“税额”。

（二十九）第15栏“免、抵、退应退税额”：反映税务机关退税部门按照出口货物、劳务和应税服务免、抵、退办法审批的增值税应退税额。

（三十）第16栏“按适用税率计算的纳税检查应补缴税额”：填写税务、财政、审计部门检查，按一般计税方法计算的纳税检查应补缴的增值税税额。

本栏“一般货物、劳务和应税服务”列“本月数”≤《附列资料（一）》第8列第1至5行之和+《附列资料（二）》第19栏。

（三十一）第17栏“应抵扣税额合计”：填写纳税人本期应抵扣进项税额的合计数。按表中所列公式计算填写。

（三十二）第18栏“实际抵扣税额”

（1）上期留抵税额按规定须挂账的纳税人，按以下要求填写本栏的“本月数”和“本年累计”。

①本栏“一般货物、劳务和应税服务”列“本月数”：按表中所列公式计算填写。

②本栏“一般货物、劳务和应税服务”列“本年累计”：填写货物和劳务挂账留抵税额本期实际抵减一般货物和劳务应纳税额的数额。将“货物和劳务挂账留抵税额本期期初余额”与“一般计税方法的一般货物及劳务应纳税额”两个数据相比较，取两者中较小的数据。

其中：货物和劳务挂账留抵税额本期期初余额=第13栏“上期留抵税额”“一般货物、劳务和应税服务”列“本年累计”；

一般计税方法的一般货物及劳务应纳税额=（第11栏“销项税额”“一般货物、劳务和应税服务”列“本月数”－第18栏“实际抵扣税额”“一般货物、劳务和应税服务”列“本月数”）×一般货物及劳务销项税额比例；

一般货物及劳务销项税额比例=（《附列资料（一）》第10列第1、3行之和－第10列第6行）÷第11栏“销项税额”“一般货物、劳务和应税服务”列“本月数”×100%。

③本栏“即征即退货物、劳务和应税服务”列“本月数”：按表中所列公式计算填写。

（2）其他纳税人，按以下要求填写本栏的“本月数”和“本年累计”：

①本栏“一般货物、劳务和应税服务”列“本月数”：按表中所列公式计算填写。

②本栏“一般货物、劳务和应税服务”列“本年累计”：填写“0”。

③本栏“即征即退货物、劳务和应税服务”列“本月数”：按表中所列公式计算填写。

（三十三）第19栏“应纳税额”：反映纳税人本期按一般计税方法计算并应缴纳的增值税额。按以下公式计算填写：

（1）本栏“一般货物、劳务和应税服务”列“本月数”＝第11栏“销项税额”“一般货物、劳务和应税服务”列“本月数”－第18栏“实际抵扣税额”“一般货物、劳务和应税服务”列“本月数”－第18栏“实际抵扣税额”“一般货物、劳务和应税服务”列“本年累计”。

（2）本栏“即征即退货物、劳务和应税服务”列“本月数”＝第11栏“销项税额”“即征即退货物、劳务和应税服务”列“本月数”－第18栏“实际抵扣税额”“即征即退货物、劳务和应税服务”列“本月数”。

（三十四）第20栏“期末留抵税额”

（1）上期留抵税额按规定须挂账的纳税人，按以下要求填写本栏的“本月数”和“本年累计”：

①本栏“一般货物、劳务和应税服务”列“本月数”：反映试点实施以后，一般货物、劳务和应税服务共同形成的留抵税额。按表中所列公式计算填写。

②本栏“一般货物、劳务和应税服务”列“本年累计”：反映货物和劳务挂账留抵税额，在试点实施以后抵减一般货物和劳务应纳税额后的余额。按以下公式计算填写：

本栏“一般货物、劳务和应税服务”列“本年累计”＝第13栏“上期留抵税额”“一般货物、劳务和应税服务”列“本年累计”－第18栏“实际抵扣税额”“一般货物、劳务和应税服务”列“本年累计”。

③本栏“即征即退货物、劳务和应税服务”列“本月数”：按表中所列公式计算填写。

（2）其他纳税人，按以下要求填写本栏“本月数”和“本年累计”：

①本栏“一般货物、劳务和应税服务”列“本月数”：按表中所列公式计算填写。

②本栏“一般货物、劳务和应税服务”列“本年累计”：填写“0”。

③本栏“即征即退货物、劳务和应税服务”列“本月数”：按表中所列公式计算填写。

（三十五）第21栏“简易计税办法计算的应纳税额”：反映纳税人本期按简易计税方法计算并应缴纳的增值税额，但不包括按简易计税方法计算的纳税检查应补缴税额。按以下公式计算填写：

本栏“一般货物、劳务和应税服务”列“本月数”＝《附列资料（一）》（第10列第8至11行之和－第10列第14行）＋（第14列第12行至13行之和－第14列第15行）

本栏“即征即退货物、劳务和应税服务”列“本月数”=《附列资料（一）》第10列第14行+第14列第15行。

营业税改征增值税的纳税人，应税服务按规定汇总计算缴纳增值税的分支机构，应将预征增值税额填入本栏。预征增值税额=应预征增值税的销售额×预征率。

（三十六）第22栏“按简易计税办法计算的纳税检查应补缴税额”：填写纳税人本期因税务、财政、审计部门检查并按简易计税方法计算的纳税检查应补缴税额。

（三十七）第23栏“应纳税额减征额”：填写纳税人本期按照税法规定减征的增值税应纳税额。包含按照规定可在增值税应纳税额中全额抵减的增值税税控系统专用设备费用以及技术维护费。

当本期减征额小于或等于第19栏“应纳税额”与第21栏“简易计税办法计算的应纳税额”之和时，按本期减征额实际填写；当本期减征额大于第19栏“应纳税额”与第21栏“简易计税办法计算的应纳税额”之和时，按本期第19栏与第21栏之和填写。本期减征额不足抵减部分结转下期继续抵减。

（三十八）第24栏“应纳税额合计”：反映纳税人本期应缴增值税的合计数。按表中所列公式计算填写。

（三十九）第25栏“期初未缴税额（多缴为负数）”：“本月数”按上一税款所属期申报表第32栏“期末未缴税额（多缴为负数）”“本月数”填写。“本年累计”按上年度最后一个税款所属期申报表第32栏“期末未缴税额（多缴为负数）”“本年累计”填写。

（四十）第26栏“实收出口开具专用缴款书退税额”：本栏不填写。

（四十一）第27栏“本期已缴税额”：反映纳税人本期实际缴纳的增值税额，但不包括本期入库的查补税款。按表中所列公式计算填写。

（四十二）第28栏“①分次预缴税额”：填写纳税人本期已缴纳的准予在本期增值税应纳税额中抵减的税额。

营业税改征增值税的纳税人，应税服务按规定汇总计算缴纳增值税的总机构，其可以从本期增值税应纳税额中抵减的分支机构已缴纳的税款，按当期实际可抵减数填入本栏，不足抵减部分结转下期继续抵减。

（四十三）第29栏“②出口开具专用缴款书预缴税额”：本栏不填写。

（四十四）第30栏“③本期缴纳上期应纳税额”：填写纳税人本期缴纳上一税款所属期应缴未缴的增值税额。

（四十五）第31栏“④本期缴纳欠缴税额”：反映纳税人本期实际缴纳和留抵税额抵减的增值税欠税额，但不包括缴纳入库的查补增值税额。

（四十六）第32栏“期末未缴税额（多缴为负数）”：“本月数”反映纳税人本期期末应缴未缴的增值税额，但不包括纳税检查应缴未缴的税额。按表中所列公式计算填写。“本年累计”与“本月数”相同。

（四十七）第33栏“其中：欠缴税额（≥0）”：反映纳税人按照税法规定已形成欠税的增值税额。按表中所列公式计算填写。

（四十八）第 34 栏“本期应补（退）税额”：反映纳税人本期应纳税额中应补缴或应退回的数额。按表中所列公式计算填写。

（四十九）第 35 栏“即征即退实际退税额”：反映纳税人本期因符合增值税即征即退政策规定，而实际收到的税务机关退回的增值税额。

（五十）第 36 栏“期初未缴查补税额”：“本月数”按上一税款所属期申报表第 38 栏“期末未缴查补税额”“本月数”填写。“本年累计”按上年度最后一个税款所属期申报表第 38 栏“期末未缴查补税额”“本年累计”填写。

（五十一）第 37 栏“本期入库查补税额”：反映纳税人本期因税务、财政、审计部门检查而实际入库的增值税额，包括按一般计税方法计算并实际缴纳的查补增值税额和按简易计税方法计算并实际缴纳的查补增值税额。

（五十二）第 38 栏“期末未缴查补税额”：“本月数”反映纳税人接受纳税检查后应在本期期末缴纳而未缴纳的查补增值税额。按表中所列公式计算填写，“本年累计”与“本月数”相同。

第九节 小规模纳税人应纳税额的会计核算及申报表的填制

一、应纳税额的计算公式

小规模纳税人销售货物或者应税劳务，按照销售额和《增值税暂行条例》规定的 3% 的征收率计算应纳税额，不得抵扣进项税额。其计算公式为：

应纳税额 = 销售额 × 征收率

这里需要解释两点：①小规模纳税人取得的销售额是指销售货物或提供应税劳务向购买方收取的全部价款和价外费用，但是不包括按 3% 的征收率收取的增值税税额；②小规模纳税人不得抵扣进项税额。

二、含税销售额的换算

由于小规模纳税人在销售货物或应税劳务时，只能开具普通发票，取得的销售收入均为含税销售额。为了符合增值税作为价外税的要求，小规模纳税人在计算应纳税额时，必须将含税销售额换算为不含税的销售额后才能计算应纳税额。小规模纳税人不含税销售额的换算公式为：

不含税销售额 = 含税销售额 ÷（1 + 征收率）

【例 2 - 19】清江商店为增值税小规模纳税人，8 月份取得零售收入总额 12.36 万元。计算该商店 8 月份应缴纳的增值税税额。

① 8 月份取得的不含税销售额：

12.36 ÷（1 + 3%）= 12（万元）

② 8 月份应缴纳增值税税额：

12 × 3% = 0.36（万元）

三、自来水公司销售自来水应纳税额的计算

自来水公司销售自来水，不论是一般纳税人还是小规模纳税人，其都需要按照简易计税办法适用3%的征收率计算增值税，对于一般纳税人而言不得抵扣其购进自来水取得增值税扣税凭证上注明的增值税税款。

四、特殊销售项目征收率的规定

第一，下列销售项目按照3%征收率减按2%征收增值税：

（1）一般纳税人销售自己使用过的属于《增值税暂行条例》第十条规定不得抵扣且未抵扣进项税额的固定资产，按照简易办法依照3%征收率减按2%征收增值税。

纳税人销售自己使用过的固定资产，适用简易办法依照3%征收率减按2%征收增值税政策的，可以放弃减税，按照简易办法依照3%征收率缴纳增值税，并可以开具增值税专用发票。

“已使用过的固定资产”是指纳税人根据财务会计制度已经计提折旧的固定资产。

（2）小规模纳税人（除其他个人外，下同）销售自己使用过的固定资产，减按2%征收率征收增值税。

（3）纳税人（含一般纳税人和小规模纳税人）销售旧货，按照简易办法依照3%征收率减按2%征收增值税。

所称旧货，是指进入二次流通的具有部分使用价值的货物（含旧汽车、旧摩托车和旧游艇），但不包括自己使用过的物品。

第二，下列项目属于全面“营改增”过程中的特殊项目，适用5%的征收率计算增值税：

（1）小规模纳税人销售自建或者取得的不动产。

（2）一般纳税人选择简易计税方法计税的不动产销售。

（3）房地产开发企业中的小规模纳税人，销售自行开发的房地产项目。

（4）其他个人销售其取得（不含自建）的不动产（不含其购买的住房）。

（5）一般纳税人选择简易计税方法计税的不动产经营租赁。

（6）小规模纳税人出租（经营租赁）其取得的不动产（不含个人出租住房）。

（7）其他个人出租（经营租赁）其取得的不动产（不含住房）。

（8）个人出租住房，应按照5%的征收率减按1.5%计算应纳税额。

（9）一般纳税人和小规模纳税人提供劳务派遣服务选择差额纳税的。

（10）一般纳税人2016年4月30日前签订的不动产融资租赁合同，或以2016年4月30日前取得的不动产提供的融资租赁服务，选择适用简易计税方法的。

（11）一般纳税人收取试点前开工的一级公路、二级公路、桥、闸通行费，选择适用简易计税方法的。

（12）一般纳税人提供人力资源外包服务，选择适用简易计税方法的。

（13）纳税人转让2016年4月30日前取得的土地使用权，选择适用简易计税方法的。

五、小规模纳税人增值税的会计核算

（1）购进货物时，不论是否得到增值税专用发票，均应作以下会计处理：

借：材料采购等

　贷：银行存款（应付账款、应付票据等）

（2）销售货物时：

借：银行存款（应收账款、应收票据等）

　贷：主营业务收入（其他业务收入）

　　　应交税费——应交增值税

（3）上交增值税时，不论本月计算本月上交，还是当月上交上月增值税，均应作以下会计处理：

借：应交税费——应交增值税

　贷：银行存款

六、增值税小规模纳税人纳税申报办法

增值税小规模纳税人（以下简称小规模纳税人）纳税申报表及其附列资料包括：

（1）《增值税纳税申报表（小规模纳税人适用）》

（2）《增值税纳税申报表（小规模纳税人适用）附列资料》

小规模纳税人销售服务，在确定服务销售额时，按照有关规定可以从取得的全部价款和价外费用中扣除价款的，需填报《增值税纳税申报表（小规模纳税人适用）附列资料》。其他情况不填写该附列资料。

（3）《增值税减免税申报明细表》

前述的纳税申报其他资料同样适用于小规模纳税人。

（一）增值税纳税申报表（小规模纳税人适用）附列资料

【分类索引】

➢ 业务类别

申报纳税

➢ 表单类型

纳税人填报

➢ 设置依据（表单来源）

政策规定表单

【政策依据】

《国家税务总局关于调整增值税纳税申报有关事项的公告》（国家税务总局公告〔2014〕第58号）

【表单】

表2－3　　增值税纳税申报表（小规模纳税人适用）附列资料

税款所属期：　年　月　日至　年　月　日　　　　填表日期：　年　月　日

纳税人名称（公章）：　　　　金额单位：元至角分

应税服务扣除额计算			
期初余额	本期发生额	本期扣除额	期末余额
1	2	3（3≤1＋2之和，且3≤5）	4＝1＋2－3
应税服务计税销售额计算			
全部含税收入	本期扣除额	含税销售额	不含税销售额
5	6＝3	7＝5－6	8＝7÷1.03

（二）增值税纳税申报表（适用于小规模纳税人）填表说明

本附列资料由应税服务有扣除项目的纳税人填写，各栏次均不包含免征增值税应税服务数额。

（1）“税款所属期”是指纳税人申报的增值税应纳税额的所属时间，应填写具体的起止年、月、日。

（2）“纳税人名称”栏，填写纳税人单位名称全称。

（3）第1栏“期初余额”：填写应税服务扣除项目上期期末结存的金额，试点实施之日的税款所属期填写“0”。

（4）第2栏“本期发生额”：填写本期取得的按税法规定准予扣除的应税服务扣除项目金额。

（5）第3栏“本期扣除额”：填写应税服务扣除项目本期实际扣除的金额。

第3栏“本期扣除额”≤第1栏“期初余额”＋第2栏“本期发生额”之和，且第3栏“本期扣除额”≤5栏“全部含税收入”。

（6）第4栏“期末余额”：填写应税服务扣除项目本期期末结存的金额。

（7）第5栏“全部含税收入”：填写纳税人提供应税服务取得的全部价款和价外费用数额。

（8）第6栏“本期扣除额”：填写本附列资料第3项“本期扣除额”栏数据。

第6栏“本期扣除额”＝第3栏“本期扣除额”。

（9）第7栏“含税销售额”：填写应税服务的含税销售额。

第7栏“含税销售额”＝第5栏“全部含税收入”－第6栏“本期扣除额”。

（10）第8栏“不含税销售额”：填写应税服务的不含税销售额。

第8栏“不含税销售额”＝第7栏“含税销售额”÷1.03，与《增值税纳税申报表（小规模纳税人适用）》第1栏“应征增值税不含税销售额”“本期数”“应税服务”栏数据一致。

【本章思考题】

1. 外购材料退货、折让将如何进行会计处理？

2. 出口货物的退税有几种计算办法？分别适用于哪些企业？

3. 光华企业为增值税一般纳税人，2018 年 5 月发生以下业务：

（1）从农业生产者手中收购玉米 40 吨，每吨收购价 3 000 元，共计支付收购价款 120 000 元。企业将收购的玉米从收购地直接运往异地的某酒厂生产加工药酒，酒厂在加工过程中代垫辅助材料款 15 000 元。药酒加工完毕，企业收回药酒时取得酒厂开具的增值税专用发票上注明加工费 30 000 元、增值税税额 4 800 元，加工的药酒当地无同类产品市场价格。本月内企业将收回的药酒批发售出，取得不含税销售额 260 000 元。另外支付给运输单位销货运输费用 12 000 元，取得普通发票。

（2）购进货物取得的增值税专用发票上注明金额 450 000 元、增值税税额 72 00 元；支付给运输单位的购货运输费用 22 500 元，取得普通发票。本月将已验收入库货物的 80% 零售，取得含税销售额 585 000 元，20% 用于本企业集体福利。

（3）购进原材料取得的增值税专用发票上注明金额 160 000 元、增值税税额 25 600 元，材料验收入库。本月生产加工一批新产品 450 件，每件成本价 380 元（无同类产品市场价格，国家税务总局确定该企业成本利润率为 10%），全部售给本企业职工，取得不含税销售额 171 000 元。月末盘存发现上月购进的原材料被盗，金额 50 000 元（其中含分摊的运输费用 4 650 元）。

（4）销售使用过的摩托车 5 辆，取得含税销售额 32 440 元。

（5）当月发生逾期押金收入 12 870 元。

试计算该企业 1 月份应纳的增值税税额。

参考答案：

计算业务（1）中应缴纳的增值税：

销项税额 =260 000×16% =41 600（元）

应抵扣的进项税额 =120 000×12% +4 800 +12 000×10% =20 400（元）

应纳增值税税额 =41 600 −20 400 =21 200（元）

计算业务（2）中应缴纳的增值税：

销项税额 =585 000÷（1 +16%）×16% =80 689. 66（元）

应抵扣的进项税额 =（72 000 +22 500×10%）×80% =59 400（元）

应纳增值税税额 =80 689. 66 −59 460 =21 289. 66（元）

计算业务（3）中应缴纳的增值税：

销项税额 =450×380×（1 +10%）×16% =30 096（元）

进项税额转出 =(50 000 −4 650)×16% +4 650×10% =7 721（元）

应抵扣的进项税额 =25 600 −7 721 =17 879（元）

应纳增值税税额＝30 096－17 879＝12 217（元）

计算业务（4）中应缴纳的增值税：

销售摩托车应纳增值税＝32 440÷（1＋16%）×16%＝4 474.48（元）

计算业务（5）中应缴纳的增值税：

押金收入应纳增值税税额＝12 870÷（1＋16%）×16%＝1 775.17（元）

该企业5月份应纳的增值税税额为：

21 200＋21 289.66＋12 217＋4 474.48＋1 775.17＝60 956.31（元）

4. 光华自营出口生产企业是增值税一般纳税人，出口货物的征税税率为16%，退税税率为13%。2018年6月有关经营业务为：购原材料一批，取得的增值税专用发票上注明的价款200万元，外购货物准予抵扣的进项税额34万元通过认证。当月进料加工免税进口料件的组成计税价格为100万元。上期末留抵税款6万元。本月内销货物不含税销售额100万元。收款117万元存入银行。本月出口货物销售额折合人民币200万元。试计算该企业当期的免、抵、退税额。

参考答案：

（1）免、抵、退税不得免征和抵扣税额抵减额＝免税进口料件的组成计税价格×（出口货物征税税率－出口货物退税税率）＝100×（16%－13%）＝3（万元）

（2）免、抵、退税不得免征和抵扣税额＝当期出口货物离岸价×外汇人民币牌价×（出口货物征税税率－出口货物退税税率）－免、抵、退税不得免征和抵扣税额抵减额＝200×（16%－13%）－3＝6－3＝3（万元）

（3）当期应纳税额＝100×16%－（34－3）－6＝16－31－6＝－21（万元）

（4）免、抵、退税额抵减额＝免税购进原材料×材料出口货物退税税率＝100×13%＝13（万元）

（5）出口货物免、抵、退税额＝200×13%－13＝13（万元）

（6）按规定，如当期期末留抵税额＞当期免抵退税额：

当期应退税额＝当期免抵退税额

即该企业应退税额＝13（万元）

（7）当期免抵税额＝当期免抵退税额－当期应退税额

当期该企业免抵税额＝13－13＝0（万元）

（8）6月期末留抵结转下期继续抵扣税额为8万元（21－13）。

5. 光华服装厂委托柳林超市代销服装100件，不含税代销价格为每件600元，成本为每件200元。月末收到柳林超市转来的代销清单，清单上注明本月已销售服装80件。光华服装厂根据代销清单开具增值税专用发票。代销手续费为每件50元，5日后光华服装厂收到扣除代销手续费后的全部款项。要求：编制相关会计分录。

参考答案：

（1）发出代销商品时：

借：委托代销商品　　20 000

　贷：库存商品　　20 000

(2) 收到代销清单时：

借：应收账款——柳林超市　　55 680

　贷：主营业务收入　　48 000

　　　应交税费——应交增值税（销项税额）　　7 680

同时，结转已销商品成本：

借：主营业务成本　　16 000

　贷：委托代销商品　　16 000

(3) 收到代销方开具的手续费发票时：

借：销售费用　　4 000

　贷：应收账款——柳林超市　　4 000

(4) 收到代销商品款时：

借：银行存款　　51 680

　贷：应收账款——柳林超市　　51 680

6. 柳林公司（外贸企业）国内收购货物一批，取得的增值税专用发票上注明的价款为930万元，税额为148.8万元，直接报关出口，出口销售额为180万美元（汇率为1∶8.4），该批货物的增值税税率为16%，出口退税率为10%。

请根据以上业务编制会计分录。

(1) 国内采购货物：

借：材料采购　　9 300 000

　　应交税费——应交增值税（进项税额）　　1 488 000

　贷：银行存款　　10 788 000

验收入库时：

借：库存商品　　9 300 000

　贷：材料采购　　9 300 000

(2) 报关出口，销售收入为15 120 000元（1 800 000×8.4）：

借：银行存款　　15 120 000

　贷：主营业务收入　　15 120 000

(3) 结转已销商品成本：

借：主营业务成本　　9 300 000

　贷：库存商品　　9 300 000

(4) 出口货物不予抵扣：

9 300 000×（16%－10%）＝558 000（元）

借：主营业务成本　　558 000

　贷：应交税费——应交增值税（进项税额转出）　　558 000

（5）按退税率10%计算应收的出口退税：

9 300 000×10% =930 000（元）

借：其他应收款　　930 000

　贷：应交税费——应交增值税（出口退税）　　930 000

（6）收到出口退税：

借：银行存款　　930 000

　贷：其他应收款　　930 000

第三章 消费税的会计核算

【学习目的与要求】

1. 了解消费税的特点、纳税义务人、征税范围。
2. 掌握消费税的税目、税率。
3. 掌握普通应税商品消费税应纳税额的计算，委托加工环节消费品应纳税额的计算以及进口环节应纳消费税的计算。
4. 掌握消费税税额减征的规定，出口应税消费品退（免）税的规定。
5. 了解消费税纳税义务发生的时间、纳税地点、纳税环节、纳税期限以及报缴税款的方法。

第一节 消费税概述

消费税法是指国家制定的用以调整消费税征收与缴纳相关权利及义务关系的法律规范。现行消费税法的基本规范，是2008年月5日经国务院第34次常务会议修订通过并颁布，自2009年1月1日起施行的《中华人民共和国消费税暂行条例》（以下简称《消费税暂行条例》），以及2008年12月15日财政部、国家税务总局第51号令颁布的《中华人民共和国消费税暂行条例实施细则》（以下简称《消费税暂行条例实施细则》）。

消费税是指对消费品和特定的消费行为按流转额征收的一种商品税。广义上，消费税应对所有消费品包括生活必需品和日用品普遍课税；但从征收实践上看，消费税主要是指对特定消费品或特定消费行为等课税。消费税主要以消费品为课税对象，属于间接税，税收随价格转嫁给消费者负担，消费者是税款的实际负担者。消费税的征收具有较强的选择性，是国家贯彻消费政策、引导消费结构从而引导产业结构的重要手段，因而在保证国家财政收入，体现国家经济政策等方面具有十分重要的意义。

一、消费税的特点

一般来说，消费税的征税对象主要是与居民消费相关的最终消费品和消费。其特点如下：

（一）征收范围具有选择性

我国消费税在征收范围上根据产业政策与消费政策仅选择部分消费品征税，而不是对所有消费品都征收消费税。消费税的征收范围比较狭窄，同时也会根据经济发展、环境保护等国家大政方针进行修订，依据《消费税暂行条例》及相关法规规定，目前消费税税目包括烟、酒、化妆品等15种商品，部分税目还进一步划分了若干子目。

（二）征税环节具有单一性

消费税是在生产（进口）、流通或消费的某一环节一次性征收，而不是在消费品生产、流通或消费的每个环节多次征收即通常所说的一次课征制。

（三）平均税率水平比较高且税负差异大

消费税的平均税率水平比较高，并且不同征税项目的税负差异较大；对诸如香烟等对需要限制或控制消费的消费品，通常税负较重。

（四）税收调节具有特殊性

消费税属于国家运用税收杠杆对某些消费品或消费行为特殊调节的税种。这一特殊性表现在两个方面：①不同的征税项目税负差异较大，对需要限制或控制消费的消费品规定较高的税率，体现特殊的调节目的；②消费税往往同有关税种配合实行加重或双重调节，通常采取增值税与消费税双重调节的办法，对某些需要特殊调节的消费品或消费行为在征收增值税的同时，再征收一道消费税，形成一种特殊的对消费品双层次调节的税收调节体系。

（五）消费税具有转嫁性

凡列入消费税征税范围的消费品，一般都是高价高税产品。因此，消费税无论采取价内税形式还是价外税形式，也无论在哪个环节征收，消费品中所含的消费税税款最终都要转嫁到消费者身上，由消费者负担，税负具有转嫁性。消费税转嫁性的特征，要比其他商品课税形式更为明显。

二、消费税的纳税义务人

在中华人民共和国境内生产、委托加工和进口消费税暂行条例规定的消费品的单位和个人，以及国务院确定的销售《消费税暂行条例》规定的消费品的其他单位和个人，为消费税的纳税人，应当依照《消费税暂行条例》缴纳消费税。

单位，是指企业、行政单位、事业单位、军事单位、社会团体及其他单位。

个人，是指个体工商户及其他个人。

在中华人民共和国境内，是指生产、委托加工和进口属于应当缴纳消费税的消费品的起运地或者所在地在境内。

三、征税范围和征税环节

目前，消费税的征税范围分布于以下环节：

（一）对生产应税消费品在生产销售环节征税

生产应税消费品销售是消费税征收的主要环节，因为一般情况下，消费税具有单一环节征税的特点，对于大多数消费税应税商品而言，在生产销售环节征税以后，流通环节不用再缴纳消费税。纳税人生产应税消费品，除了直接对外销售应征收消费税外，如将生产的应税消费品换取生产资料、消费资料、投资人股、偿还债务以及用于继续生产应税消费品以外的其他方面都应缴纳消费税。

另外，工业企业以外的单位和个人的下列行为视为应税消费品的生产行为，按规定征收消费税：

将外购的消费税非应税产品以消费税应税产品对外销售的；

将外购的消费税低税率应税产品以高税率应税产品对外销售的。

（二）对委托加工应税消费品在委托加工环节征税

委托加工应税消费品是指委托方提供原料和主要材料，受托方只收取加工费和代垫部分辅助材料加工的应税消费品。由受托方提供原材料或其他情形的一律不能视同加工应税消费品。委托加工的应税消费品收回后，再继续用于生产应税消费品销售且符合现行政策规定的，其加工环节缴纳的消费税款可以扣除。

（三）对进口应税消费品在进口环节征税

单位和个人进口属于消费税征税范围的货物，在进口环节要缴纳消费税。为了减少征税成本，进口环节缴纳的消费税由海关代征。

（四）对零售特定应税消费品在零售环节征税

经国务院批准，自 1995 年 1 月 1 日起，金银首饰消费税由生产销售环节征收改为在零售环节征收。改在零售环节征收消费税的金银首饰仅限于金基、银基合金首饰以及金、银和金基、银基合金的镶嵌首饰，进口环节暂不征收，零售环节适用税率为 5%，在纳税人销售金银首饰、钻石及钻石饰品时征收。其计税依据是不含增值税的销售额。

（五）对移送使用应税消费品在移送使用环节征税

如果企业在生产经营的过程中，将应税消费品移送用于加工非应税消费品，则应对移送部分征收消费税。

（六）对批发卷烟在卷烟的批发环节征税

与其他消费税应税商品不同的是，卷烟除了在生产销售环节征收消费税外，还在批发环节征收一次。纳税人兼营卷烟批发和零售业务的，应当分别核算批发和零售环节的销售额、销售数量；未分别核算批发和零售环节销售额、销售数量的，按照全部销售额、销售数量计征批发环节消费税。纳税人销售给纳税人以外的单位和个人的卷烟于销售时纳税。纳税人之间销售的卷烟不缴纳消费税。

四、消费税的税目、税率表

消费税采用比例税率和定额税率两种形式，以适应不同应税消费品的实际情况。

消费税根据不同的税目或子目确定相应的税率或单位税额。大部分应税消费品适用比例税率，例如，烟丝税率为30%，摩托车税率为3%等；黄酒、啤酒、成品油按单位重量或单位体积确定单位税额；卷烟、白酒采用比例税率和定额税率双重征收形式。消费税税目、税率见表3-1所示。

表3-1　　消费税税目、税率（额）表

税目	税率（额）
一、烟	
1. 卷烟	
（1）甲类卷烟（生产或进口环节）	56%加0.003元/支
（2）乙类卷烟（生产或进口环节）	36%加0.003元/支
（3）批发环节	11%加0.005元/支
2. 雪茄烟	36%
3. 烟丝	30%
二、酒	
1. 白酒	20%加0.5元/500克（或者500毫升）
2. 黄酒	240元/吨
3. 啤酒	
（1）甲类啤酒	250元/吨
（2）乙类啤酒	220元/吨
4. 其他酒	10%
三、高档化妆品	15%
四、贵重首饰及珠宝玉石	
1. 金银首饰、铂金首饰和钻石及钻石饰品	5%
2. 其他贵重首饰和珠宝玉石	10%
五、鞭炮、焰火	15%
六、成品油	
1. 汽油	1.52元/升
2. 柴油	12元/升
3. 航空煤油	1.2元/升
4. 石脑油	1.52元/升
5. 溶剂油	1.52元/升
6. 润滑油	1.52元/升
7. 燃料油	1.2元/升

表3－1(续)

税目	税率（额）
七、小汽车	
1. 乘用车	
(1) 气缸容量(排气量,下同)在1.0升(含1.0升)以下的	1%
(2) 气缸容量在1.0升以上至1.5升(含1.5升)的	3%
(3) 气缸容量在1.5升以上至2.0升(含2.0升)的	5%
(4) 气缸容量在2,0升以上至2.5升(含2.5升)的	9%
(5) 气缸容量在2.5升以上至3.0升(含3.0升)的	12%
(6) 气缸容量在3.0升以上至4.0升(含4.0升)的	25%
(7) 气缸容量在4.0升以上的	40%
2. 中轻型商用客车	5%
3. 超豪华小汽车（零售环节）	10%
八、摩托车	
1. 气缸容量为250毫升的	3%
2. 气缸容量为250毫升以上的	10%
九、高尔夫球及球具	10%
十、高档手表	20%
十一、游艇	10%
十二、木制一次性筷子	5%
十三、实木地板	5%
十四、电池	4%
十五、涂料	4%

纳税人兼营不同税率的应税消费品，应当分别核算不词税率应税消费品的销售额、销售数量。未分别核算销售额、销售数量，或者将不同税率的应税消费品组成成套消费品销售的，从高适用税率。

例如，某酒厂既生产税率为20%的粮食白酒，又生产税率10%的其他酒，如汽酒、药酒等，该厂应分别核算白酒与其他酒的销售额，然后按各自适用的税率计税；如不分别核算各自的销售额，其他酒也按白酒的税率计算纳税。如果该酒厂还生产白酒与其他酒小瓶装礼品套酒，就是税法所指的成套消费品，应按全部销售额按白酒的税率20%计算应纳消费税额，而不能以其他酒10%的税率计算其中任何一部分的应纳税额了。对未分别核算的销售额按高税率计税，意在督促企业对不同税率应税消费品的销售额分别核算，准确计算纳税。

第二节　消费税的会计核算

一、应纳税额的计算

纳税人在生产销售环节应缴纳的消费税，包括直接对外销售应税消费品应缴纳的消费税和自产自用应税消费品应缴纳的消费税。

（一）直接对外销售应纳消费税的计算

直接对外销售应税消费品涉及三种计算方法：

1. 从价定率计算

在从价定率计算方法下，应纳消费税额等于销售额乘以适用税率。

基本计算公式为：应纳税额 = 应税消费品的销售额 × 比例税率

【例 3 - 1】柳林化妆品生产企业为增值税一般纳税人。2017 年 3 月 15 日向某大型商场销售化妆品一批，开具增值税专用发票，取得不含增值税销售额 50 万元，增值税额 8.5 万元；3 月 20 日向某单位销售化妆品一批，开具普通发票，取得含增值税销售额 4.68 万元。计算该化妆品生产企业上述业务应缴纳的消费税额。

（1）化妆品适用消费税税率为 30%。

（2）化妆品的应税销售额 = 50 + 4.68 ÷ (1 + 17%) = 54（万元）

（3）应缴纳的消费税额 = 54 × 30%（万元）

2. 从量定额计算

在从量定额计算方法下，应纳税额等于应税消费品的销售数量乘以单位税额。

基本计算公式为：应纳税额 = 应税消费品的销售数量 × 定额税率

【例 3 - 2】光华啤酒厂 2017 年 4 月销售甲类啤酒 1 000 吨，取得不含增值税销售额 295 万元，增值税税款 50.15 万元，另收取包装物押金 23.4 万元。计算 4 月该啤酒厂应纳消费税税额。

（1）销售甲类啤酒，适用定额税率每吨 250 元。

（2）应纳税额 = 销售数量 × 定额税率 = 1 000 × 250 = 25（万元）

3. 从价定率和从量定额复合计算

现行消费税的征税范围中，只有卷烟、白酒采用复合计算方法。

基本计算公式为：应纳税额 = 应税消费品的销售数量 × 定额税率 + 应税销售额 × 比例税率

【例 3 - 3】光华白酒生产企业为增值税一般纳税人，2017 年 4 月销售白酒 50 吨，取得不含增值税的销售额 200 万元。计算白酒企业 4 月应缴纳的消费税额。

（1）白酒适用比例税率 20%，定额税率每 500 克 0.5 元。

（2）应纳税额 = 50 × 2 000 × 0.000 05 + 200 × 20% = 45（万元）

（二）自产自用应纳消费税的计算

所谓自产自用，就是纳税人生产应税消费品后，不是用于直接对外销售，而是用于自己连续生产应税消费品或用于其他方面。这种自产自用应税消费品形式，在实际经济活动中是很常见的，但也是在是否纳税或如何纳税上最容易出现问题的。例如，有的企业把自己生产的应税消费品以福利或奖励等形式发给本厂职工，以为不是对外销售，不必计入销售额，无须纳税，这样就出现了漏缴税款的现象。因此，很有必要认真理解税法对自产自用应税消费品的有关规定。

1. 用于连续生产应税消费品

纳税人自产自用的应税消费品，用于连续生产应税消费品的，不纳税。所谓“纳税人自产自用的应税消费品，用于连续生产应税消费品的”，是指作为生产最终应税消费品的直接材料并构成最终产品实体的应税消费品。例如，卷烟厂生产出烟丝，再用生产出的烟丝连续生产卷烟，虽然烟丝是应税消费品，但用于连续生产卷烟的烟丝就不用缴纳消费税，只对生产销售的卷烟征收消费税。如果生产的烟丝直接用于销售，则烟丝需要缴纳消费税。税法规定对自产自用的应税消费品，用于连续生产应税消费品的不征税，体现了不重复课税原则。

2. 用于其他方面的应税消费品

纳税人自产自用的应税消费品，除用于连续生产应税消费品外，凡用于其他方面的，于移送使用时纳税。用于其他方面是指纳税人用于生产非应税消费品、在建工程、管理部门、非生产机构、提供劳务，以及用于馈赠、赞助、集资、广告、样品、职工福利、奖励等方面。所谓“用于生产非应税消费品”，是指把自产的应税消费品用于生产《消费税暂行条例》税目、税率表所列 15 类产品以外的产品，如原油加工厂用生产出的应税消费品汽油调和制成溶剂汽油，该溶剂汽油就属于非应税消费品，加工厂应就该自产自用行为缴纳消费税，但是不用缴纳增值税。例如，汽车制造厂把生产出的小汽车提供给上级主管部门使用等。总之，企业自产的应税消费品虽然没有用于销售或连续生产应税消费品，但只要是用于税法所规定的范围的都要视同销售，依法缴纳消费税。

3. 组成计税价格及税额的计算

纳税人自产自用的应税消费品，凡用于其他方面，应当纳税的，按照纳税人生产的同类消费品的销售价格计算纳税。同类消费品的销售价格是指纳税人当月销售的同类消费品的销售价格，如果当月同类消费品各期销售价格高低不同，应按销售数量加权平均计算。但销售的应税消费品有下列情况之一的，不得列入加权平均计算：

（1）销售价格明显偏低又无正当理由的。

（2）无销售价格的。如果当月无销售或者当月未完结，应按照同类消费品上月或者最近月份的销售价格计算纳税。没有同类消费品销售价格的，按照组成计税价格计算纳税。组成计税价格的计算公式是：

实行从价定率办法计算纳税的组成计税价格计算公式：

组成计税价格 =（成本 + 利润）+（1 − 比例税率）

应纳税额 = 组成计税价格 × 比例税率

实行复合计税办法计算纳税的组成计税价格计算公式：

组成计税价格 =（成本 + 利润 + 自产自用数量 × 定额税率）÷（1 − 比例税率）

应纳税额 = 组成计税价格 × 比例税率 + 自产自用数量 × 定额税率

上述公式中所说的“成本”，是指应税消费品的产品生产成本。

上述公式中所说的“利润”，是指根据应税消费品的全国平均成本利润率计算的利润。应税消费品全国平均成本利润率由国家税务总局确定（见表 3 − 2）。

表 3 − 2　　平均成本利润率表　　单位：%

货物名称	利润率	货物名称	利润率
1. 甲类卷烟	10	10. 贵重首饰及珠宝玉石	6
2. 乙类卷烟	5	11. 摩托车	6
3. 雪茄烟	5	12. 高尔夫球及球具	10
4. 烟丝	5	13. 高档手表	20
5. 粮食白酒	10	14. 游艇	10
6. 薯类白酒	5	15. 木制一次性筷子	5
7. 其他酒	5	16. 实木地板	5
8. 化妆品	5	17. 乘用车	8
9. 鞭炮、焰火	5	18. 中轻型商用客车	5

【例 3 − 4】柳林化妆品公司将一批自产的化妆品用作职工福利，化妆品的成本 80 000 元，该化妆品无同类产品市场销售价格，但已知其成本利润率为 5%，消费税税率为 30%。计算该批化妆品应缴纳的消费税税额。

（1）组成计税价格 = 成本 ×（1 + 成本利润率）/（1 − 消费税税率）

= 80 000 ×（1 + 5%）/（1 − 30%）

= 84 000/0.7 = 120 000（元）

（2）应纳税额 = 120 000 × 30% = 36 000（元）

二、委托加工环节应税消费品应纳税额的计算

企业、单位或个人由于设备、技术、人力等方面的局限或其他方面的原因，常常要委托其他单位代为加工应税消费品，然后，将加工好的应税消费品收回，直接销售或自己使用。这是生产应税消费品的另一种形式，也需要纳入征收消费税的范围。例如，某企业将购来的小客车底盘和零部件提供给某汽车改装厂，加工组装成小客车供自己使用，则加工、组装成的小客车就需要缴纳消费税。按照规定，委托加工的应税消费品，由受托方再向委托方交货时代收代缴税款。

（一）委托加工应税消费品的确定

委托加工的应税消费品是指由委托方提供原料和主要材料，受托方只收取加工费

和代垫部分辅助材料加工的应税消费品。对于由受托方提供原材料生产的应税消费品，或者受托方先将原材料卖给委托方，然后再接受加工的应税消费品，以及由受托方以委托方名义购进原材料生产的应税消费品，不论纳税人在财务上是否作销售处理，都不得作为委托加工应税消费品，而应当按照销售自制应税消费品缴纳消费税。

（二）代收代缴税款的规定

对于确实属于委托方提供原料和主要材料，受托方只收取加工费和代垫部分辅助材料加工的应税消费品，《税法》规定，由受托方在向委托方交货时代收代缴消费税。这样，受托方就是法定的代收代缴义务人。如果受托方对委托加工的应税消费品没有代收代缴或少代收代缴消费税，应按照《税收征收管理法》的规定，承担代收代缴的法律责任。因此，受托方必须严格履行代收代缴义务，正确计算和按时代缴税款，为了加强对受托方代收代缴税款的管理，委托个人（含个体工商户）加工的应税消费品，由委托方收回后缴纳消费税。

委托加工的应税消费品，受托方在交货时已代收代缴消费税，委托方将收回的应税消费品，以不高于受托方的计税价格出售的，为直接出售，不再缴纳消费税；委托方以高于受托方的计税价格出售的，不属于直接出售，需按照规定申报缴纳消费税，在计税时准予扣除受托方已代收代缴的消费税。

对于受托方没有按规定代收代缴税款的，不能因此免除委托方补缴税款的责任。在对委托方进行税务检查中，如果发现受其委托加工应税消费品的受托方没有代收代缴税款，则应按照《税收征收管理法》规定，对受托方处以应代收代缴税款50%以上3倍以下的罚款；委托方要补缴税款，对委托方补征税款的计税依据是：如果在检查时，收回的应税消费品已经直接销售的，按销售额计税；收回的应税消费品尚未销售或不能直接销售的（如收回后用于连续生产等），按组成计税价格计税。

（三）组成计税价格及应纳税额的计算

委托加工的应税消费品，按照受托方的同类消费品的销售价格计算纳税，同类消费品的销售价格是指受托方（即代收代缴义务人）当月销售的同类消费品的销售价格，如果当月同类消费品各期销售价格高低不同，应按销售数量加权平均计算。但销售的应税消费品有下列情况之一的，不得列入加权平均计算：

（1）销售价格明显偏低又无正当理由的；

（2）无销售价格的。

如果当月无销售或者当月未完结，应按照同类消费品当月或最近月份的销售价格计算纳税。没有同类消费品销售价格的，按照组成计税价格计算纳税。组成计税价格的计算公式为：

实行从价定率办法计算纳税的组成计税价格计算公式：

组成计税价格 =（材料成本 + 加工费）/（1 − 比例税率）

实行复合计税办法计算纳税的组成计税价格计算公式：

组成计税价格 =（封料成本 + 加工费 + 委托加工数量 × 定额税率）/（1 − 比例税率）

上述组成计税价格公式中有两个重要的专用名词解释如下：

1．材料成本

按照《消费税暂行条例实施细则》的解释，“材料成本”是指委托方所提供加工材料的实际成本。

委托加工应税消费品的纳税人，必须在委托加工合同上如实注明（或以其他方式提供）材料成本，凡未提供材料成本的，受托方所在地主管税务机关有权核定其材料成本。从这一条规定可以看出，税法对委托方提供原料和主要材料，并要以明确的方式如实提供材料成本，要求是很严格的，其目的就是防止假冒委托加工应税消费品或少报材料成本，逃避纳税的现象。

2．加工费

《消费税暂行条例实施细则》规定，“加工费”是指受托方加工应税消费品向委托方所收取的全部费用（包括代垫辅助材料的实际成本，不包括增值税税金），这是税法对受托方的要求。受托方必须如实提供向委托方收取的全部费用，这样才能既保证组成计税价格及代收代缴消费税准确地计算出来，也使受托方按加工费得以正确计算其应纳的增值税。

【例3－5】光华鞭炮企业2016年4月受托为某单位加工一批鞭炮，委托单位提供的原材料金额为60万元，收取委托单位不含增值税的加工费8万元，鞭炮企业无同类产品市场价格。计算鞭炮企业应代收代缴的消费税。

（1）鞭炮的适用税率15%

（2）组成计税价格＝(60＋8)＋(1－15%)＝80（万元）

（3）应代收代缴消费税＝80×15%＝12（万无）

三、进口环节应纳消费税的计算

进口的应税消费品，于报关进口时缴纳消费税；进口的应税消费品的消费税由海关代征；进口的应税消费品，由进口人或者其代理人向报关地海关申报纳税；纳税人进口应税消费品，按照关税征收管理的相关规定，应当自海关填发海关进口消费税专用缴款书之日起15日内缴纳税款。

纳税人进口应税消费品，按照组成计税价格和规定的税率计算应纳税额。计算方法如下：

（一）进口一般货物应缴纳消费税

1．从价定率计征应纳税额的计算

实行从价定率办法计算纳税的组成计税价格计算公式：

组成计税价格＝(关税完税价格＋关税)/(1－消费税比例税率)

应纳税额＝组成计税价格×消费税比例税率

【例3－6】光华商贸公司在2016年5月从国外进口一批应税消费品，已知该批应税消费品的关税完税价格为90万元，按规定应缴纳关税18万无，假定进口的应税消费品的消费税税率为10%。请计算该批消费品进口环节应缴纳的消费税税额。

（1）组成计税价格＝(90＋18)/(1－10%)＝120（万元）

（2）应缴纳消费税税额 = 120 × 10% = 12（万元）

公式中所称"关税完税价格"，是指海关核定的关税计税价格。

2. 实行从量定额计征应纳税额的计算

应纳税额的计算公式：应纳税额 = 应税消费品数量 × 消费税定额税率

3. 实行从价定率和从量定额复合计税办法应纳税额的计算

应纳税额的计算公式：

组成计税价格 = 关税完税价格 + 关税 + 进口数量 × 消费税定额税率/(1 − 消费税比例税率)

应纳税额 = 组成计税价格 × 消费税税率 + 应税消费品进口数量 × 消费税定额税率

进口环节消费税除国务院另有规定者外，一律不得给予减税、免税。

四、已纳消费税扣除的计算

为了避免重复征税，现行消费税规定，将外购应税消费品和委托加工收回的应税消费品继续生产应税消费品销售的，可以将外购应税消费品和委托加工收回应税消费品已缴纳的消费税给予扣除。

（一）外购应税消费品已纳税款的扣除

1. 外购应税消费品连续生产应税消费品

由于某些应税消费品是用外购已缴纳消费税的应税消费品连续生产出来的，在对这些连续生产出来的应税消费品计算征税时，税法规定应按当期生产领用数量计算准予扣除外购的应税消费品已纳的消费税税款。扣除范围包括：

（1）外购已税烟丝生产的卷烟；

（2）外购已税高档化妆品生产的高档化妆品；

（3）外购已税珠宝玉石生产的贵重首饰及珠宝玉石；

（4）外购已税鞭炮焰火生产的鞭炮焰火；

（5）外购已税杆头、杆身和握把为原料生产的高尔夫球杆；

（6）外购已税木制一次性筷子为原料生产的木制一次性筷子；

（7）外购已税实木地板为原料生产的实木地板；

（8）对外购已税汽油、柴油、石脑油、燃料油、润滑油用于连续生产的应税成品油；

（9）外购已税摩托车连续生产的应税摩托车（如用外购两轮摩托车改装三轮摩托车）。

上述当期准予扣除外购应税消费品已纳消费税税款的计算公式为：

当期准予扣除的外购应税消费品已纳税款 = 当期准予扣除的外购应税消费品买价 × 外购应税消费品适用税率

当期准予扣除的外购应税消费品买价 = 期初库存的外购应税消费品的买价 + 当期购进的应税消费品的买价 − 期末库存的外购应税消费品的买价

外购已税消费品的买价是指购货发票上注明的销售额（不包括增值税税款）。由于我国近期多次调整成品油消费税税率，纳税人外购应税油品连续生产应税成品油，应根据其取得的外购应税油品增值税专用发票开具时间来确定具体扣除金额，如果增值税专用发票开具时间为调整前，则按照调整前的成品油消费税税率计算扣除消费税；如果增值税专用发票开具时间为调整后，则按照调整后的成品油消费税税率计算扣除消费税。

另外根据《葡萄酒消费税管理办法（试行）》的规定，自2015年5月1日起，从葡萄酒生产企业购进、进口葡萄酒连续生产应税葡萄酒的，准予从葡萄酒消费税应纳税额中扣除所耗用应税葡萄酒已纳消费税税款。如本期消费税应纳税额不足抵扣的，余额留待下期抵扣。

【例3-7】光华卷烟生产企业，某月初库存外购应税烟丝金额50万元，当月又外购应税烟丝金额500万元（不含增值税），月末库存烟丝金额30万元，其余被当月生产卷烟领用。请计算卷烟厂当月准许扣除的外购烟丝已缴纳的消费税税额。

（1）烟丝适用的消费税税率为30%

（2）当期准许扣除的外购烟丝买价=50+500-30=520（万元）

（3）当月准许扣除的外购烟丝已缴纳的消费税税额=520×30%=156（万元）

需要说明的是，纳税人用外购的已税珠宝玉石生产的改在零售环节征收消费税的金银首饰（镶嵌首饰），在计税时一律不得扣除外购珠宝玉石的已纳税款。

2. 外购应税消费品后销售

对自己不生产应税消费品，而只是购进后再销售应税消费品的工业企业，其销售的化妆品、护肤护发品、鞭炮焰火和珠宝玉石，凡不能构成最终消费品直接进入消费品市场，而需进一步生产加工、包装、贴标的或者组合的珠宝玉石、化妆品、酒、鞭炮焰火等，应当征收消费税，同时允许扣除上述外购应税消费品的已纳税款。

（二）委托加工收回的应税消费品已纳税款的扣除

委托加工的应税消费品因为已由受托方代收代缴消费税，因此，委托方收回货物后用于连续生产应税消费品的，其已纳税款准予按照规定从连续生产的应税消费品应纳消费税税额中抵扣。按照国家税务总局的规定，下列连续生产的应税消费品准予从应纳消费税税额中按当期生产领用数量计算扣除委托加工收回的应税消费品已纳消费税税款：

（1）以委托加工收回的已税烟丝为原料生产的卷烟；

（2）以委托加工收回的已税高档化妆品为原料生产的高档化妆品；

（3）以委托加工收回的已税珠宝玉石为原料生产的贵重首饰及珠宝玉石；

（4）以委托加工收回的已税鞭炮、焰火为原料生产的鞭炮、焰火；

（5）以委托加工收回的已税杆头、杆身和握把为原料生产的高尔夫球杆；

（6）以委托加工收回的已税木制一次性筷子为原料生产的木制一次性筷子；

（7）以委托加工收回的已税实木地板为原料生产的实木地板；

（8）以委托加工收回的已税汽油、柴油、石脑油、燃料油、润滑油用于连续生产应税成品油；

（9）以委托加工收回的已税摩托车连续生产应税摩托车（如用外购两轮摩托车改

装三轮摩托车)。

上述当期准予扣除委托加工收回的应税消费品已纳消费税税款的计算公式是:

当期准予扣除的委托加工应税消费品已纳税款 = 期初库存的委托加工应税消费品已纳税款 + 当期收回的委托加工应税消费品已纳税款 - 期末库存的委托加工应税消费品已纳税款

纳税人以进口、委托加工收回应税油品连续生产应税成品油，分别依据《海关进口消费税专用缴款书》《税收缴款书(代扣代收专用)》，按照现行政策规定计算扣除应税油品已纳消费税税款。

纳税人以外购、进口、委托加工收回的应税消费品(以下简称外购应税消费品)为原料连续生产应税消费品，准予按现行政策规定抵扣外购应税消费品已纳消费税税款。经主管税务机关核实上述外购应税消费品未缴纳消费税的，纳税人应将已抵扣的消费税税款，从核实当月允许抵扣的消费税中冲减。

需要说明的是，纳税人用委托加工收回的已税珠宝玉石生产的改在零售环节征收消费税的金银首饰，在计税时一律不得扣除委托加工收回的珠宝玉石的已纳消费税税款。

五、特殊环节应纳消费税的计算

(一) 卷烟批发环节应纳消费税的计算

为了适当增加财政收入，完善烟产品消费税制度，自 2009 年 5 月 1 日起，在卷烟批发环节加征一道从价税。自 2015 年 5 月 10 日起，卷烟批发环节税率又有调整。

(1) 纳税义务人：在中华人民共和国境内从事卷烟批发业务的单位和个人。

纳税人销售给纳税人以外的单位和个人的卷烟于销售时纳税。纳税人之间销售的卷烟不缴纳消费税。

(2) 征收范围：纳税人批发销售的所有品牌、规格的卷烟。

(3) 适用税率：从价税税率 11%，从量税税率 0.005 元/支。

(4) 计税依据：纳税人批发卷烟的销售额(不含增值税)、销售数量。

纳税人应将卷烟销售额与其他商品销售额分开核算，未分开核算的，一并征收消费税。

纳税人兼营卷烟批发和零售业务的，应当分别核算批发和零售环节的销售额、销售数量；未分别核算批发和零售环节销售额、销售数量的，按照全部销售额、销售数量计征批发环节消费税。

(5) 纳税义务发生时间：纳税人收讫销售款或者取得索取销售款凭据的当天。

(6) 纳税地点：卷烟批发企业的机构所在地，总机构与分支机构不在同一地区的，由总机构申报纳税。

(7) 卷烟消费税在生产和批发两个环节征收后，批发企业在计算纳税时不得扣除已含的生产环节的消费税税款。

(二) 超豪华小汽车零售环节应纳消费税的计算

为了引导合理消费，促进节能减排，自 2016 年 12 月 1 日起，在生产(进口)环节按现行税率征收消费税基础上，超豪华小汽车在零售环节加征一道消费税。

（1）征税范围：每辆零售价格130万元（不含增值税）及以上的乘用车和中轻型商用客车，即乘用车和中轻型商用客车子税目中的超豪华小汽车。

（2）纳税人：将超豪华小汽车销售给消费者的单位和个人为超豪华小汽车零售环节纳税人。

（3）税率：税率为10%。

（4）应纳税额的计算：

应纳税额 = 零售环节销售额（不含增值税）×零售环节税率

国内汽车生产企业直接销售给消费者的超豪华小汽车，消费税税率按照生产环节税率和零售环节税率加总计算。其消费税应纳税额计算公式为：

应纳税额 = 销售额(不含增值税)×(生产环节税率 + 零售环节税率)

六、消费税出口退税的计算

对纳税人衔口应税消费品，免征消费税；国务院另有规定的除外。

（一）出口免税并退税

有出口经营权的外贸企业购进应税消费品直接出口，以及外贸企业受其他外贸企业委托代理出口应税消费品。外贸企业只有受其他外贸企业委托，代理出口应税消费品才可办理退税，外贸企业受其他企业（主要是非生产性的商贸企业）委托，代理出口应税消费品是不予退（免）税的。

属于从价定率计征消费税的，为已征且未在内销应税消费品应纳税额中抵扣的购进出口货物金额；属于从量定额计征消费税的，为已征且未在内销应税消费品应纳税额中抵扣的购进出口货物数量；属于复合计征消费税的，按从价定率和从量定额的计税依据分别确定。

消费税应退税额 = 从价定率计征消费税的退税计税依据×比例税率 + 从量定额计征消费税的退税计税依据×定额税率

（二）出口免税但不退税

有出口经营权的生产性企业自营 & 进口或生产企业委托外贸企业代理出口自产的应税消费品，依据其实际出口数量免征消费税，不予办理退还消费税。免征消费税是指对生产性企业按其实际出口数量免征生产环节的消费税。不予办理退还消费税，因已免征生产环节的消费税，该应税消费品出口时，已不含有消费税，所以无须再办理退还消费税。

（三）出口不免税也不退税

除生产企业、外贸企业外的其他企业，具体是指一般商贸企业，这类企业委托外贸企业代理出口的应税消费品一律不予退（免）税。出口货物的消费税应退税额的计税依据，按购进出口货物的消费税专用缴款书和海关进口消费税专用缴款书确定。

七、消费税的会计核算

（一）会计账户的设置

由于消费税是价内税，所以消费税通过“税金及附加”和“应交税费——应交消费税”账户进行核算（见表3－3）。

表3－3　应交税费——应交消费税

借方	贷方
实际缴纳的消费税 待抵扣的消费税	应缴纳的消费税
余额：（1）多缴纳的消费税 （2）待抵扣的消费税	余额：尚未缴纳的消费税

（二）消费税的会计核算

1. 企业对外销售应税消费品缴纳消费税时的会计处理

借：税金及附加

　贷：应交税费——应交消费税

实际缴纳消费税时：

借：应交税费——应交消费税

　贷：银行存款

发生销售退回及退税时作相反的会计处理，企业出口应税消费品，按规定不予免税或退税时，应视同国内销售，其会计处理方法同上。

【例3－8】光华汽车制造厂对外销售10辆汽缸容量在1 000毫升的小轿车，出厂价为60 000元/辆（含增值税），汽车的消费税税率为3%、增值税税率为16%，货款尚未收到。

按照税法规定，该厂销售的该批小轿车应纳消费税总额为：

$$应税消费品不含增值税的销售额=\frac{60\ 000\times 10}{1+16\%}=517\ 241.38（元）$$

应交消费税税额＝517 241.38×3%＝15 517.24（元）

其会计处理如下：

借：应收账款	600 000	
贷：主营业务收入		517 241.38
应交税费——应交增值税（销项税额）		82 758.62
借：税金及附加	15 517.24	
贷：应交税费——应交消费税		15 517.24

开出转账支票实际缴纳时：

借：应交税费——应交消费税	15 517.24	

贷：银行存款　　　　　　　　　　　　　　　　　　　　15 517. 24

2. 企业从生产的应税消费品换取生产资料和消费资料、抵偿债务、支付代购手续费等的会计处理

按照税法规定，纳税人生产的用于销售的应税消费品，是指有偿转让应税消费品的所有权，即从受让方取得的货币、劳务或其他经济利益为条件转让应税消费品所有权的行为。因此，除了以取得货币的方式销售外，企业从应税消费品换取生产资料和消费资料、抵偿债务、支付代购手续款等也视为销售行为，在会计上作为销售处理。按规定应交消费税时，会计处理如下：

借：税金及附加

　贷：应交税费——应交消费税

3. 企业以生产的消费品用于投资的会计处理

按照税法规定，企业以应税消费品作为投资，视同销售，也应缴纳消费税。其会计处理如下：

借：长期股权投资

　贷：应交税费——应交增值税（销项税额）

　　　　　　——应交消费税

【例 3 -9】 光华公司（一般纳税人）以自产的小轿车 20 辆投资于某出租汽车公司，按双方协议，每辆车不含税价为 85 000 元，成本价为 60 000 元。消费税税率为 8%，增值税税率为 16%。

小轿车的增值税税额 = 85 000 × 20 × 16% = 272 000（元）

消费税税额 = 85 000 × 20 × 8% = 136 000（元）

其会计处理如下：

借：长期股权投资——其他股权投资　　　　　　　　　1 608 000

　贷：主营业务收入　　　　　　　　　　　　　　　　　　1 200 000

　　　应交税费——应交增值税（销项税额）　　　　　　　　272 000

　　　　　　　——应交消费税　　　　　　　　　　　　　　136 000

4. 企业将生产的应税消费品，用于其他方面，即用于生产非应税产品、在建工程、管理部门、非生产机构、提供劳务及用于馈赠、赞助、集资、广告、样品、职工福利、奖励等的会计处理

借：固定资产（或在建工程、营业外支出、销售费用）

　贷：应交税费——应交消费税

【例 3 -10】 光华公司将自产的应税消费品用于在建工程，同类应税消费品的销售价格为 300 000 元，该产品成本为 280 000 元，消费税税率为 5%。

①移送使用时结转应税消费品成本时：

借：在建工程　　　　　　　　　　　　　　　　　　　280 000

　贷：库存商品　　　　　　　　　　　　　　　　　　　　280 000

②计算应纳消费税并计入“在建工程”账户时：

应纳消费税税额 = 300 000 × 5% = 15 000（元）

借：在建工程　　15 000

　贷：应交税费——应交消费税　　15 000

5. 随同应税消费品出售的包装物的会计处理

（1）随同应税消费品销售而不单独计价的包装物，其收入随同所售产品一起计入“主营业务收入”账户。因此，包装物销售的应交消费税与因产品销售应缴纳的消费税应一同计入“税金及附加”账户。

（2）随同产品出售但单独计价的包装物，其收入计入“其他业务收入”账户，应交消费税，借记“其他业务成本”账户。

（3）出租、出借的包装物收取的押金，逾期不能收回而没收押金时，将其押金作为含税价进行换算为不含税价，借记“其他应付款”账户，贷记“其他业务收入”账户，该部分押金收入应交的消费税应相应记入“其他业务成本”账户的借方。

【例 3 - 11】 光华公司向外销售粮食白酒 200 吨，收取价款 300 000 元，随同产品出售但单独计价的包装物价值 20 000 元。消费税税率为 25%。

①销售粮食白酒应纳消费税的会计处理：

应纳消费税税额 = 300 000 × 25% = 75 000（元）

借：税金及附加　　75 000

　贷：应交税费——应交消费税　　75 000

②包装物的应纳消费税税额的会计处理：

应纳消费税税额 = 20 000 × 25% = 5 000（元）

借：其他业务成本　　5 000

　贷：应交税费——应交消费税　　5 000

【例 3 - 12】 假定将逾期未退还的包装物押金 2 340 元进行转账处理，增值税税率为 17%，消费税税率为 8%。

没收押金的不含税收入 = 2 340 ÷（1 + 16%） = 2 017. 24（元）

增值税税额 = 2 017. 24 × 16% = 322. 76（元）

消费税税额 = 2 000 × 8% = 160（元）

其会计处理如下：

借：其他应付款　　2 340

　贷：其他业务收入　　2 000

　　　应交税费——应交增值税（销项税额）　　340

借：其他业务成本　　160

　贷：应交税费——应交消费税　　160

6. 委托加工的应税消费品的会计处理

企业委托加工应税消费品，由受托方代收代缴消费税。委托方收回应税消费品后，用于企业连续生产应税消费品的，在销售时，计算销售时的消费税，并且可以将在委托方加工收回时缴纳的消费税准予抵扣；直接出售的，不再征收销售时的消费税。在这两种情况下，委托方的会计核算是不同的，受托方的会计核算是相同的。

受托方：

对于委托加工的应税消费品，在委托方提货时，按税法规定，由受托方代收代缴消费税。其会计处理如下：

借：应收账款（或银行存款）

　贷：应交税费——应交消费税

委托方：

（1）委托方收回委托加工应税消费品直接用于销售的，按规定不再征收消费税。由受托方代收的消费税随同应支付的加工费，一并计入委托加工应税消费品的成本。其会计处理如下：

借：委托加工物资（或生产成本）

　贷：应付账款（或银行存款）

（2）委托加工的应税消费品收回后用于连续生产应税消费品按规定准予抵扣的，委托方应按由受托方代扣代缴的消费税款。其会计处理如下：

借：应交税费——应交消费税

　贷：应付账款（或银行存款）

【例3－13】光华公司委托柳林公司加工应税消费品，提货时受托方代扣代缴消费税8 000元，收回的应税消费品的70%用于直接销售，30%用于连续生产的应税消费品。

①70%直接用于销售时：

借：委托加工物资　　5 600

　贷：应付账款（或银行存款）　　5 600

②30%用于连续生产时：

借：应交税费——应交消费税　　2 400

　贷：应付账款（或银行存款）　　2 400

【例3－14】光华公司委托柳林公司加工应税消费品，该应税消费品无同类销售价格，光华公司提供原材料成本40 000元，加工费用2 000元（不含增值税），消费税税率为3%，光华公司为一般纳税人，增值税税率为16%；柳林公司为小规模纳税人，增值税征收率为3%。

柳林公司作为受托方，在移送货物时确认收入和代扣税金。

应税消费品组成计税价格＝（40 000＋2 000）÷（1－3%）＝43 298.97（元）

代扣代缴消费税＝43 298.97×3%＝1 298.97（元）

应纳增值税＝2 000×3%＝60（元）

公司作为受托方，其会计处理如下：

借：应收账款　　3 358.97

　贷：应交税费——应交消费税　　1 298.97

——应交增值税 60

主营业务收入 2 000

光华公司是委托方，收回货物时，如果直接用于销售，将代扣的消费税计入委托加工的应税消费品成本，则：

借：委托加工物资 3 358.97

贷：应付账款 3 358.97

光华公司收回货物，如果用于连续生产应税消费品，代缴的消费税按规定准予抵扣，不计入委托加工材料成本，则：

借：委托加工物资 2 060

应交税费——应交消费税 1 298.97

贷：应付账款 3 358.97

7. 进口应税消费品消费税的会计处理

按照税法规定，进口的应税消费品应在进口时由进口者缴纳消费税，缴纳的消费税应计入进口应税消费品的成本。其会计处理如下：

借：固定资产（或材料采购等）

贷：银行存款等

【例3－15】光华汽车制造厂从国外进口一批轮胎，关税完税价格为90 000美元，海关征收关税税率为50%，款项已经开出支票支付。按照税法规定，应税消费品依从价定率计算应纳税额，按组成计税价格计算纳税。该轮胎的适用消费税税率为10%，当月1日的美元汇率为\$1 = ￥8.20。

$$\text{消费税组成计税价格}=\frac{90\,000\times8.2+90\,000\times8.2\times50\%}{1-10\%}=1\,230\,000\text{（元）}$$

应纳消费税 =1 230 000×10% =123 000（元）

应纳增值税 =（90 000×8.2 +90 000×8.2×50% +123 000）×16% =196 800（元）

会计处理如下：

①支付外商货款及国外运费、保险费等时：

借：材料采购 1 107 000

贷：银行存款 1 107 000

②计算消费税时：

借：材料采购 123 000

贷：应交税费——应交消费税 123 000

③上交给我国海关进口消费税时：

借：应交税费——应交消费税 123 000

贷：银行存款 123 000

④上交给我国海关进口增值税时：

借：应交税费——应交增值税（进项税额） 196 800

贷：银行存款 196 800

8. 出口应税消费品的会计处理

按照税法规定，出口应税消费品原则上是免征消费税。免征消费税的办法有两种：一是直接减免；二是先税后退。具体应分不同情况进行会计处理：

（1）生产企业直接出口应税消费品或者通过外贸企业出口应税消费品，按规定直接予以免税的，可不计算应交消费税。

（2）生产企业通过外贸企业代理出口应税消费税，按规定实行先税后退方法的，按以下方法进行会计处理：

①生产企业在委托外贸企业代理出口应纳消费品时，会计处理为：

借：应收账款——外贸企业

　贷：应交税费——应交消费税

实际缴纳消费税额时，会计处理为：

借：应交税费——应交消费税

　贷：银行存款等

应税消费品出口后，收到外贸企业退回的税金时，会计处理为：

借：银行存款

　贷：应收账款——外贸企业

发生退关、退货时，补缴已退消费税要作相反的会计处理。

代理出口应税消费品的外贸企业将应税消费品出口后，收到税务部门退回生产企业缴纳的消费税时，会计处理为：

借：银行存款

　贷：应付账款——生产企业

将此项税金退回生产企业时，会计处理为：

借：应付账款——生产企业

　贷：银行存款

应税消费品出口后，发生退关或退货时，应补缴已退的消费税，会计处理为：

借：应收账款——应收生产企业消费税

　贷：银行存款

收到生产企业退还的应补交的税款时，会计处理为：

借：银行存款

　贷：应收账款——应收生产企业消费税

②生产企业将应税消费品销售给外贸企业，由外贸企业自营出口的，生产企业应在销售时，会计处理为：

借：税金及附加

　贷：应交税费——应交消费税

自营出口外贸企业在购买该项应税消费品时，会计处理为：

借：材料采购

　贷：银行存款（或应付账款）

自营出口外贸企业应在应税消费品报关出口后申请出口退税。申请退税时，会计处理为：

借：其他应收款

　贷：主营业务成本

实际收到出口应税消费品退回税金时，会计处理为：

借：银行存款

　贷：其他应收款

发生退关或退货而补缴已退的消费税，作相反的会计处理。

【例3－16】 光华公司代理出口护肤护发品一批，该批护肤护发品应缴纳消费税8 000元。

①计提消费税时：

借：应收账款	8 000	
贷：应交税费——应交消费税		8 000

②开出支票缴纳消费税时：

借：应交税费——应交消费税	8 000	
贷：银行存款		8 000

收到出口退税款并存入银行时：

借：银行存款	8 000	
贷：应收账款		8 000

③退货一半补税时：

借：应收账款	4 000	
贷：银行存款		4 000

9. 纳税人缴纳消费税时的会计处理

借：应交税费——应交消费税

　贷：银行存款

第三节　消费税纳税申报表的填制

一、纳税义务发生时间

消费税纳税义务发生的时间，以货款结算方式或行为发生时间分别确定。

（1）纳税人销售的应税消费品，其纳税义务的发生时间为：

①纳税人采取赊销和分期收款结算方式的，为书面合同约定的收款日期的当天，书面合同没有约定收款日期或者无书面合同的，为发出应税消费品的当天。

②纳税人采取预收货款结算方式的，其纳税义务的发生时间，为发出应税消费品的当天。

③纳税人采取托收承付和委托银行收款方式销售的应税消费品，其纳税义务的发生时间，为发出应税消费品并办妥托收手续的当天。

④纳税人采取其他结算方式的，其纳税义务的发生时间，为收讫销售款或者取得索取销售款凭据的当天。

（2）纳税人自产自用的应税消费品，其纳税义务的发生时间，为移送使用的当天。

（3）纳税人委托加工的应税消费品，其纳税义务的发生时间，为纳税人提货的当天。

（4）纳税人进口的应税消费品，其纳税义务的发生时间，为报关进口的当天。

二、纳税期限

按照《消费税暂行条例》规定，消费税的纳税期限分别为1日、3日、5日、10日、15日、1个月或者1个季度。纳税人的具体纳税期限，由主管税务机关根据纳税人应纳税额的大小分别核定；不能按照固定期限纳税的，可以按次纳税。

纳税人以1个月或以1个季度为一期纳税的，自期满之日起15日内申报纳税；以1日、3日、5日、10日或者15日为一期纳税的，自期满之日起5日内预缴税款，于次月1日起至15日内申报纳税并结清上月应纳税款。

纳税人进口应税消费品，应当自海关填发海关进口消费税专用缴款书之日起15日内缴纳税款。

如果纳税人不能按照规定的纳税期限依法纳税，将按《税收征收管理法》的有关规定处理。

三、纳税地点

消费税具体纳税地点有：

（1）纳税人销售的应税消费品，以及自产自用的应税消费品，除国务院财政、税务主管部门另有规定外，应当向纳税人机构所在地或者居住地的主管税务机关申报纳税。

（2）委托加工的应税消费品，除受托方为个人外，由受托方向机构所在地或者居住地的主管税务机关解缴消费税税款。

（3）进口的应税消费品，由进口人或者其代理人向报关地海关申报纳税。

（4）纳税人到外县（市）销售或者委托外县（市）代销自产应税消费品的，于应税消费品销售后，向机构所在地或者居住地主管税务机关申报纳税。

纳税人的总机构与分支机构不在同一县（市），但在同一省（自治区、直辖市）范围内，经省（自治区、直辖市）财政厅（局）、国家税务局审批同意，可以由总机构汇总向总机构所在地的主管税务机关申报缴纳消费税。

省（自治区、直辖市）财政厅（局）、国家税务局应将审批同意的结果，上报财政部、国家税务总局备案。

（5）纳税人销售的应税消费品，因质量等原因发生退货的，其已缴纳的消费税税款可予以退还。

纳税人办理退税手续时，应将开具的红字增值税发票、退税证明等资料报主管税务机关备案。主管税务机关核对无误后办理退税。

（6）纳税人直接出口的应税消费品办理免税后，发生退关或者国外退货，复进口时已予以免税的，可暂不办理补税，待其转为国内销售的当月申报缴纳消费税。

四、纳税申报

消费税的纳税人应按条例的有关规定及时办理纳税申报，并如实填写纳税申报表。消费税纳税申请表如表3－4至表3－8所示。

表3－4　　烟类应税消费品消费税纳税申报表

税款所属期：　　年　　月　　日至　　年　　月　　日

纳税人名称（公章）：　　纳税人识别号：□□□□□□□□□□□□□□□□□□□□

填表日期：　　年　　月　　日　　单位：卷烟万支、雪茄万支、烟丝千克；金额单位：元（列至角分）

项目 应税消费品名称	适用税率		销售数量	销售额	应纳税额
	定额税率	比例税率			
卷烟	30元/万支	45%			
卷烟	30元/万支	30%			
雪茄烟	——	25%			
烟丝	——	30%			
合计	——	——	——	——	

本期准予扣除税额： 本期减（免）税额： 期初未缴税额：	**声明** 此纳税申报表是根据国家税收法律的规定填报的，我确定它是真实的、可靠的、完整的。 经办人（签章）： 财务负责人（签章）： 联系电话：
本期缴纳前期应纳税额：	（如果你已委托代理人申报，请填写） 授权声明 为代理一切税务事宜，现授权________ ______________（地址）______________ ________为本纳税人的代理申报人，任何与本申报表有关的往来文件，都可寄予此人。 授权人签章：

表 3 - 5　　　　**酒及酒精消费税纳税申报表**

税款所属期：　　年　　月　　日至　　年　　月　　日

纳税人名称（公章）：　　　　纳税人识别号：

填表日期：　　年　　月　　日　　　　单位：升；金额单位：元（列至角分）

项目 应税消费品名称	适用税率		销售数量	销售额	应纳税额
	定额税率	比例税率			
粮食白酒	0.5 元/斤	20%			
薯类白酒	0.5 元/斤	20%			
啤酒	250 元/吨	——			
啤酒	220 元/吨	——			
黄酒	240 元/吨	——			
其他酒	——	10%			
酒精	——	5%			
合计	——	——	——	——	

本期准予扣除税额： 本期减（免）税额： 期初未缴税额：	**声明** 此纳税申报表是根据国家税收法律的规定填报的，我确定它是真实的、可靠的、完整的。 经办人（签章）： 财务负责人（签章）： 联系电话：
本期缴纳前期应纳税额：	（如果你已委托代理人申报，请填写） 授权声明 为代理一切税务事宜，现授权________ ______________（地址）______________ ________为本纳税人的代理申报人，任何与本申报表有关的往来文件，都可寄予此人。 授权人签章：

表 3-6　　　　　　　　　　**成品油消费税纳税申报表**

税款所属期：　年　月　日至　年　月　日

纳税人名称（公章）：　　　　　　　纳税人识别号：□□□□□□□□□□□□□□□□□□□□

填表日期：　年　月　日　　　　　　单位：升；金额单位：元（列至角分）

项目 应税消费品名称	适用税率（元/升）	销售数量	应纳税额
汽油	0.20		
柴油	0.10		
石脑油	0.20		
溶剂油	0.20		
润滑油	0.20		
燃料油	0.10		
航空煤油	0.10		
合计	——	——	

本期准予扣除税额： 本期减（免）税额： 期初未缴税额：	**声明** 此纳税申报表是根据国家税收法律的规定填报的，我确定它是真实的、可靠的、完整的。 经办人（签章）： 财务负责人（签章）： 联系电话：
本期缴纳前期应纳税额：	（如果你已委托代理人申报，请填写） 授权声明 为代理一切税务事宜，现授权________________（地址）________________为本纳税人的代理申报人，任何与本申报表有关的往来文件，都可寄予此人。 授权人签章：

表 3－7　　小汽车消费税纳税申报表

税款所属期：　　年　　月　　日至　　年　　月　　日

纳税人名称（公章）：　　　　纳税人识别号：□□□□□□□□□□□□□□□□□□□□

填表日期：　　年　　月　　日　　　　单位：辆、元（列至角分）

应税消费品名称 ＼ 项目		适用税率	销售数量	销售额	应纳税额
乘用车	气缸容量≤1.5 升	3%			
	1.5 升<气缸容量≤2.0 升	5%			
	2.0 升<气缸容量≤2.5 升	9%			
	2.5 升<气缸容量≤3.0 升	12%			
	3.0 升<气缸容量≤4.0 升	15%			
	气缸容量>4.0 升	20%			
中轻型商用客车		5%			
合计		——	——	——	

本期准予扣除税额：	**声明** 此纳税申报表是根据国家税收法律的规定填报的，我确定它是真实的、可靠的、完整的。 经办人（签章）： 财务负责人（签章）： 联系电话：
本期减（免）税额：	
期初未缴税额：	
本期缴纳前期应纳税额：	（如果你已委托代理人申报，请填写） 授权声明 为代理一切税务事宜，现授权________ ______________（地址）______________ ________为本纳税人的代理申报人，任何与本申报表有关的往来文件，都可寄予此人。 授权人签章：

表 3-8　　　　　　　　**其他应税消费品消费税纳税申报表**

税款所属期：　　年　　月　　日至　　年　　月　　日

纳税人名称（公章）：　　　　　　纳税人识别号：□□□□□□□□□□□□□□□□□□□□

填表日期：　　年　　月　　日　　　　　　　　单位：辆、元（列至角分）

项目 应税消费品名称	适用税率	销售数量	销售额	应纳税额
合计	——	——	——	

<table>
<tr><td>本期准予扣除税额：</td><td rowspan="3">声明
此纳税申报表是根据国家税收法律的规定填报的，我确定它是真实的、可靠的、完整的。

经办人（签章）：
财务负责人（签章）：
联系电话：</td></tr>
<tr><td>本期减（免）税额：</td></tr>
<tr><td>期初未缴税额：</td></tr>
<tr><td>本期缴纳前期应纳税额：</td><td>（如果你已委托代理人申报，请填写）
授权声明
为代理一切税务事宜，现授权＿＿＿＿＿＿（地址）＿＿＿＿＿＿＿＿＿＿＿＿为本纳税人的代理申报人，任何与本申报表有关的往来文件，都可寄予此人。
授权人签章：</td></tr>
</table>

【本章思考题】

1. 如何计算进口卷烟的应纳消费税？

2. 如何计算出口应税消费品退税？

3. 光华卷烟厂生产销售卷烟和烟丝，2013 年 8 月发生如下经济业务：

（1）8 月 1 日，期初结存烟丝买价 20 万元，8 月 31 日，期末结存烟丝买价 5 万元。

（2）8 月 3 日，购进已税烟丝买价 10 万元，取得增值税专用发票并通过验证。

（3）8 月 6 日，发往柳林烟厂烟叶一批，委托柳林烟厂加工烟丝，发出烟叶成本

20 万元，支付加工费 8 万元，柳林烟厂没有同类烟丝销售价格。

（4）8 月 20 日，委托柳林烟厂加工的烟丝收回，出售一半取得收入 25 万元，生产卷烟领用另一半。

（5）8 月 27 日，销售卷烟 20 大箱，取得收入 100 万元，销售外购烟丝取得收入 10 万元。

（6）8 月 28 日，没收逾期未收回的卷烟包装物押金 23 400 元，消费税税率为 40%。

（7）8 月 29 日，收回委托个体户张某加工的烟丝（发出烟叶成本为 2 万元，支付加工费 1 060 元，该处同类烟丝销售价格为 3 万元），直接出售取得收入 3.5 万元。

请计算光华烟厂当月应纳消费税税额。

参考答案：

（1）第 1、2 笔业务的数据为计算扣除外购已税烟丝已纳的消费税时使用。

（2）第 3 笔业务的数据为收回烟丝时计算受托方代收代缴的消费税时使用，即受托方没有同类消费品价格，要按组成计税价格公式计算。

（3）第 4 笔业务，委托柳林烟厂加工的烟丝收回，应计算并支付受托方代收代缴的消费税为 $(200\ 000 + 80\ 000) \div (1 - 30\%) \times 30\% = 120\ 000$（元）。

这里需要特别注意的是，出售一半取得收入 25 万元，是否再补缴消费税的问题。因为出售的一半和另一半都是按照组成计税价格计算的由受托方代收代缴的消费税，收回直接出售后可能高于也可能低于其代收代缴消费税的计税价格，但此时并不补缴（或退回）消费税。因为按照《消费税暂行条例》的规定，委托加工应税消费品收回后直接出售的不再缴纳消费税，以体现消费税一个环节征税的原则。生产领用的另一半用于卷烟生产，受托方代收代缴的消费税可以抵扣。

（4）第 5 笔业务应纳消费税为 $1\ 000\ 000 \times 56\% + 20 \times 150 + 100\ 000 \times 30\% = 593\ 000$（元）。

（5）第 6 笔业务应纳消费税为 $23\ 400 \div (1 + 16\%) \times 40\% = 8\ 068.97$（元）。

这里只要注意将包装物押金 23 400 元还原为不含增值税的销售额计算应缴消费税即可。

（6）第 7 笔业务应纳消费税为 $35\ 000 \times 30\% = 10\ 500$（元）。

这里只要注意委托个体经营者加工的应税消费品，不能由个体经营者代收代缴消费税，而应在收回后按实际售价计算应缴消费税即可。

综上所述，光华卷烟厂当月应纳消费税税额为：

$(200\ 000 + 80\ 000) \div (1 - 30\%) \times 30\% + 1\ 000\ 000 \times 56\% + 20 \times 150 + 100\ 000 \times 30\% + 23\ 400 \div (1 + 16\%) \times 40\% + 35\ 000 \times 30\% - (100\ 000 + 200\ 000 - 50\ 000) \times 30\% \div 2 = 694\ 068.97$（元）

4. 光华外贸公司 6 月 1 日从国内某汽车制造厂购入中轻型商用客车用于出口，合计价款为 2 340 000 元。6 月 10 日办妥出口报关手续。6 月 25 日收到税务机关退税，7 月 15 日发生退货，共计价款 100 000 元。7 月 15 日交税款。

请根据上述经济业务做出会计分录。

参考答案：

（1）6月1日国内购入汽车时：

借：材料采购　　2 000 000

　　应交税费——应交增值税（进项税额）　　340 000

　贷：银行存款　　2 340 000

借：库存商品　　2 000 000

　贷：材料采购　　2 000 000

（2）6月10日办妥报关手续，按规定申请出口退税时：

出口汽车应纳消费税 = 2 000 000 × 5% = 100 000（元）

借：其他应收款　　100 000

　贷：主营业务成本　　100 000

（3）6月25日收到税务机关退税时：

借：银行存款　　100 000

　贷：其他应收款　　100 000

（4）7月15日发生退货时：

借：其他应收款　　5 000

　贷：银行存款　　5 000

同时，

借：主营业务成本　　5 000

　贷：其他应收款　　5 000

第四章　资源税和环境保护税的会计核算

【学习目的与要求】

1. 理解和掌握资源税及环境保护税的基本内容。
2. 掌握资源税和环境保护税的计税方法。
3. 理解和掌握资源税及环境保护税的会计处理方法。

第一节　资源税的会计核算

一、资源税概述

资源税法是指国家制定的用以调整资源税征收与缴纳相关权利及义务关系的法律规范。现行资源税法的基本规范，包括2011年9月30日国务院公布的《中华人民共和国资源税暂行条例》（以下简称《资源税暂行条例》）、2011年10月28日财政部、国家税务总局公布的《中华人民共和国资源税暂行条例实施细则》（以下简称《资源税实施细则》）、2015年7月1日国家税务总局公布的《煤炭资源税征收管理办法（试行）》以及2016年5月9日财政部、国家税务总局公布的《关于全面推进资源税改革的通知》《关于资源税改革具体政策问题的通知》和2018年3月30日国家税务总局发布的《资源税征收管理规程》等。

资源税是对在我国境内从事应税矿产品开采和生产盐的单位和个人课征的一种税，属于对自然资源占用课税的范畴。1984年我国开征资源税时，普遍认为征收资源税主要依据的是受益原则、公平原则和效率原则。从受益方面考虑，资源属国家所有，开采者因开采国有资源而得益，有责任向所有者支付其地租；从公平角度来看，条件公平是有效竞争的前提，资源级差收入的存在影响资源开采者利润的真实性，故级差收入归政府支配为宜；从效率角度分析，稀缺资源应由社会净效率高的企业来开采，对资源开采中出现的掠夺和浪费行为，国家有权采取经济手段促其转变。

2010年6月1日，国家在新疆对原油、天然气进行了资源税从价计征改革试点工作；2014年12月又对煤炭的资源税由从量计征改为从价计征，取得一定效果。根据党中央、国务院决策部署，自2016年7月1日起全面推进资源税改革，对绝大部分应税产品实行从价计征方式，对经营分散、多为现金交易且难以控管的黏土、砂石，按照便利征管原则，仍实行从量定额计征。同时在河北省开征水资源税试点工作，采取水资源费改税方式，将地表水和地下水纳入征税范围，实行从量定额计征。2017 年 12 月 1 日起，水资源税改革试点进一步扩大到北京、天津、山西、内蒙古、山东、河南、四川、陕西、宁夏 9 个省（自治区、直辖市）。

征收资源税的主要作用如下：①促进企业之间开展平等竞争。我国的资源税属于比较典型的级差资源税，它根据应税产品的品种、质量、存在形式、开采方式以及企业所处地理位置和交通运输条件等客观因素的差异确定差别税率，从而使条件优越者税负较高，反之则税负较低。这种税率设计使资源税能够比较有效地调节由于自然资源条件差异等客观因素给企业带来的级差收入，减少或排除资源条件差异对企业盈利水平的影响，为企业之间开展平等竞争创造有利的外部条件。②促进对自然资源的合理开发利用。通过对开发、利用应税资源的行为课征资源税，体现了国有自然资源有偿占用的原则，从而可以促使纳税人节约、合理地开发和利用自然资源，有利于我国经济可持续发展。③为国家筹集财政资金。随着其课征范围的逐渐扩展，资源税的收入规模及其在税收收入总额中所占的比重都相应增加，其财政意义也日渐明显，在为国家筹集财政资金方面发挥着不可忽视的作用。

二、纳税义务人与扣缴义务人

（一）纳税义务人

资源税的纳税义务人是指在中华人民共和国领域及管辖海域开采应税资源的矿产品或者生产盐的单位和个人。

单位是指国有企业、集体企业、私营企业、股份制企业、其他企业和行政单位、事业单位、军事单位、社会团体及其他单位；个人是指个体经营者和其他个人；其他单位和其他个人包括外商投资企业、外国企业及外籍人员。

资源税规定仅对在中国境内开采或生产应税产品的单位和个人征收，因此，进口的矿产品和盐不征收资源税。由于对进口应税产品不征收资源税，相应地，对出口应税产品也不免征或退还已纳资源税。

单位和个人以应税产品投资、分配、抵债、赠予、以物易物等，视同销售，应按规定计算缴纳资源税。

开采海洋或陆上油气资源的中外合作油气田，在 2011 年 11 月 1 日前已签订合同的继续缴纳矿区使用费，不缴纳资源税；自 2011 年 11 月 1 日起新签订合同的缴纳资源税，不再缴纳矿区使用费。开采海洋油气资源的自营油气田，自 2011 年 11 月 1 日起缴纳资源税，不再缴纳矿区使用费。

（二）扣缴义务人

收购未税矿产品的单位为资源税的扣缴义务人。规定资源税的扣缴义务人，主要是针对零星、分散、不定期开采的情况，为了加强管理，避免漏税，由扣缴义务人在收购矿产品时代扣代缴资源税。

收购未税矿产品的单位是指独立矿山、联合企业和其他单位。独立矿山是指只有采矿或只有采矿和选矿，独立核算、自负盈亏的单位，其生产的原矿和精矿主要用于对外销售。联合企业是指采矿、选矿、冶炼（或加工）连续生产的企业或采矿、冶炼（或加工）连续生产的企业，其采矿单位一般是该企业的二级或二级以下核算单位。其他单位也包括收购未税矿产品的个体户在内。

三、税目与税率

（一）税目

资源税税目包括5大类，在5个税目下面又设有若干个子目。现行资源税的税目及子目主要是根据资源税应税产品和纳税人开采资源的行业特点设置的。

（1）原油，是指开采的天然原油，不包括人造石油。

（2）天然气，是指专门开采或者与原油同时开采的天然气。

（3）煤炭，包括原煤和以未税原煤（即：自采原煤）加工的洗选煤。

（4）金属矿，包含铁矿、金矿、铜矿、铝土矿、铅锌矿、镍矿、锡矿、钨、钼、未列举名称的其他金属矿产品原矿或精矿。

（5）其他非金属矿，包含石墨、硅藻土、高岭土、萤石、石灰石、硫铁矿、磷矿、氯化钾、硫酸钾、井矿盐、湖盐、提取地下卤水晒制的盐、煤层（成）气、海盐、稀土、未列举名称的其他非金属矿产品。

纳税人在开采主矿产品的过程中伴采的其他应税矿产品，凡未单独规定适用税额的，一律按主矿产品或视为主矿产品税目征收资源税。

（二）税率

资源税采取从价定率或者从量定额的办法计征，分别以应税产品的销售额乘以纳税人具体适用的比例税率或者以应税产品的销售数量乘以纳税人具体适用的定额税率计算，实施“级差调节”的原则。级差调节是指运用资源税对因资源贮存状况、开采条件、资源优劣、地理位置等客观存在的差别而产生的资源级差收入，通过实施差别税率或差别税额进行调节（见表4－1）。

表4－1　资源税税目税率幅度表

序号	税目		征税对象	税率幅度
1	金属	铁矿	精矿	1%～6%
2		金矿	金锭	1%～4%
3		铜矿	精矿	2%～8%
4		铝土矿	原矿	3%～9%
5		铅锌矿	精矿	2%
6		镍矿	精矿	2%～6%
7		锡矿	精矿	2%～6%
8		未列举名称的其他金属矿产品	原矿或精矿	税率不超过20%

表4－1(续)

序号	税目		征税对象	税率幅度
9	非金属矿	石墨	精矿	3%～10%
10		硅藻土	精矿	1%～6%
11		高岭土	原矿	1%～6%
12		萤石	精矿	1%～6%
13		石灰石	原矿	1%～6%
14		硫铁矿	精矿	1%～6%
15		磷矿	原矿	3%～8%
16		氯化钾	精矿	3%～8%
17		硫酸钾	精矿	6%～12%
18		井矿盐	氯化钠初级产品	1%～6%
19		湖盐	氯化钠初级产品	1%～6%
20		提取地下卤水晒制的盐	氯化钠初级产品	3%～15%
21		煤层（成）气	原矿	1%～2%
22		粘土、砂石	原矿	每1吨或立方米0.1～5元
23		未列举名称的其他非金属矿产品	原矿或粮矿	从量税率每吨或立方米不超过30元；从价税率不超过20%
24	海盐		氯化钠初级产品	1%～5%
25	原油			6%～10%
26	天然气			6%～10%
27	煤炭			2%～10%

对表4－1中列举名称的资源税目，由省级人民政府在规定的税率幅度内提出具体适用税率建议，报财政部、国家税务总局确定核准。

对未列举名称的其他金属和非金属矿产品，由省级人民政府根据实际情况确定具体税目和适用税率，报财政部、国家税务总局备案。

省级人民政府在提出和确定适用税率时，要结合当前矿产企业实际生产经营情况遵循改革前后税费平移原则，充分考虑企业负担能力。测算具体适用税率时，要充分考虑本地区资源禀赋、企业承受能力和清理收费基金等因素，按照改革前后税费平移原则，以近几年企业缴纳资源税、矿产资源补偿费金额（铁矿石开采企业缴纳资源税金额按40%税额标准测算）和矿产品市场价格水平为依据确定。一个矿种原则上设定一档税率，少数资源条件差异较大的矿种可按不同资源条件、不同地区设定两档税率。

纳税人开采或者生产不同税目应税产品的，应当分别核算不同税目应税产品的销售额或者销售数量；未分别核算或者不能准确提供不同税目应税产品的销售额或者销售数量的，从高适用税率。

煤炭资源税税率幅度为2%～10%，具体适用税率由省级财税部门在此幅度内，根据本地区清理收费基金、企业承受能力、煤炭资源条件等因素提出建议，报省级人民政府拟定。结合煤炭行业实际情况，现行税费负担较高的地区要适当降低负担水平。

省级人民政府需将拟定的适用税率在公布前报财政部、国家税务总局审批。跨省煤田的适用税率由财政部、国家税务总局确定。

三、资源税的会计核算

根据《中华人民共和国资源税暂行条例》及其实施细则的有关规定，为了反映和监督企业资源税计征情况，纳税人应在“应交税费”账户下设置“应交资源税”明细账户，该账户贷方登记本期应缴纳的资源税税额，借方登记实际缴纳或允许抵扣的资源税税额，贷方余额表示企业应交而未交的资源税税额。具体费用归属参照表4－2所示。

表4－2

税费种类	费用归属
资源税	①将应税资源作为产品销售时，资源税计入： 税金及附加 ②将应税资源自产自用时，资源税计入： a. 生产成本 b. 制造费用 ③收购未税矿产品时，代扣代缴的资源税计入： 材料采购

（一）纳税人销售应税矿产品的会计核算

企业计算出的销售应税产品所缴纳的资源税，借记“税金及附加”等科目，贷记“应交税费——应交资源税”科目；上交资源税时，借记“应交税费——应交资源税”科目，贷记“银行存款”科目。

【例4－1】光华油田当月销售原油500万吨，其适用的单位税额为10元/吨。

该油田当月应纳资源税税额＝课税数量×单位税额

＝5 000 000×10

＝50 000 000（元）

则该油田的会计处理如下。

（1）计提资源税时，会计处理如下：

借：税金及附加　　50 000 000

　贷：应交税费——应交资源税　　50 000 000

（2）上交资源税时，会计处理如下：

借：应交税费——应交资源税　　50 000 000

　贷：银行存款　　50 000 000

（二）纳税人自产自用应税产品的会计核算

企业计提自产自用的应税产品应缴纳的资源税时，借记“生产成本”“制造费用”等科目，贷记“应交税费——应交资源税”科目；上交资源税时，借记“应交税费——应交资源税”科目，贷记“银行存款”科目。

【例4－2】光华油田当月如果将自产原油500万吨用于生产柴油，该原油适用的单位税额为10元/吨，每吨成本0.1万元。

该油田当月应纳资源税税额＝课税数量×单位税额

＝5 000 000×10

＝50 000 000（元）

（1）计提资源税时，会计处理如下：

借：生产成本　　5 050 000 000

　贷：库存商品　　5 000 000 000

　　应交税费——应交资源税　　50 000 000

（2）上交资源税时，会计处理如下：

借：应交税费——应交资源税　　50 000 000

　贷：银行存款　　50 000 000

（三）收购未税矿产品的会计核算

企业收购未税矿产品，按实际支付的收购款，借记“材料采购”等科目，贷记“银行存款”等科目；按代扣代交的资源税，借记“材料采购”等科目，贷记“应交税费——应交资源税”科目；上交资源税时，借记“应交税费——应交资源税”科目，贷记“银行存款”科目。

【例4－3】光华公司2018年6月收购某铜矿的未税铜矿石600吨，每吨不含增值税收购价为101.4元（含资源税1.4元），该铜矿石适用的单位税额为2元/吨，款项以银行存款支付。

该公司当月应纳资源税税额＝600×2＝1 200（元）

（1）核算资源税时的会计处理如下：

借：材料采购　　60 840

　　应交税费——应交增值税（进项税额）　　7 909.2

　贷：应交税费——应交资源税　　1 200

　　银行存款　　67 549.2

（2）上交资源税时的会计处理如下：

借：应交税费——应交资源税　　1 200

　贷：银行存款　　1 200

（四）企业外购液体盐加工固体盐的会计核算

据前所述，纳税人在购入液体盐时，按所允许抵扣的资源税，借记“应交税费——应交资源税”科目；按外购价款扣除允许抵扣资源税后的数额，借记“材料采购”等科目；按应支付的全部价款，贷记“银行存款”“应付账款”等科目。企业加工成固体盐后，在销售时，按计算出的销售固体盐应交的资源税，借记“主营业务税金及附加”科目，贷记“应交税费——应交资源税”科目；将销售固体盐应纳资源税扣抵液体盐已纳资源税后的差额上交时，借记“应交税费——应交资源税”科目，贷记“银行存款”科目。

【例4-4】柳林盐场，当月外购液体盐10万吨用于加工固体盐，支付商业票据1 000万元，增值税额170万元；当月销售固体盐20万吨，不含税价款2 000万元，收到商业票据。液体盐适用单位税额为10元/吨，固体盐适用单位税额为20元/吨。

该盐场当月应纳资源税税额 = 20 × 20 - 10 × 10 = 300（万元）

（1）购进液体盐时的会计处理如下：

购进液体盐已纳资源税税额 = 10 × 10 = 100（万元）

借：原材料	9 000 000	
应交税费——应交增值税（进项税额）	1 700 000	
应交税费——应交资源税	1 000 000	
贷：应付票据		11 700 000

（2）销售固体盐的会计处理如下：

销售固体盐应纳资源税税额 = 20 × 20 = 400（万元）

借：应收票据	23 400 000	
贷：主营业务收入		20 000 000
应交税费——应交增值税（销项税额）		3 400 000

同时

借：税金及附加	4 000 000	
贷：应交税费——应交资源税		4 000 000

（3）核算当月应纳的资源税税额时的会计处理如下：

当月应纳资源税税额 = 400 - 100 = 300（万元）

借：应交税费——应交资源税	3 000 000	
贷：银行存款		3 000 000

第二节　环境保护税的会计核算

环境保护税法是指国家制定的、调整环境保护税征收与缴纳相关权利及义务关系的法律规范。现行环境保护税法的基本规范包括2016年12月25日第十二届全国人民代表大会常务委员会第二十五次会议通过的《中华人民共和国环境保护税法》（以下简称《环境保护税法》）、2017年12月30日国务院发布的《中华人民共和国环境保护税法实施条例》等。《环境保护税法》自2018年1月1日起实施，同时停征排污费。

环境保护税是对在我国领域以及管辖的其他海域直接向环境排放应税污染物的企事业单位和其他生产经营者征收的一种税，其立法目的是保护和改善环境，减少污染物排放，推进生态文明建设。环境保护税是我国首个明确以环境保护为目标的独立型环境税税种，有利于解决排污费制度存在的执法刚性不足等问题，有利于提高纳税人环保意识和强化企业治污减排责任。

直接向环境排放应税污染物的企业事业单位和其他生产经营者，除依照《环境保护税法》规定缴纳环境保护税外，应当对所造成的损害依法承担责任。

一、纳税义务人

环境保护税的纳税义务人是在中华人民共和国领域和中华人民共和国管辖的其他海域直接向环境排放应税污染物的企业事业单位和其他生产经营者。

应税污染物，是指《环境保护税法》所附《环境保护税税目税额表》《应税污染物和当量值表》所规定的大气污染物、水污染物、固体废物和噪声。

有下列情形之一的，不属于直接向环境排放污染物，不缴纳相应污染物的环境保护税：

（1）企业事业单位和其他生产经营者向依法设立的污水集中处理、生活垃圾集中处理场所排放应税污染物的。

（2）企业事业单位和其他生产经营者在符合国家和地方环境保护标准的设施、场所贮存或者处置固体废物的。

（3）达到省级人民政府确定的规模标准并且有污染物排放口的畜禽养殖场，应当依法缴纳环境保护税，但依法对畜禽养殖废弃物进行综合利用和无害化处理的。

二、税目与税率

环境保护税税目包括大气污染物、水污染物、固体废物和噪声 4 大类，采用定额税率，其中，对应税大气污染物和水污染物规定了幅度定额税率，具体适用税额的确定和调整由省、自治区、直辖市人民政府统筹考虑本地区环境承载能力、污染物排放现状和经济社会生态发展目标要求，在规定的税额幅度内提出，报同级人民代表大会常务委员会决定，并报全国人民代表大会常务委员会和国务院备案。环境保护税税目税额见表 4 - 3。

表 4 - 3　　环境保护税税目税额表

税目		计税单位	税额	备注
大气污染物		每污染当量	1.2 元至 12 元	
水污染物		每污染当量	1.4 元至 14 元	
固体废物	煤矸石	每吨	5 元	
	尾矿	每吨	15 元	
	危险废物	每吨	1 000 元	
	冶炼渣、粉煤灰、炉渣、其他固体废物（含半固态、液态废物）	每吨	25 元	

三、环境保护税的会计核算

“环保税”和资源税等小税种类似，以前小税种中一部分计入“管理费用”，一部分计入“税金及附加”，2016 年 12 月为适应全面实行营业税改征增值税，“营业税金及附加”科目改为“税金及附加”，包括消费税、城市维护建设税、资源税、教育费附加及房产税、土地使用税、车船税、印花税等，也就是说以前计入“管理费用”的小税种都调整进入“税金及附加”中核算。依据此思路，“环境保护税”也应计入“税金及附加”。《中华人民共和国环境保护法》规定环境保护税按月计算，按季申报缴纳，不能按固定期限计算缴纳的，可以按次申报缴纳，那么根据是否能按固定期限缴纳税款，会计处理的方式可分为：定期和不定期两种方式：

定期计提的时候依照其他税种的处理计入“应交税费”，在“应交税费”下设置“应交环境保护税”二级明细科目，不定期的可以在缴纳时直接计入“银行存款”。具体会计处理为：

（一）定期计算申报的会计处理

计算出环境保护税时，

借：税金及附加

　贷：应交税费——环境保护税

实际缴纳税款时，

借：应交税费——环境保护税

　贷：银行存款

（二）不定期计算申报的会计处理

环境保护税按次申报缴纳时直接借记“税金及附加”，贷记“银行存款”，即：

借：税金及附加

　贷：银行存款

【本章思考题】

1. 结合时代发展，请思考征收资源税和环境保护税的意义。

2. 查阅相关资料，请对比思考资源税与环境保护税的计税依据有何异同？

3. 水资源税和环境保护税在费改税之后，会计处理的变化有哪些？

4. 直接产生污染物的企业与集中处理污染物的企业，两者在缴纳环境保护税时有什么区别？

5. 柳林盐场 2017 年 6 月 16 日、28 日分别购进液体盐 20 000 吨、30 000 吨，每吨购进价格为 200 元。六月份对外销售光华海盐原盐 80 000 吨（包括资产和用液体盐加工而成的）。另外企业用原盐加工成精盐出售。该盐场按月缴纳资源税。液体盐按每吨 3 元标准缴纳资源税，固体盐按每吨 12 元标准缴纳资源税，请结合材料做出相关分录。

参考答案：

①企业 6 月 16 日购进液体盐 20 000 吨

借：应交税金——应交资源税　　　　60 000（20 000×3）

　　材料采购　　　　3 940 000

贷：银行存款　　　　4 000 000（20 000×200）

②企业6月28日购进液体盐30 000吨

借：应交税金——应交资源税　　　　90 000（30 000×3）

材料采购　　　　5 910 000

贷：银行存款　　　　6 000 000（30 000×200）

③月终，计算企业对外销售原盐应缴纳的资源税

应纳税额=80 000×12=960 000

借：税金及附加　　　　960 000

贷：应交税金——应交资源税　　　　960 000

④计算企业用来加工精盐的原盐所应纳的资源税

应纳税额=60 000×12=720 000

借：生产成本　　　　720 000

贷：应交税金——应交资源税　　　　720 000

6. 柳林化工厂2018年6月向大气直接排放二氧化碳、氟化物各120千克，一氧化碳、氯化氢各100千克，已知二氧化硫、氟化物、一氧化碳、氯化氢的污染当量值分别为0.95、0.87、16.7、10.75，假设当地大气污染物每污染当量税额3元，柳林化工厂只有一个排放口。请根据上述材料计提柳林化工厂6月份的环境保护税。

参考答案：

①污染当量数：

二氧化硫污染当量数=120÷0.95=126.32

氟化物污染当量数=120÷0.87=137.93

一氧化碳污染当量数=100÷16.7=5.99

氯化氢污染当量数=100÷10.75=9.30

②按污染当量数确定排序前三的空气污染物：

氟化物污染当量数（137.93）>二氧化硫污染当量数（126.32）>氯化氢污染当量数（9.30）>一氧化碳污染当量数（5.99）

③应纳税额=（137.93+126.32+9.30）×3=820.65（元）

因此，柳林化工厂6月计提环境保护税的分录：

借：税金及附加　　　　820.65

贷：应交税费——应交环境保护税　　　　820.65

7. 某油田2017年7月份缴纳资源税4 200 000元，8月份生产原油320 000吨，其中：对外销售原油220 000吨，企业自办炼油厂耗用50 000吨。企业同时生产天然气106 000千立方米，向外销售100 000千立方米，自办炼油厂耗用5 000千立方米，取暖方面使用1 000千立方米。该油田原油单位税额为12元。如何进行会计处理？

参考答案：

收购时：

5月8日，企业收购铁矿石应代扣的资源税税额为：

应纳税额 =32 000 ×14.5 =464 000（元）

借：物资采购 2 704 000

　贷：应交税费——应交资源税 464 000

　　银行存款 2 240 000

5 月 13 日，企业收购铁矿石应代扣的资源税税额为：

应纳税额 =40 000 ×14.5 =580 000（元）

借：物资采购 3 380 000

　贷：应交税费——应交资源税 580 000

　　银行存款 2 800 000

5 月 20 日，企业收购铁矿石应代扣的资源税税额为：

应纳税额 =30 000 ×14.5 =435 000（元）

借：物资采购 2 535 000

　贷：应交税费——应交资源税 435 000

　　银行存款 2 100 000

5 月 27 日，企业收购铁矿石应代扣的资源税税额为：

应纳税额 =38 000 ×14.5 =551 000（元）

借：物资采购 3 211 000

　贷：应交税费——应交资源税 551 000

　　银行存款 2 660 000

预缴时：

企业按规定的纳税期限，于 10 日、20 日、31 日分别预缴 1 ~10 日、11 ~20 日、21 ~31 日的资源税税额为：

每期预缴税款 =10 800 000 ÷3 =3 600 000（元）

借：应交税费——应交资源税 3 600 000

　贷：银行存款 3 600 000

月终企业结算时：

应纳税额 =560 000 ×14.5 =8 120 000（元）

借：生产成本 8 120 000

　贷：应交税费——应交资源税 8 120 000

月终抵缴时：

企业实际多缴税款 =10 800 000 −10 150 000 =650 000（元）

按规定，企业多缴税款，在申报纳税时，经税务机关批准，可于下月抵缴或退回。

借：银行存款 650 000

　贷：应交税费——应交资源税 650 000

第五章　企业所得税的会计核算

【学习目的与要求】

本章主要阐述企业所得税的概述、企业所得税会计的基础、企业所得税会计的处理方法、企业所得税的纳税调整及核算、企业所得税纳税申报表的填制等。通过本章学习，要求：

1. 掌握暂时性差异的划分。
3. 掌握资产负债表债务法的会计处理。
4. 掌握企业所得税纳税调整项目的调整方法。
5. 掌握企业所得税纳税申报表的填制方法。

企业所得税法，是指国家制定的用以调整企业所得税征收与缴纳之间权利及义务关系的法律规范。现行企业所得税法的基本规范，是2007年3月16日第十届全国人民代表大会第五次全体会议通过的《中华人民共和国企业所得税法》（以下简称《企业所得税法》）和2007年11月28日国务院第197次常务会议通过的《中华人民共和国企业所得税法实施条例》（以下简称《实施条例》）。

企业所得税是对我国境内的企业和其他取得收入的组织的生产经营所得和其他所得征收的一种税。企业所得税的作用：①促进企业改善经营管理活动，提升企业的盈利能力。②调节产业结构，促进经济发展。③为国家建设筹集财政资金。

第一节　企业所得税概述

企业所得税是对我国境内企业和其他取得收入的组织生产经营所得和其他所得所征收的一种税收，是国家参与企业利润分配的重要手段。

十多年来，我们企业所得税的基本规范是由第七届全国人民代表大会第四次会议通过的《中华人民共和国外商投资企业和外国企业所得税法》和国务院发布的《中华人民共和国企业所得税暂行条例》来确定执行。为了理顺国家与企业的分配关系和内、外资企业的税负公平，以及有利于促进我国经济的稳定发展，在2007年3月16日第十届全国人民代表大会第五次全体会议通过了《中华人民共和国企业所得税法》，合并了内、外资企业所得税法，并于2008年1月1日起施行。

一、企业所得税的纳税义务人

企业所得税的纳税义务人是指在中华人民共和国境内的企业和其他取得收入的组织。除个人独资企业、合伙企业不适用企业所得税法外，凡在我国境内，企业和其他取得收入的组织（以下统称企业）均为企业所得税的纳税人。

企业所得税的纳税人分为居民企业和非居民企业。这是根据企业纳税义务范围的宽窄进行的分类方法，不同的企业在向中国政府缴纳所得税时，纳税义务不同。

居民企业是指依法在中国境内成立，或者依照外国（地区）法律成立但实际管理机构在中国境内的企业。

非居民企业是指依照外国（地区）法律成立且实际管理机构不在中国境内，但在中国境内设立机构、场所的，或者在中国境内未设立机构、场所，但有来源于中国境内所得的企业。

二、企业所得税的征税对象

企业所得税的征税对象是指企业的生产经营所得、其他所得和清算所得。具体而言，生产经营所得包括销售货物所得、提供劳务所得及其他所得；其他所得包括转让财产所得、股息红利等权益性投资所得，以及利息所得、租金所得、特许权使用费所得、接受捐赠所得等其他所得。

居民企业应就其来源于中国境内、境外的所得作为征税对象。非居民企业在中国境内设立机构、场所的，应当就其来源于中国境内的所得，以及发生在中国境外但与其所设机构、场所有实际联系的所得，缴纳所得税；非居民企业在中国境内未设立机构、场所的，或者虽设立机构、场所但取得的所得与其所设机构、场所没有实际联系的，应当就其来源于中国境内的所得缴纳企业所得税。

三、企业所得税税率

企业所得税实行比例税率。比例税率简便易行，透明度高，不会因征税而改变企业间收入分配比例，有利于促进效率的提高。现行规定是：

（1）基本税率为25%。适用于居民企业和在中国境内设有机构、场所且所得与机构、场所有关联的非居民企业。现行企业所得税基本税率设定为25%，既考虑了我国财政承受能力又考虑了企业负担水平。

（2）低税率为20%。适用于在中国境内未设立机构、场所的，或者虽设立机构、场所但取得的所得与其所设机构、场所没有实际联系的非居民企业。但在实际征收时减按10%征收。

在实际征税时，我国税收法律、行政法规中规定对某些特定企业实行的税收优惠，包括免税、减税、加计扣除、加速折旧、减计收入、税额抵免等。享受税收优惠的特定企业主要是国家重点扶持行业、高新技术企业、小型微利企业等。

第二节　资产负债表债务法

一、资产负债表债务法与收益表债务法

资产负债表债务法从资产负债观出发，认为每一项交易或事项发生后，应首先关注其对资产负债的影响，然后再根据资产负债的变化来确认收益（或损失）。所以，资产负债表债务法认为，所得税会计的首要目的应是确认并计量由于会计和税法差异给企业未来经济利益流入或流出带来的影响，将所得税核算影响企业的资产和负债放在首位。

收益表债务法从收入费用观出发，认为首先应考虑交易或事项相关的收入和费用的直接确认，从收入和费用的直接配比来计量企业的收益。

我国过去对企业评价一般强调利润指标，核算观念更多地侧重收入费用观。但是，随着我国经济环境的变化和会计准则与国际趋同，收入费用观逐步被更为科学的资产负债观所取代。此次在《企业会计准则第18号——所得税》准则中明确指出，企业所得税核算采用资产负债表债务法，可以说是我国在制定会计准则和会计核算中由收入费用观向资产负债观转变迈出了极大的一步。

二、资产负债表债务法的理论基础

资产负债表债务法要求企业将所有符合资产、负债定义及确认条件的资产、负债在资产负债表内确认。

从资产负债角度考虑，资产的账面价值代表的是某项资产在持续使用及最终处置的一定期间内为企业带来经济利益的总额，而其计税基础代表的是该期间内按照税法规定就该项资产可以税前扣除的总额。资产的账面价值小于其计税税前扣除的金额，产生可以抵减未来产生的经济利益流入低于按照税法规定允许税前扣除的金额，产生可抵减未来期间应税所得额的因素，减少未来期间以应缴所得税的方式流出企业的经济利益，应确认为递延所得税资产；反之，一项资产的账面价值大于其计税基础的，两者之间的差额会增加企业未来期间的应纳税所得额，对企业形成经济利益流出的义务，应确认为递延所得税负债。

采用资产负债表债务法核算，企业一般应于每一资产负债表日进行所得税的核算。企业合并等特殊交易或事项发生时，在确认因交易或事项取得的资产、负债时即应确认相关的所得税影响。

（一）直接法

按照税法规定的范围和标准，确定法定收入和税法允许扣除的成本、费用、损失的金额，然后据以计算应纳税所得额，进而计算应纳所得税的方法。其计算公式为：

应纳所得税额 = 收入总额 − 准予扣除项目的金额

= 收入总额 − 不征税收入 − 免税收入 − 各项扣除金额 − 弥补亏损

（二）间接法

在分析会计核算中与税法规定不相符的收入和成本、费用、损失等项目及其金额后，将会计利润调整为应纳税所得额，进而计算应纳所得税的方法。其计算公式为：

应纳税所得额＝会计利润总额＋纳税调增项目－纳税调减项目

三、暂时性差异

暂时性差异，是指资产或负债的账面价值与其计税基础之间的差额。其中，账面价值是指按照企业会计准则确定的有关资产、负债在企业的资产负债表中应列示的金额。由于资产、负债的账面价值与其计税基础不同，产生了在未来收回资产或清偿负债的期间内，应纳税所得额增加或减少并导致未来期间应交所得税增加或减少的情况，在这些暂时性差异发生的当期，应当确认相应的递延所得税负债或递延所得税资产。根据暂时性差异对未来期间应税金额影响的不同，分为应纳税暂时性差异和可抵扣暂时性差异。

（一）应纳税暂时性差异

应纳税暂时性差异，是指在确定未来收回资产或清偿负债期间的应纳税所得额时，将导致产生应税金额的暂时性差异。该差异在未来期间转回时，会增加转回期间的应纳税所得额，即在未来期间不考虑该事项影响的应纳税所得额的基础上，由于该暂时性差异的转回，会进一步增加转回期间的应纳税所得额和应交所得税金额。在该暂时性差异产生当期，应当确认相关的递延所得税负债。

应纳税暂时性差异通常产生于以下情况：

1. 资产的账面价值大于其计税基础

资产的账面价值代表的是企业在持续使用或最终出售该项资产时将取得的经济利益的总额，而计税基础代表的是资产在未来期间可予税前扣除的总金额。资产的账面价值大于其计税基础，该项资产未来期间产生的经济利益不能全部税前抵扣，两者之间的差额需要交税，产生应纳税暂时性差异。

【例5－1】光华公司2017年年末长期股权投资账面余额为220万元，其中原始投资成本为200万元，按权益法确认投资收益20万元，没有计提减值准备，则长期投资账面价值为220万元。

按税法规定，可以在税前抵扣的是初始投资成本，其计税基础为200万元。长期股权投资账面价值220万元与计税基础200万元的差额，形成了应纳税暂时性差异。

2. 负债的账面价值小于其计税基础

负债的账面价值为企业预计在未来期间清偿该项负债时的经济利益流出，而其计税基础代表的是账面价值在扣除税法规定未来期间允许税前扣除的金额之后的差额。负债的账面价值与其计税基础不同产生的暂时性差异，实质上是税法规定就该项负债在未来期间可以税前扣除的金额（即与该项负债相关的费用支出在未来期间可予税前扣除的金额）。负债的账面价值小于其计税基础，则意味着就该项负债在未来期间可以税前抵扣的金额为负数，即应在未来期间应纳税所得额的基础上调增，增加应纳税所得额和应交所得税金额，产生应纳税暂时性差异，应确认相关的递延所得税负债。

（二）可抵扣暂时性差异

可抵扣暂时性差异，是指在确定未来收回资产或清偿负债期间的应纳税所得额时，将导致产生可抵扣金额的暂时性差异。该差异在未来期间转回时会减少转回期间的应纳税所得额，减少未来期间的应交所得税。在该暂时性差异产生当期，应当确认相关的递延所得税资产。

可抵扣暂时性差异一般产生于以下情况：

1. 资产的账面价值小于其计税基础

资产的账面价值小于其计税基础，意味着资产在未来期间产生的经济利益少，按照税法规定允许税前扣除的金额多，两者之间的差额可以减少企业在未来期间的应纳税所得额并减少应交所得税，符合有关条件时，应当确认相关的递延所得税资产。

【例5－2】光华公司2017年年末应收账款账面余额500万元，已计提坏账准备100万元，则应收账款账面价值为400万元。

按照税法规定，应收账款的计税基础为500万元，其账面价值400万元小于计税基础，形成可抵扣暂时性差异。

2. 负债的账面价值大于其计税基础

负债产生的暂时性差异实质上是税法规定就该项负债可以在未来期间税前扣除的金额。即：

负债产生的暂时性差异＝账面价值－计税基础

＝账面价值－（账面价值－未来期间计税时按照税法规定可予税前扣除的金额）

＝未来期间计税时按照税法规定可予税前扣除的金额

负债的账面价值大于其计税基础，意味着未来期间按照税法规定与负债相关的全部或部分支出可以自未来应税经济利益中扣除，减少未来期间的应纳税所得额和应交所得税。符合有关确认条件时，应确认相关的递延所得税资产。

【例5－3】光华公司2017年预计负债的账面金额为100万元（预提产品保修费用），产品保修费用在实际支付时抵扣。

保修费在实际支付时抵扣，按税法规定其计税基础为0，预计负债账面价值100万元大于计税基础0，形成可抵扣暂时性差异。

（三）特殊项目产生的暂时性差异

1. 未作为资产、负债确认的项目产生的暂时性差异

对于某些交易或事项的发生，因为不符合资产、负债的确认条件而未能在资产负债表中体现，但按照税法规定能够确定其计税基础的，其账面价值与计税基础之间的差异构成暂时性差异。另外，企业发生的符合条件的广告费用和业务宣传费支出，通常情况下，不超过当年销售收入15%的部分，准予扣除，超过部分准予在以后纳税年度结转中扣除。该类费用在发生时按照会计准则规定计入当期损益，不形成资产负债

表中的资产，但按照税法规定可以确定其计税基础，两者之间的差异也形成暂时性差异。

【例5－4】光华公司在2017年发生了1 500万元广告费支出，发生时已作为销售费用计入当期损益。按照税法规定，该类支出不超过当年销售收入15%的部分允许当期税前扣除，超过部分允许向以后年度结转税前扣除。光华公司2017年实现销售收入8 000万元。

该广告费支出因按照会计准则规定在发生时已计入当期损益，不体现为期末资产负债表中的资产，如果将其视为资产，其账面价值为0。

因按照税法规定，该类支出税前列支有一定的标准限制，根据当期光华公司销售收入的15%计算，当期可予税前扣除1 200万元（8 000×15%），当期未予税前扣除的300万元可以向以后年度结转，其计税基础为300万元。

该项资产的账面价值0与其计税基础300万元之间产生了300万元的暂时性差异。该暂时性差异在未来期间可减少企业的应纳税所得额，为可抵扣暂时性差异，符合确认条件时，应确认相关的递延所得税资产。

2. 可抵扣亏损及税款抵减产生的暂时性差异

对于按照税法规定可以结转以后年度的未弥补亏损及税款抵减，虽不是因资产、负债的账面价值与计税基础不同产生的，但本质上可抵扣亏损和税款抵减与可抵扣暂时性差异具有同样的作用，均能够减少未来期间的应纳税所得额，进而减少未来期间的应交所得税，在会计处理上，视同可抵扣暂时性差异，符合条件的情况下，应确认与其相关的递延所得税资产。

【例5－5】光华公司于2015年因政策性原因发生经营亏损2 000万元，按照税法规定，该亏损可用于抵减以后5个年度的应纳税所得额。该公司预计未来5年期间能够产生足够的应纳税所得额弥补该亏损。

分析：

该经营亏损不是资产、负债的账面价值与其计税基础不同产生的，但从性质上看可以减少未来期间的应纳税所得额和应交所得税，属于可抵扣暂时性差异。企业预计未来期间能够产生足够的应纳税所得额，利用该可抵扣的亏损时，应确认相关的递延所得税资产。

2015年的会计处理：

借：递延所得税资产　　（20 000 000×25%）5 000 000

　贷：所得税费用　　（20 000 000×25%）5 000 000

2015年利润总额是－2 000万元，所得税费用是－500万元（－2 000×25%），净利润是－1 500万元［－2 000－（－2 000×25%）］。

假设2016年盈利1 500万元，则：

借：所得税费用　　（15 000 000×25%）3 750 000

　贷：递延所得税资产　　（15 000 000×25%）3 750 000

假设2017年盈利1 000万元，则：

借：所得税费用 (10 000 000×25%) 2 500 000

贷：应交税费——应交所得税 (5 000 000×25%) 1 250 000

递延所得税资产 (5 000 000×25%) 1 250 000

四、资产负债表债务法下的会计处理

(一) 资产负债表债务法下的所得税核算程序

采用资产负债表债务法核算所得税时，企业一般应于每一资产负债表日进行所得税的核算。发生特殊交易或事项时，如企业合并，在确认因交易或事项产生的资产、负债时即应确认相关的所得税影响。

(1) 确定产生暂时性差异的项目。

(2) 确定资产或负债账面价值及计税基础。

(3) 计算应纳税暂时性差异、可抵扣暂时性差异的期末金额。

(4) 计算“递延所得税资产”“递延所得税负债”科目的期末余额。

(5) 计算“递延所得税资产”或“递延所得税负债”科目的期末余额与期初余额的差额，确定当期发生额。

(6) 所得税费用(或收益) = 当期所得税费用 + 递延所得税费用(- 递延所得税收益)。

(二) 递延所得税资产的确认和计量

当企业资产的账面价值小于计税基础或负债的账面价值大于其计税基础，从而产生可抵扣暂时性差异时，企业应将其确认为资产，作为递延所得税资产处理。

1. 确认递延所得税资产的一般原则

(1) 递延所得税资产的确认应以未来期间可能取得的应纳税所得额为限。企业有明确的证据表明其于可抵扣暂时性差异转回的未来期间能够产生足够的应纳税所得额，进而利用可抵扣暂时性差异的，则应以可能取得的应纳税所得额为限，确认相关的递延所得税资产。考虑到可抵扣暂时性差异转回的期间内可能取得应纳税所得额的限制，因无法取得足够的应纳税所得额而未确认相关的递延所得税资产的，应在会计报表附注中进行披露。

(2) 按照税法规定可以结转以后年度的未弥补亏损和税款抵减，应视同可抵扣暂时性差异处理。在预计可利用可弥补亏损或税款抵减的未来期间内能够取得足够的应纳税所得额时，应当以很可能取得的应纳税所得额为限，确认相应的递延所得税资产，同时减少确认当期的所得税费用。与可抵扣亏损和税款抵减相关的递延所得税资产，其确认条件与可抵扣暂时性差异产生的递延所得税资产相同。

(3) 在企业合并中，按照会计规定确定的合并中取得各项可辨认资产、负债的入账价值与其计税基础之间形成可抵扣暂时性差异的，应确认相应的递延所得税资产，并调整合并中应予确认的商誉等。

(4) 与直接计入所有者权益的交易或事项相关的可抵扣暂时性差异，相应的递延所得税资产应计入所有者权益。如因可供出售金融资产公允价值下降而应确认的递延所得税资产，计入其他综合收益。

【例5－6】 光华公司2017年年末持有柳林公司股票，作为可供出售金融资产计量，购买时公允价值为300万元，2012年12月31日公允价值为260万元。

分析：该资产的账面价值为260万元，计税基础为300万元，产生可抵扣暂时性差异40万元，应确认递延所得税资产10万元（40×25%）。

借：递延所得税资产　　　　100 000

　贷：其他综合收益　　　　100 000

（5）不确认递延所得税资产的特殊情况。某些情况下，如果企业发生的某项交易或事项不是企业合并，并且交易发生时既不影响会计利润也不影响应纳税所得额，且该项交易中产生的资产、负债的初始确认金额与其计税基础不同，产生可抵扣暂时性差异的，企业会计准则中规定在交易或事项发生时不确认相应的递延所得税资产。原因是在该种情况下，如果确认递延所得税资产，则需调整资产、负债的入账价值，对实际成本进行调整将有违会计核算中的历史成本原则，影响会计信息的可靠性。因此，企业会计准则中规定不确认相应的递延所得税资产。

【例5－7】 光华公司进行内部研究开发所形成的无形资产成本为1 000万元，因按照税法规定可予未来期间税前扣除的金额为1 500万元，其计税基础为1 500万元。

分析：该项无形资产并非产生于企业合并，同时在初始确认时既不影响会计利润也不影响应纳税所得额，确认其账面价值与计税基础之间产生暂时性差异的所得税影响需要调整该项资产的历史成本，会计准则规定这种情况下不确认相关的递延所得税。

2. 递延所得税资产的计量

（1）递延所得税资产账面价值的复核。在资产负债表日，企业应当对递延所得税资产的账面价值进行复核。如果未来期间很可能无法取得足够的应纳税所得额用以利用递延所得税资产的利益，应当减计递延所得税资产的账面价值。递延所得税资产的账面价值减计以后，继后期间根据新的环境和情况判断能够产生足够的应纳税所得额利用可抵扣暂时性差异，使得递延所得税资产包含的经济利益能够实现的，应相应恢复递延所得税资产的账面价值。

（2）适用税率的确定。确认递延所得税资产时，应估计相关可抵扣暂时性差异的转回时间，采用转回期间适用的所得税税率为基础计算确定。无论相关的可抵扣暂时性差异转回期间如何，递延所得税资产均不予折现。

（三）递延所得税负债的确认和计量

应纳税暂时性差异在转回期间将增加未来期间企业的应纳税所得额和应交所得税，导致企业经济利益的流出，从其发生当期看，构成企业应支付税金的义务，应作为递延所得税负债确认。

1. 确认递延所得税负债的一般原则

（1）除所得税准则中明确规定可不确认递延所得税负债的情况以外，企业对于所有的应纳税暂时性差异均应确认相关的递延所得税负债。除与直接计入所有者权益的交易或事项以及企业合并中取得资产、负债相关的以外，在确认递延所得税负债的同时，应增加利润表中的所得税费用。

【例5-8】光华公司于2017年12月31日购入一台机器设备，成本为400万元，会计上采用年限平均法计提折旧，使用年限为10年，净残值为零，计税时按双倍余额递减法计提折旧，使用年限及净残值与会计相同，光华公司适用的所得税税率为25%。假定该公司不存在其他会计与税收处理的差异。

分析：

2017年资产负债表日，该项固定资产按照会计规定计提的折旧额为40万元，计税时允许扣除的折旧额为80万元，则该固定资产的账面价值360万元与其计税基础320万元的差额构成应纳税暂时性差异，企业应确认相关的递延所得税负债。账务处理如下：

借：所得税费用	100 000	
贷：递延所得税负债		100 000

（2）不确认递延所得税负债的特殊情况。有些情况下，虽然资产、负债的账面价值与其计税基础不同，产生了应纳税暂时性差异，但出于各方面考虑，所得税准则中规定不确认相应的递延所得税负债。主要包括：

①商誉的初始确认。非同一控制下的企业合并中，企业合并成本大于合并中取得的被购买方可辨认净资产公允价值份额的差额，按照会计准则规定应确认为商誉。因会计与税收的划分标准不同，会计上作为非同一控制下的企业合并但按照税法规定计税时作为免税合并的情况下，商誉的计税基础为零，其账面价值与计税基础形成应纳税暂时性差异，会计准则中规定不确认与其相关的递延所得税负债。

②除企业合并以外的其他交易或事项中，如果该项交易或事项发生时既不影响会计利润，也不影响应纳税所得额，则所产生的资产、负债的初始确认金额与其计税基础不同，形成应纳税暂时性差异的，交易或事项发生时不确认相应的递延所得税负债。该规定主要是考虑到由于交易发生时既不影响会计利润，也不影响应纳税所得额，确认递延所得税负债的直接结果是增加有关资产的账面价值或是降低所确认负债的账面价值，使得资产、负债在初始确认时，违背历史成本原则，影响会计信息的可靠性。

③与子公司、联营企业、合营企业投资等相关的应纳税暂时性差异，一般应确认相应的递延所得税负债，但同时满足以下两个条件的除外：一是投资企业能够控制暂时性差异转回的时间；二是该暂时性差异在可预见的未来很可能不会转回。满足上述条件时，投资企业可以运用自身的影响力决定暂时性差异的转回；如果不希望其转回，则在可预见的未来该项暂时性差异即不会转回，从而无须确认相应的递延所得税负债。

2. 递延所得税负债的计量

所得税准则规定，在资产负债表日，对于递延所得税负债，应当根据适用税法规定，按照预期收回该资产或清偿该负债期间的适用税率计量。即递延所得税负债应以相关应纳税暂时性差异转回期间按照税法规定适用的所得税税率计量。无论应纳税暂时性差异的转回期间如何，相关的递延所得税负债不要求折现。

（四）适用税率变化对已确认递延所得税资产和递延所得税负债的影响

因税收法规的变化，导致企业在某一会计期间适用的所得税税率发生变化的，企业应对已确认的递延所得税资产和递延所得税负债按照新的税率进行重新计量。递延所得税资产和递延所得税负债的金额代表的是有关可抵扣暂时性差异或应纳税暂时性差异于未来期间转回时导致企业应交所得税金额的减少或增加的情况。在适用税率变动的情况下，应对原已确认的递延所得税资产及递延所得税负债的金额进行调整，反映税率变化带来的影响。

除直接计入所有者权益的交易或事项产生的递延所得税资产及递延所得税负债，相关的调整金额应计入所有者权益以外，其他情况下产生的调整金额应确认为税率变化当期的所得税费用（或收益）。

【例5－9】 光华公司2017年1月1日递延所得税资产为495万元，递延所得税负债为660万元，适用所得税税率为33%，根据2017年颁布的新税法规定，自2018年1月1日起，该公司适用的税率变更为25%。2017年度发生可抵扣暂时性差异120万元，应纳税暂时性差异500万元。计算2017年的递延所得税资产及递延所得税负债的发生额。

2017年递延所得税资产发生额＝(495÷33%＋120)×25%－495＝－90(万元)

2017年递延所得税负债发生额＝(660÷33%＋500)×25%－660＝－35(万元)

（五）所得税费用的确认和计量

在资产负债表债务法核算的情况下，利润表中的所得税费用包括当期所得税费用和递延所得税费用两部分。

1. 当期所得税

当期所得税，是指企业按照税法规定计算确定的针对当期发生的交易和事项，应缴纳给税务部门的所得税金额，即应交所得税。企业在确定当期所得税时，对于当期发生的交易或事项，会计处理与税收处理不同的，应在会计利润的基础上，按照适用税收法规的要求进行调整，计算出当期应纳税所得额，按照应纳税所得额与适用所得税税率计算确定当期应交所得税。其计算公式为：

应交所得税＝应纳税所得额×适用的所得税税率

应纳税所得额＝会计利润＋按照会计准则规定计入利润表但计税时不允许税前扣除的费用±计入利润表的费用与按照税法规定可予税前抵扣的金额之间的差额±计入利润表的收入与按照税法规定应计入应纳税所得的收入之间的差额－税法规定的不征税收入±其他需要调整的因素

【例5－10】 光华公司2017年度实现利润总额为500万元，其中取得的国债利息收入20万元；因发生违法经营被罚款10万元；广告费超过计税标准60万元；年末计提固定资产减值准备50万元（年初减值准备为0），使得固定资产账面价值比其计税基础减少了50万元；转回存货跌价准备70万元，使得存货的可抵扣暂时性差异减少了70万元；年末计提产品保修费用40万元，按税法规定产品保修费用在实际发生时可以税前抵扣。要求计算2017年度公司的应纳税所得额。

分析：

国债利息收入按税法规定可以税前扣除，发生的违法经营罚款的费用及超标广告按税法规定不能税前扣除，计提的固定资产减值准备和计提产品保修费产生的预计负债形成可抵扣暂时性差异，转回存货跌价准备使得可抵扣暂时性差异减少。

2017 年度的应纳税所得额 = 利润总额 500 万元 - 国债利息收入 20 万元 + 违法经营罚款 10 万元 + 超标广告费 60 万元 + 计提的固定资产减值准备 50 万元 - 转回存货跌价准备 70 万元 + 计提产品保修费 40 万元

= 570（万元）

2. 递延所得税

递延所得税，是指按照企业会计准则规定应予确认的递延所得税资产和递延所得税负债在期末应有的金额相对于原已确认金额之间的差额，即递延所得税资产及递延所得税负债的当期发生额，但不包括直接计入所有者权益的交易或事项及企业合并的所得税影响。用公式表示为：

递延所得税 = （递延所得税负债的期末余额 - 递延所得税负债的期初余额） - （递延所得税资产的期末余额 - 递延所得税资产的期初余额）

值得注意的是，如果某项交易或事项按照企业会计准则规定应计入所有者权益，由该交易或事项产生的递延所得税资产或递延所得税负债及其变化亦应计入所有者权益，不构成利润表中的递延所得税费用（或收益）。

3. 所得税费用

计算确定了当期所得税及递延所得税以后，利润表中应予确认的所得税费用为这两者之和，即：

所得税费用 = 当期所得税 + 递延所得税

计入当期损益的所得税费用或收益不包括企业合并和直接在所有者权益中确认的交易或事项产生的所得税影响。与直接计入所有者权益的交易或者事项相关的当期所得税和递延所得税，应当计入所有者权益。

所得税费用应当在利润表中单独列示。

【例 5 - 11】 光华公司 2017 年度利润表中的利润总额为 3 000 万元，该公司适用的所得税税率为 25%。递延所得税资产及递延所得税负债不存在期初余额。与所得税核算有关的情况如下：

2017 年发生的有关交易和事项中，会计处理与税收处理存在差别的有：

（1）2017 年 1 月开始计提折旧的一项固定资产，成本为 1 500 万元，使用年限为 10 年，净残值为 0。会计处理按双倍余额递减法计提折旧，税收处理按直线法计提折旧。假定税法规定的使用年限及净残值与会计规定相同。

（2）向关联企业捐赠现金 500 万元。假定按照税法规定，企业向关联方的捐赠不允许税前扣除。

（3）当期取得作为交易性金融资产核算的股票投资成本为 800 万元，2017 年 12 月 31 日的公允价值为 1 200 万元。税法规定，以公允价值计量的金融资产持有期间市价变动不计入应纳税所得额。

(4) 违反环保法规定应支付罚款250万元。

(5) 期末对持有的存货计提了75万元的存货跌价准备。

分析:

(1) 2017年度当期应交所得税:

应纳税所得额 = 3 000 + 150 + 500 − 400 + 250 + 75 = 3 575 (万元)

应交所得税 = 3 575 × 25% = 893.75 (万元)

(2) 2017年度递延所得税:

递延所得税资产 = 225 × 25% = 56.25 (万元)

递延所得税负债 = 400 × 25% = 100 (万元)

递延所得税 = 100 − 56.25 = 43.75 (万元)

(3) 利润表中应确认的所得税费用:

所得税费用 = 893.75 + 43.75 = 937.50 (万元)

确认所得税费用的账务处理如下:

借: 所得税费用	9 375 000	
递延所得税资产	562 500	
贷: 应交税费——应交所得税		8 937 500
递延所得税负债		1 000 000

该公司2017年资产负债表相关项目的金额及其计税基础如表5−1所示。

表5−1　　单位: 万元

项　目	账面价值	计税基础	差异	
			应纳税暂时性差异	可抵扣暂时性差异
存货	2 000	2 075		75
固定资产:				
固定资产原价	1 500	1 500		
减: 累计折旧	300	150		
减: 固定资产减值准备	0	0		
固定资产账面价值	1 200	1 350		150
交易性金融资产	1 200	800	400	
其他应付款	250	250		
总 计			400	225

假定光华公司2017年当期应交所得税为1 155万元。资产负债表中有关资产、负债的账面价值与其计税基础的相关资料如表5−2所示,除所列项目外,其他资产、负债项目不存在会计和税收的差异。

分析:

(1) 当期所得税 = 当期应交所得税 = 1 155万元

（2）递延所得税

①期末递延所得税负债　　　　　（675×25%）168.75

　期初递延所得税负债　　　　　　　　　　　100

　递延所得税负债增加　　　　　　　　　　　68.75

②期末递延所得税资产　　　　　（740×25%）185

　期初递延所得税资产　　　　　　　　　　　56.25

　递延所得税资产增加　　　　　　　　　　　128.75

　递延所得税 =68.75 −128.75 = −60（万元）（收益）

（3）确认所得税费用

所得税费用 =1 155 −60 =1 095（万元）

确认所得税费用的账务处理如下：

借：所得税费用　　　　　　　　　　　　　10 950 000

　　递延所得税资产　　　　　　　　　　　　1 287 500

　贷：递延所得税负债　　　　　　　　　　　　　687 500

　　　应交税费——应交所得税　　　　　　　　11 550 000

表 5 − 2

单位：万元

项　目	账面价值	计税基础	差异	
			应纳税暂时性差异	可抵扣暂时性差异
存货	4 000	4 200		200
固定资产：				
固定资产原价	1 500	1 500		
减：累计折旧	540	300		
减：固定资产减值准备	50	0		
固定资产账面价值	910	1 200		290
交易性金融资产	1 675	1 000	675	
预计负债	250	0		250
总计			675	740

第三节　资产的会计核算与纳税的会计调整

资产的计税基础，是指企业收回资产账面价值过程中，计算应纳税所得额时按照税法规定可以自应税经济利益中抵扣金额，即某一项资产在未来期间计税时可以税前扣除的金额。从税收的角度考虑，资产的计税基础是假定企业按照税法规定进行核算所提供的资产负债表中资产的应有金额。

资产在初始确认时，其计税基础一般为取得成本。从所得税角度考虑，某一单项资产产生的所得是指该项资产产生的未来经济利益流入扣除其取得成本之后的金额。

一般情况下，税法认定的资产取得成本为购入时实际支付的金额。在资产持续持有的过程中，可在未来期间税前扣除的金额是指资产的取得减去以前期间按照税法规定已经税前扣除的金额后的余额。如固定资产、无形资产等长期资产，在某一资产负债表日的计税基础是指其成本扣除按照税法规定已在以前期间税前扣除的累计折旧或累计摊销额后的金额。

一、固定资产的会计核算及纳税的会计调整

企业会计准则规定，固定资产除应当符合资产的定义外，还必须同时满足以下两个条件才能确认固定资产：①与该固定资产有关的经济利益很可能流入企业；②该固定资产的成本能够可靠地计量。由于会计和税法分别遵循不同的原则，规范不同的对象，因而这两者之间存在一定的差异。企业以各种方式取得固定资产的账面价值，入账价值与税法规定的计税基础基本一致，但固定资产在持有期间进行后续计量时，由于会计处理与税法处理规定的不同，固定资产的账面价值与计税基础有一定的差异，这种差异主要源于固定资产的后续计量，表现在折旧方法、折旧年限的不同，以及固定资产减值准备的提取上。

（一）固定资产的计税基础及纳税调整

（1）外购的固定资产以买价和支付的相关税费作为计税基础。

（2）自行建造的固定资产，以竣工结算前发生的支出作为计税基础。企业会计准则规定，企业自行建造的固定资产的初始成本，由建造该项固定资产达到预定可使用状态前所发生的必要支出构成。在达到预定可使用状态前，因试运行而形成的能够对外销售的产品，其发生的成本计入在建工程，销售或转为库存商品时，按实际销售收入或按预计售价冲减工程成本。税法规定，自建的固定资产以竣工结算前发生的支出为计税基础。对于该固定资产试运行过程中产生的收入，应作为销售商品，计征增值税和消费税；同时，在申报所得税时，应将在建工程试运行收入扣除试运行所发生的支出后的差额，确认为当期所得或损失。当某项自行建造固定资产有试运行情况，在该项固定资产初始成本计量上存在差异，这一差异导致固定资产以此为基础计算的折旧额不同，最后导致企业应纳税所得额和会计利润不同时，需要进行差异处理。

（3）接受捐赠固定资产以取得该项资产的公允价值和支付的相关税费作为计税基础。企业会计准则对于接受捐赠的固定资产会计处理没有具体准则对其进行规范，但根据《企业会计准则——基本准则》对利得和损失的定义："直接计入当期利润的利得和损失，是指应当计入当期损益、会导致所有者权益发生增减变动的、与所有者投入资本或者向所有者分配利润无关的利得或者损失。"因此，接受捐赠的固定资产应在"营业外收入"核算，这与税法规定的对于接受捐赠的固定资产确认为捐赠收入，并与当期应纳税所得额计算缴纳企业所得税一致[①]。但税法同时指出，对由于企业取得的捐

① 如果捐赠收入金额不大，所得税负担不重，直接借记"所得税费用"科目，贷记"应交税费——应交所得税"。

赠收入较大，经批准可在不超过五年内的期限内分期平均计入企业应纳税所得额计交所得税。因此，如果捐赠收入金额较大，所得税费用负担较重，应按照捐赠资产计算的所得税费用借记“所得税费用”科目，按照计算的递延所得税负债贷记“递延所得税负债”科目，按当期应缴所得税贷记“应交税费——应交所得税”科目。

【例5-12】光华公司于2017年11月取得其他企业捐赠的机器设备一台，凭据上注明该项设备价款为200万元，光华公司另用银行存款支付了途中运费和保险费15 000元。光华公司适用的所得税税率为25%。经税务部门批准，该取得捐赠的资产应缴纳的所得税可以在5年内分期平均计入各年度应纳税所得额。光华公司2017年度利润总额为160万元。

接受捐赠时：

借：固定资产　　2 015 000

　贷：营业外收入——捐赠利得　　2 000 000

　　银行存款　　15 000

计税基础：$\frac{200\text{万元}}{5\text{年}}$=40万元，这部分可计入2017年度应纳税所得额；

账面价值：200万元，因账面价值>计税基础，产生应纳税暂时性差异160万元，确认递延所得税负债160万元×25%=40万元。

计算应纳所得税时：

借：所得税费用　　900 000

　贷：应交税费——应交所得税　　（200万元×25%）500 000

　　递延所得税负债　　（160万元×25%）400 000

（4）融资租入的固定资产以租赁合同约定的付款总额和承租人在签订租赁合同过程中发生的相关费用为计税基础，租赁合同未约定付款总额的，以该资产的公允价值和承租人在签订租赁合同过程中发生的相关费用作为计税基础。会计对融资租赁的处理，是将租赁开始日租赁资产的公允价值与最低租赁付款额现值两者中较低者，加上在租赁过程中的相关费用作为租入固定资产的入账价值，借记“固定资产——融资租入固定资产”科目，按最低租赁付款额，贷记“长期应付款”科目，按其差额，借记“未确认融资费用”。每期采用实际利率法分摊未确认融资费用时，借记“财务费用”科目；同时，对融资租入的固定资产计提折旧。税法规定，以融资租赁方式从出租方取得固定资产，其租金支出不得扣除，但可按规定提取折旧费用。

购买固定资产的价款超过正常信用条件延期支付，实质上也具有融资性质，会计准则对固定资产的成本是以购买价款的现值为基础确定的。实际支付的价款与购买价款的现值之间的差额，应在信用期间内采用实际利率法进行摊销，摊销金额除满足借款费用资本化条件应当计入固定资产成本外，均应在信用期间内确认为财务费用计入当期损益。而税法规定了融资租入的固定资产以租赁合同约定的付款总额和承租人在签订租赁合同过程中发生的相关费用为计税基础，租赁合同未约定付款总额的，以该资产的公允价值和承租人在签订租赁合同过程中发生的相关费用为计税基础。税法采用终值计价或按购买时实际支付的全部价款计价。

【例5-13】光华公司2015年1月1日购入一台机器作为固定资产使用，该机器已收到。购货合同约定，机器的总价款为1 000万元，分3年支付，2015年12月31日支付500万元，2016年12月31日支付300万元，2017年12月31日支付200万元。假定3年期银行借款年利率为6%。

2015年1月1日：

总价款现值 $=500\div(1+6\%)+300\div(1+6\%)^2+200\div(1+6\%)^3$

$=906.62$（万元）

借：固定资产　　9 066 200

　　未确认融资费用　　933 800

　贷：长期应付款　　100 000 000

2015年12月31日：

借：长期应付款　　5 000 000

　贷：银行存款　　5 000 000

按实际利率法计算的摊销额 $=906.62\times6\%=54.39$（万元）

借：财务费用　　543 900

　贷：未确认融资费用　　543 900

上述固定资产会计核算中以现值计价，而税法规定采用终值计价或按照购买时实际支付的全部价款计价，造成账面价值小于计税基础，形成可抵扣的暂时性差异。按《企业会计准则第18号——所得税》规定，2015年年底应同时进行以下账务处理：

借：递延所得税资产　　[(93.38－54.39)万元×25%]97 475

　贷：所得税费用　　97 475

（5）盘盈的固定资产，以同类固定资产的重置完全价值为计税基础。

（6）改建的固定资产，以改建过程中发生的改建支出增加计税基础。

（二）固定资产后续计量产生的差异及纳税调整

1. 固定资产的折旧方法

企业会计准则规定，企业应根据与固定资产有关的经济利益的预期实现方式合理选择折旧方法，折旧方法应该能够反映固定资产为企业带来经济利益的消耗情况。如可以按直线法计提折旧，也可以按照双倍余额递减法、年数总和法等计提折旧。税法一般规定固定资产的折旧方法，除某些按照《企业所得税法》第32条规定，企业的固定资产由于技术进步等原因，确需加速折旧的，可以缩短折旧年限或者采取加速折旧的方法以外，一般只允许企业按照直线法计算的折旧，才准予在计算应纳税所得额时扣除。因此，会计与税法对固定资产折旧方法的不同，造成固定资产账面价值与计税基础之间产生差异。

【例5-14】光华公司2011年年末购入设备一台，价值5万元，预计使用5年，净残值为0。企业采用双倍余额递减法提取折旧，税法规定为直线法。未折旧前利润为11万元。企业所得税税率为25%。

表5-3为各年折旧后的账面价值和计税基础以及产生的暂时性差异。

表 5－3

项目	2012 年	2013 年	2014 年	2015 年	2016 年
账面价值（元）	30 000	18 000	10 800	5 400	0
计税基础（元）	40 000	30 000	20 000	10 000	0
差额（元）	－10 000	－12 000	－9 200	－4 600	0
税率	25%	25%	25%	25%	25%
递延所得税资产余额（元）	2 500	3 000	2 300	1 150	0
递延所得税资产发生额(元)	2 500	500	－700	－1 150	－1 150

2. 固定资产的折旧年限

企业会计准则规定，企业应根据固定资产的性质和使用情况，合理确定固定资产的使用寿命和预计净残值。税法对每一类固定资产的最低折旧年限做出了规定，如房屋、建筑物为 20 年；飞机、火车、轮船、机器、机械和其他生产设备为 10 年；与生产经营活动有关的器具、工具、家具等为 5 年；飞机、火车、轮船以外的运输工具为 4 年；电子设备为 3 年。会计处理时确定的折旧年限与税法规定的不同，会产生固定资产持有期间账面价值与计税基础的差异。

【例 5－15】 光华公司的一台机器设备，原价为 300 万元，会计上使用直线法计提折旧，折旧年限为 3 年，税法规定的最短使用年限为 5 年，会计和税法假设净残值均为 0，所得税税率为 25%。

该项固定资产第一年的会计折旧额为 100 万元，年末账面价值为 200 万元，计税折旧为 60 万元，计税基础为 240 万元。计税基础与账面价值的差异数为 40 万元，即未来期间减少企业的应交所得税为 10 万元，应确认与其相关的递延所得税资产。

3. 固定资产减值准备

资产减值准则规定，企业应按期对固定资产逐项检查，如果由于市价持续下跌，或技术陈旧、损坏、长期闲置等原因导致其可收回金额低于账面价值的，应将可收回金额低于其账面价值的差额作为固定资产减值准备。税法上要求固定资产减值准备不允许在税前扣除，但如果固定资产发生永久性损坏，经主管税务机关审核，可调整至固定资产可收回金额，并确认损失。即对于企业提取的固定资产减值准备，只有由于发生了永久性损坏的原因导致的资产减值，税法才予以确认，且必须经过主管税务机关审核。因此，固定资产减值准备的提取会对企业纳税额产生影响。

【例 5－16】 2017 年 12 月 31 日，光华公司发现 2012 年 12 月 31 日购入的一台设备可能减值。如果该企业准备出售，市场上的厂商愿意以 220 万元的销售净价收购该设备；如继续使用，尚可使用 5 年，未来 5 年的现金流量分别为 50 万元、48 万元、46 万元、44 万元、42 万元，第 5 年使用寿命结束时预计处置带来的现金流量为 38 万元。采用折现率 5%，假设 2017 年年末账面原价为 1 000 万元，已经计提折旧 500 万元，不考虑残值，会计与税法都要求直线法计提折旧，折旧年限为 10 年，税率为 25%。

$$
\begin{aligned}
\text{资产预计未来现金流量现值} &= 500\,000 \div (1+5\%) + 480\,000 \div (1+5\%)^2 + 460\,000 \div \\
&\quad (1+5\%)^3 + 440\,000 \div (1+5\%)^4 + 800\,000 \div (1+5\%)^5 \\
&= 2\,297\,696 \text{（元）}
\end{aligned}
$$

公允价值减去处置费用后的净额为 2 200 000 元，取两者较高者为资产可收回金额，即 2 297 696 元。

账面价值 = 原价 - 折旧 = 10 000 000 - 5 000 000 = 5 000 000（元）

比较账面价值和可收回金额，若可收回金额低于账面价值，则确认减值损失。确认资产减值损失 2 702 304 元（5 000 000 - 2 297 696）。

会计分录如下：

借：资产减值损失　　2 702 304

　贷：固定资产减值准备　　2 702 304

2017 年资产负债表日，该项固定资产按照企业会计准则要求计提了固定资产减值准备 2 702 304 元，则该项固定资产的账面价值 2 297 696 元与计税基础 5 000 000 元的差额构成应纳税暂时性差异，企业应确认递延所得税资产。

会计分录如下：

借：递延所得税资产——可抵扣暂时性差异　　675 576

　贷：所得税费用——递延所得税费用　　675 576

二、无形资产的会计核算及纳税的会计调整

《企业会计准则第 6 号——无形资产》规定，无形资产是指企业拥有或者控制的没有实物形态的可辨认非货币性资产，主要包括专利权、非专利技术、商标权、土地使用权、著作权、特许权等。《企业所得税法》第 12 条规定，无形资产是指企业为生产产品、提供劳务、出租或者经营管理而持有的、没有实物形态的非货币性长期资产，包括专利权、商标权、著作权、土地使用权、非专利技术、商誉等。

（一）无形资产的计税基础

根据《企业所得税法实施条例》第 66 条规定，无形资产按照以下方法确定计税基础：

（1）外购无形资产，以买价和支付的相关税费以及直接归属于使该资产达到预定用途发生的其他支出作为计税基础。

（2）自行开发的无形资产，以开发过程中该资产资本化条件后至达到预定用途前发生的支出作为计税基础。

（3）捐赠获得的无形资产以取得时的公允价值和支付的相关税费作为计税基础。

（二）无形资产产生的差异及纳税调整

无形资产初始确认时按照会计准则规定确定的入账价值与按照税法规定确定的计税成本之间一般不存在差异。无形资产的差异主要产生于内部研究开发形成的无形资产，以及后续计量中使用寿命不确定的无形资产和无形资产的减值准备差异。

1. 内部研究开发形成的无形资产

内部研究开发形成的无形资产，其成本为开发阶段符合资本化条件以后至达到预定用途前发生的支出，除此之外，研究开发过程中发生的其他支出应予费用化计入损益；税法规定，自行开发的无形资产，以开发过程中该项资产符合资本化条件后至达

到预定用途前发生的支出为计税基础。另外，对于研究开发费用的加计扣除，税法中规定企业为开发新技术、新产品、新工艺发生的研究开发费用，未形成无形资产计入当期损益的，在按照规定据实扣除的基础上，按照研究开发费用的50%加计扣除；形成无形资产的，按照无形资产成本的150%摊销。

对于内部研究开发形成的无形资产，一般情况下初始确认时按照企业会计准则规定确定的成本与计税基础应当是相同的。对于享受税收优惠的研究开发支出，在形成无形资产时，按照企业会计准则规定确定的成本为研究开发过程中符合资本化条件后至达到预定用途前发生的支出，而因税法规定按照无形资产成本的150%摊销，则其计税基础应在会计上入账价值的基础上加计50%。因而产生账面价值与计税基础在初始确认时的差异，但如该无形资产的确认不是产生于合并交易、同时在确认时既不影响会计利润也不影响应纳税所得额，则按照所得税会计准则的规定，不确认有关暂时性差异的所得税影响。

【例5-17】光华公司当期为开发新技术发生研究开发支出计2 000万元，其中研究阶段支出400万元，开发阶段符合资本化条件前发生的支出为400万元，符合资本化条件后至达到预定用途前发生的支出为1 200万元。税法规定，企业为开发新技术、新产品、新工艺发生的研究开发费用，未形成无形资产计入当期损益的，按照研究开发费用的50%加计扣除；形成无形资产的，按照无形资产成本的150%摊销。假定开发形成的无形资产在当期期末已达到预定用途（尚未开始摊销）。

光华公司当期发生的研究开发支出中，按照企业会计准则规定应予费用化的金额为800万元，形成无形资产的成本为1 200万元，即期末所形成无形资产的账面价值为1 200万元。

光华公司当期发生的2 000万元研究开发支出，按照税法规定可在当期税前扣除的金额为1 200万元。所形成的无形资产在未来期间可予税前扣除的金额为1 800万元，其计税基础为1 800万元，形成暂时性差异600万元。

2. 无形资产后续计量及减值准备差异

企业会计准则规定，应根据无形资产的使用寿命情况，区分为使用寿命有限的无形资产与使用寿命不确定的无形资产。对于使用寿命不确定的无形资产，不要求摊销，但持有期间每年应进行减值测试。税法规定，企业取得的无形资产成本（外购商誉除外），应在一定期限内摊销。对于使用寿命不确定的无形资产，会计处理时不予摊销，但计税时按照税法规定确定的摊销额允许税前扣除，造成该类无形资产账面价值与计税基础的差异。

在对无形资产计提减值准备的情况下，因税法规定计提的无形资产减值准备在转变为实质性损失前不允许税前扣除，即无形资产的计税基础不会随减值准备的提取发生变化，从而造成无形资产的账面价值与计税基础的差异。

【例5-18】光华公司于2017年1月1日取得的某项无形资产，取得成本为1 000万元，取得该项无形资产后，根据各方面情况判断，光华公司无法合理预计其使用期限，将其作为使用寿命不确定的无形资产。2017年12月31日，对该项无形资产进行减值测试表明其未发生减值。企业在计税时，对该项无形资产按照10年的期限摊销，摊销金额允许税前扣除。

分析：

会计上将该项无形资产作为使用寿命不确定的无形资产，因未发生减值，其在2017年12月31日的账面价值为取得成本1 000万元。、

该项无形资产在2017年12月31日的计税基础为900万元（成本1 000－按照税法规定可予税前扣除的摊销额100）。

该项无形资产的账面价值1 000万元与其计税基础900万元之间的差额100万元将计入未来期间的应纳税所得额。

【例5－19】光华公司2017年年底对某项无形资产按照资产减值的原则进行减值测试，经测试表明该项无形资产已发生100 000元的减值。

借：资产减值损失　　100 000

　贷：无形资产减值准备　　100 000

纳税调整：

借：递延所得税资产　　25 000

　贷：所得税费用　　25 000

三、以公允价值计量且其变动计入当期损益的金融资产的会计核算及纳税的会计调整

按照《企业会计准则第22号——金融工具确认和计量》的规定，以公允价值计量且其变动计入当期损益的金融资产于某一会计期末的账面价值为公允价值。税法规定，企业以公允价值计量的金融资产、金融负债以及投资性房地产等，持有期间公允价值的变动不计入应纳税所得额，在实际处置或结算时，处置取得的价款扣除其历史成本后的差额应计入处置或结算期间的应纳税所得额。按照该规定，以公允价值计量的金融资产在持有期间市价的波动在计税时不予考虑，有关金融资产在某一会计期末的计税基础为其取得成本，从而造成在公允价值变动的情况下，对以公允价值计量的金融资产账面价值与计税基础之间的差异。

企业持有的可供出售金融资产计税基础的确定，与以公允价值计量且其变动计入当期损益的金融资产类似，可比照处理。

【例5－20】2017年10月20日，光华公司自公开市场取得一项权益性投资，支付价款2 000万元，作为交易性金融资产核算。2017年12月31日，该投资的市价为2 200万元。

分析：

该项交易性金融资产的期末市价为2 200万元，其按照企业会计准则规定进行核算的、在2017年资产负债表日的账面价值为2 200万元。

因税法规定交易性金融资产在持有期间的公允价值变动不计入应纳税所得额，其在2017年资产负债表日的计税基础应维持原取得成本不变，为2 000万元。

该交易性金融资产的账面价值2 200万元与其计税基础2 000万元之间产生了200万元的暂时性差异，该暂时性差异在未来期间转回时会增加未来期间的应纳税所得额。

【例5－21】2017年5月13日，光华公司支付价款1 000 000元从二级市场购入柳林公司发行的股票100 000股，每股价格10元，另支付交易费用2 000元。光华公司将持有的柳林公司的股权划分为交易性金融资产。6月30日，柳林公司的股票价格上涨到每股12元；9月30日，将持有的柳林公司股票全部售出，每股售价15元。

①5月13日，购入柳林公司的股票时：

借：交易性金融资产——成本　　1 000 000
　　投资收益　　2 000
　贷：银行存款　　1 002 000

纳税调整：企业购入的交易性金融资产的计税基础是购买的实际支出1 002 000元，账面价值为1 000 000元，产生可抵扣暂时性差异2 000元，调增应纳税所得额2 000元。

资产负债表日，递延所得税资产为500元（2 000×25%）。

借：递延所得税资产　　500
　贷：所得税费用　　500

②6月30日，确认股票价格变动时：

借：交易性金融资产——公允价值变动　　200 000
　贷：公允价值变动损益　　200 000

纳税调整：根据税法规定，该资产的公允价值变动不计入应纳税所得额200 000元，资产的计税基础仍为1 002 000元，其账面价值为1 200 000元，产生应纳税暂时性差异198 000元。

资产负债表日，递延所得税负债为49 500元（198 000×25%），递延所得税为50 000元［49 500－(0－500)］。

借：所得税费用　　50 000
　贷：递延所得税负债　　49 500
　　　递延所得税资产　　500

③9月30日，将柳林公司股票全部售出时：

借：银行存款　　1 500 000
　　公允价值变动损益　　200 000
　贷：交易性金融资产——成本　　1 000 000
　　　　　　　　　　——公允价值变动　　200 000
　　　投资收益　　500 000

纳税调整：该项资产的计税基础仍为1 002 000元，其账面成本为1 200 000元，转回产生的应纳税暂时性差异198 000元，调增应纳税所得额198 000元。

资产负债日，转回递延所得税负债495 000元（198 000×25%）。

借：递延所得税负债　　495 000
　贷：所得税费用　　495 000

四、其他资产的会计核算及纳税的会计调整

因会计准则规定与税收法律法规规定不同，企业持有的其他资产，可能造成其账面价值与计税基础之间存在差异的，需要进行纳税调整。

（一）存货的会计核算及纳税的会计调整

根据企业会计准则的规定，资产负债表日存货应当按照成本与可变现净值孰低计量。当存货成本低于可变现净值时，按存货成本计量；当存货成本高于可变现净值时，存货按可变现净值计量，同时按照成本高于可变现净值的差额计提存货跌价准备，计入当期损益。而根据税法的规定，存货计提的跌价准备是不计入应纳税所得额的。

【例5-22】2016年12月31日，光华公司某存货的账面成本为100万元，但由于该存货的市场价格下降，预计可变现净值为90万元。2017年12月31日，存货的市场价格有所上升，使得存货的预计可变现净值变为96万元。

① 2016年12月31日，由于可变现净值小于账面价值，应计提存货跌价准备10万元。

借：资产减值损失——存货减值损失　　100 000

　贷：存货跌价准备　　100 000

纳税调整：2016年12月31日，甲商品的账面价值调整为900 000元，而其计税基础仍为1 000 000元，产生可抵扣暂时性差异100 000元，调增应纳税所得额100 000元。

借：递延所得税资产　　（100 000×25%）25 000

　贷：所得税费用　　25 000

② 2017年12月31日，商品价格上升，应转回的存货跌价准备为6万元。

借：存货跌价准备　　60 000

　贷：资产减值损失——存货减值损失　　60 000

纳税调整：2017年12月31日，甲商品的账面价值调整为960 000元，而其计税基础仍为1 000 000元，产生可抵扣暂时性差异40 000元，应调减应纳税所得额60 000元。

借：所得税费用　　（60 000×25%）15 000

　贷：递延所得税资产　　15 000

（二）投资性房地产的会计核算与纳税的会计调整

企业持有的投资性房地产进行后续计量时，采用成本模式计量的投资性房地产，其账面价值与计税基础的确定与固定资产、无形资产相同，不需要作纳税调整；采用公允价值模式对投资性房地产进行后续计量的投资性房地产，其计税基础的确定类似于固定资产或无形资产计税基础的确定，需要在计算所得税时作出纳税调整。

【例5-23】光华公司于2016年1月1日将一幢商品房对外出租并采用公允价值模式计量，租期为2年，每年12月31日收取租金100万元，出租时，该幢商品房的成本为4 500万元，公允价值为5 000万元。2016年12月31日，该幢商品房的公允价值为

5 600 万元；2017 年 12 月 31 日，该幢商品房的公允价值为 6 000 万元。

①2016 年 1 月 1 日，将商品房对外出租时：

借：投资性房地产——成本　　50 000 000

　贷：开发产品　　45 000 000

　　　其他综合收益　　5 000 000

②2016 年 12 月 31 日，取得租金且公允价值发生变动时：

借：银行存款　　1 000 000

　贷：其他业务收入　　1 000 000

借：投资性房地产——公允价值变动　　6 000 000

　贷：公允价值变动损益　　6 000 000

纳税调整：2016 年 12 月 31 日，商品房的计税基础仍为 4 500 万元，账面价值为 5 600 万元，产生应纳税暂时性差异 1 100 万元。

递延所得税负债余额 =（5 600 − 4 500）×25% = 275（万元）

借：所得税费用　　1 500 000

　　其他综合收益　　1 250 000

　贷：递延所得税负债　　2 750 000

③2017 年 12 月 31 日，取得租金且公允价值发生变动时：

借：银行存款　　1 000 000

　贷：其他业务收入　　1 000 000

借：投资性房地产——公允价值变动　　4 000 000

　贷：公允价值变动损益　　4 000 000

纳税调整：递延所得税负债余额 =（6 000 − 4 500）×25% = 375（万元）

借：所得税费用　　（3 750 000 − 2 750 000）1 000 000

　贷：递延所得税负债　　1 000 000

（三）持有至到期投资的会计核算及纳税的会计调整

持有至到期投资初始确认时按照公允价值计量和相关的交易费用作为初始入账金额，实际支付的价款中包含的已到期但尚未领取的利息应单独确认为应收项目。企业应当采用实际利率法按照摊余成本对持有至到期投资进行后续计量。处置持有至到期投资时，取得的价款与账面价值的差额计入当期损益。持有至到期投资按税法规定，持有至到期投资按历史成本计量，而会计核算上却按公允价值计量，从而在计算所得税时需要作纳税调整。

【例 5 − 24】 2017 年 1 月 1 日，光华公司支付价款 1 075 元购入柳林公司两年期债券作为持有至到期投资，该债券面值 1 200 元，票面利率为 4%，按年支付利息。作 2017 年的会计处理。

分析：计算该债券的实际利率 r。

票面利息 = 1 200 × 4% = 48（元）

$48 \div (1 + r) + (48 + 1\ 200) \div (1 + r)^2 = 1\ 075$（元）

r = 10%

2017 年 1 月 1 日：

借：持有至到期投资——成本　　1 200

　贷：银行存款　　1 075

　　持有至到期投资——利息调整　　125

根据税法规定，持有至到期投资的成本按历史成本计量即计税基础为 1 075 元，其账面价值也为 1 075 元（1 200 - 1 075），无须作纳税调整。

2017 年 12 月 31 日：

2017 年投资收益 = 1 075 × 10% = 107.5（元）

按票面利率计算的应收利息：

借：应收利息　　48

　　持有至到期投资——利息调整　　59.5

　贷：投资收益　　107.5

借：银行存款　　48

　贷：应收利息　　48

持有至到期投资账面价值为 1 134.5 元（1 075 + 59.5），其计税基础仍为 1 075 元，产生应纳税暂时性差异 59.5 元，需作纳税调整，调减应纳所得税额 59.5 元，产生递延所得税负债 14.88 元（59.5 × 25%）。

借：所得税费用　　14.88

　贷：递延所得税负债　　14.88

第四节　企业所得税纳税申报表的填制

一、纳税时间及地点

企业所得税采取按年计算，分月（季）预缴，年终汇算清缴的办法。纳税人应于月份或季度终了后 15 日内预缴，年度终了后 4 个月汇算清缴。

核定定额征收的企业所得税纳税人，不进行汇算清缴。主管税务机关将核定的应纳税所得额分解到月或季，纳税人按已分解的应纳税额申报纳税。

除法律、行政法规另有规定外，居民企业以企业登记注册地为纳税地点；但登记注册地在境外的，以实际管理机构所在地为纳税地点。企业注册登记地是指企业依照国家有关规定登记注册的住所地。

二、纳税申报方式

（一）季度预缴申报

在每个季度终了后 15 日内，企业应到主管国税机关办理企业所得税的纳税申报手续（纳税期限的最后一日是法定休假日的，以休假日的次日为期限的最后一日；在期限内有连续3日以上法定休假日的，按休假日天数顺延）。

需要提供的资料：

（1）中华人民共和国企业所得税月（季）度纳税申报表（A类）（查账征收企业适用）、中华人民共和国企业所得税月（季）度纳税申报表（B类）（核定征收企业适用）；

（2）中华人民共和国汇总纳税分支机构企业所得税分配表（适用在中国境内跨省、自治区、直辖市设立不具有法人资格的营业机构，并实行“统一计算、分级管理、就地预缴、汇总清算、财政调节”汇总纳税办法的总机构、分支机构填写）；

（3）财务会计报表；

（4）税务机关规定的其他相关纳税资料。

以上申报资料纳税人除中华人民共和国汇总纳税分支机构企业所得税分配表外，如果通过电子申报方式传送的，可不再报送纸质申报资料。

（二）年度汇缴申报

全年应纳所得税额 - 已预缴的所得税额 = 年终多退少补所得税

三、年度纳税申报表的填制

（一）申报表封面及填报说明

企业所得税年度纳税申报表封面见表5-4。

表5-4　**中华人民共和国企业所得税年度纳税申报表**

（A类，2017年版）

税款所属期间：　　年　月　日至　　年　月　日

纳税人统一社会信用代码：□□□□□□□□□□□□□□□□□□□□□□□
（纳税人识别号）

纳税人名称：

金额单位：人民币元（列至角分）

谨声明：此纳税申报表是根据《中华人民共和国企业所得税法》《中华人民共和国企业所得税法实施条例》以及有关税收政策和国家统一会计制度的规定填报的，是真实的、可靠的、完整的。

法定代表人（签章）：　　　　年　月　日

纳税人公章： 会计主管： 填表日期：　年　月　日	代理申报中介机构公章： 经办人： 经办人执业证件号码： 代理申报日期：　年　月　日	主管税务机关受理专用章： 受理人： 受理日期：　年　月　日

国家税务总局监制

封面填报说明：

《中华人民共和国企业所得税年度纳税申报表（A类，2017年版）》（以下简称申报表）适用于实行查账征收企业所得税的居民企业纳税人（以下简称纳税人）填报。有关项目填报说明如下：

（1）“税款所属期间”：正常经营的纳税人，填报公历当年1月1日至12月31日；纳税人年度中间开业的，填报实际生产经营之日至当年12月31日；纳税人年度中间发生合并、分立、破产、停业等情况的，填报公历当年1月1日至实际停业或法院裁定并宣告破产之日；纳税人年度中间开业且年度中间又发生合并、分立、破产、停业等情况的，填报实际生产经营之日至实际停业或法院裁定并宣告破产之日。

（2）“纳税人统一社会信用代码（纳税人识别号）”：填报工商等部门核发的统一社会信用代码。未取得统一社会信用代码的，填报税务机关核发的纳税人识别号。

（3）“纳税人名称”：填报营业执照、税务登记证等证件载明的纳税人名称。

（4）“填报日期”：填报纳税人申报当日日期。

（5）纳税人聘请中介机构代理申报的，加盖代理申报中介机构公章，并填报经办人及其执业证件号码等，没有聘请的，填报“无”。

（二）申报表填报表单及填报说明

企业所得税填报表详见表5-5。

表5-5　　企业所得税年度纳税申报表填报表单

表单编号	表单名称	选择填报情况	
		填 报	不填报
A000000	企业基础信息表	√	×
A100000	中华人民共和国企业所得税年度纳税申报表（A类）	√	×
A101010	一般企业收入明细表	□	□
A101020	金融企业收入明细表	□	□
A102010	一般企业成本支出明细表	□	□
A102020	金融企业支出明细表	□	□
A103000	事业单位、民间非营利组织收入、支出明细表	□	□
A104000	期间费用明细表	□	□
A105000	纳税调整项目明细表	□	□
A105010	视同销售和房地产开发企业特定业务纳税调整明细表	□	□
A105020	未按权责发生制确认收入纳税调整明细表	□	□
A105030	投资收益纳税调整明细表	□	□
A105040	专项用途财政性资金纳税调整明细表	□	□
A105050	职工薪酬支出及纳税调整明细表	□	□
A105060	广告费和业务宣传费跨年度纳税调整明细表	□	□
A105070	捐赠支出及纳税调整明细表	□	□
A105080	资产折旧、摊销及纳税调整明细表	□	□

表5－5(续)

表单编号	表单名称	选择填报情况	
		填 报	不填报
A105090	资产损失税前扣除及纳税调整明细表	□	□
A105100	企业重组及递延纳税事项纳税调整明细表	□	□
A105110	政策性搬迁纳税调整明细表	□	□
A105120	特殊行业准备金及纳税调整明细表	□	□
A106000	企业所得税弥补亏损明细表	□	□
A107010	免税、减计收入及加计扣除优惠明细表	□	□
A107011	符合条件的居民企业之间的股息、红利等权益性投资收益优惠明细表	□	□
A107012	研发费用加计扣除优惠明细表	□	□
A107020	所得减免优惠明细表	□	□
A107030	抵扣应纳税所得额明细表	□	□
A107040	减免所得税优惠明细表	□	□
A107041	高新技术企业优惠情况及明细表	□	□
A107042	软件、集成电路企业优惠情况及明细表	□	□
A107050	税额抵免优惠明细表	□	□
A108000	境外所得税收抵免明细表	□	□
A108010	境外所得纳税调整后所得明细表	□	□
A108020	境外分支机构弥补亏损明细表	□	□
A108030	跨年度结转抵免境外所得税明细表	□	□
A109000	跨地区经营汇总纳税企业年度分摊企业所得税明细表	□	□
A109010	企业所得税汇总纳税分支机构所得税分配表	□	□
说明：企业应当根据实际情况选择需要填报的表单。			

《企业所得税年度纳税申报表填报表单》填报说明：

本表列示申报表全部表单名称及编号。纳税人在填报申报表之前，请仔细阅读这些表单，并根据企业的涉税业务，选择“填报”或“不填报”。选择“填报”的，需完成该表格相关内容的填报；选择“不填报”的，可以不填报该表格。对选择“不填报”的表格，可以不向税务机关报送。有关项目填报说明如下：

1.《企业基础信息表》(A000000)

本表为必填表。主要反映纳税人的基本信息，包括纳税人基本信息、重组事项、企业主要股东及分红情况等。纳税人填报申报表时，首先填报此表，为后续申报提供指引。

2.《中华人民共和国企业所得税年度纳税申报表（A类)》(A100000)

本表为必填表。是纳税人计算申报缴纳企业所得税的主表。

3.《一般企业收入明细表》(A101010)

本表适用于除金融企业、事业单位和民间非营利组织外的纳税人填报，反映一般企业按照国家统一会计制度规定取得收入情况。

4.《金融企业收入明细表》(A101020)

本表仅适用于金融企业(包括银行、信用社、保险公司、证券公司等金融企业)填报,反映金融企业按照企业会计准则规定取得收入情况。

5.《一般企业成本支出明细表》(A102010)

本表适用于除金融企业、事业单位和民间非营利组织外的纳税人填报,反映一般企业按照国家统一会计制度的规定发生成本支出情况。

6.《金融企业支出明细表》(A102020)

本表仅适用于金融企业(包括银行、信用社、保险公司、证券公司等金融企业)填报,反映金融企业按照企业会计准则规定发生支出情况。

7.《事业单位、民间非营利组织收入、支出明细表》(A103000)

本表适用于事业单位和民间非营利组织填报,反映事业单位、社会团体、民办非企业单位、非营利性组织等按照有关会计制度规定取得收入,发生支出、费用情况。

8.《期间费用明细表》(A104000)

本表适用于除事业单位和民间非营利组织外的纳税人填报。纳税人根据国家统一会计制度规定,填报期间费用明细项目。

9.《纳税调整项目明细表》(A105000)

本表填报纳税人财务、会计处理办法(以下简称"会计处理")与税收法律、行政法规的规定(以下简称"税收规定")不一致,需要进行纳税调整的项目和金额。

10.《视同销售和房地产开发企业特定业务纳税调整明细表》(A105010)

本表填报纳税人发生视同销售行为、房地产开发企业销售未完工产品、未完工产品转完工产品,会计处理与税收规定不一致,需要进行纳税调整的项目和金额。

11.《未按权责发生制确认收入纳税调整明细表》(A105020)

本表填报纳税人会计处理按照权责发生制确认收入,而税收规定不按照权责发生制确认收入,需要进行纳税调整的项目和金额。

12.《投资收益纳税调整明细表》(A105030)

本表填报纳税人发生投资收益,由于会计处理与税收规定不一致,需要进行纳税调整的项目和金额。

13.《专项用途财政性资金纳税调整明细表》(A105040)

本表填报纳税人取得符合不征税收入条件的专项用途财政性资金,由于会计处理与税收规定不一致,需要进行纳税调整的金额。

14.《职工薪酬支出及纳税调整明细表》(A105050)

本表填报纳税人发生的职工薪酬(包括工资薪金、职工福利费、职工教育经费、工会经费、各类基本社会保障性缴款、住房公积金、补充养老保险、补充医疗保险等支出)情况,以及由于会计处理与税收规定不一致,需要进行纳税调整的项目和金额。纳税人只要发生职工薪酬支出,均需填报本表。

15.《广告费和业务宣传费跨年度纳税调整明细表》(A105060)

本表填报纳税人发生的广告费和业务宣传费支出,会计处理与税收规定不一致,需要进行纳税调整的金额。纳税人发生以前年度广告费和业务宣传费未扣除完毕的,也应填报以前年度累计结转情况。

16.《捐赠支出及纳税调整明细表》（A105070）

本表填报纳税人发生捐赠支出的情况，以及由于会计处理与税收规定不一致，需要进行纳税调整的项目和金额。纳税人发生以前年度捐赠支出未扣除完毕的，也应填报以前年度累计结转情况。

17.《资产折旧、摊销及纳税调整明细表》（A105080）

本表填报纳税人资产折旧、摊销情况，以及由于会计处理与税收规定不一致，需要进行纳税调整的项目和金额。

18.《资产损失税前扣除及纳税调整明细表》（A105090）

本表填报纳税人发生的资产损失的项目及金额，以及由于会计处理与税收规定不一致，需要进行纳税调整的项目和金额。

19.《企业重组及递延纳税事项纳税调整明细表》（A105100）

本表填报纳税人发生企业重组、非货币性资产对外投资、技术入股等业务所涉及的所得或损失情况，以及由于会计处理与税收规定不一致，需要进行纳税调整的项目和金额。

20.《政策性搬迁纳税调整明细表》（A105110）

本表填报纳税人发生政策性搬迁所涉及的所得或损失，由于会计处理与税收规定不一致，需要进行纳税调整的项目和金额。

21.《特殊行业准备金及纳税调整明细表》（A105120）

本表填报保险、证券、期货、金融、担保、小额贷款公司等特殊行业纳税人发生特殊行业准备金情况，以及由于会计处理与税收规定不一致，需要进行纳税调整的项目和金额。

22.《企业所得税弥补亏损明细表》（A106000）

本表填报纳税人以前年度发生的亏损需要在本年度结转弥补的金额，本年度可弥补的金额以及可继续结转以后年度弥补的亏损额。

23.《免税、减计收入及加计扣除优惠明细表》（A107010）

本表填报纳税人本年度所享受免税收入、减计收入、加计扣除等优惠的项目和金额。

24.《符合条件的居民企业之间的股息、红利等权益性投资收益优惠明细表》（A107011）

本表填报纳税人本年度享受居民企业之间的股息、红利等权益性投资收益免税优惠的项目和金额。

25.《研发费用加计扣除优惠明细表》（A107012）

本表填报纳税人享受研发费用加计扣除优惠的情况和金额。纳税人以前年度有销售研发活动直接形成产品（包括组成部分）对应材料部分未扣减完毕的，也应填报以前年度未扣减情况。

26.《所得减免优惠明细表》（A107020）

本表填报纳税人本年度享受减免所得额（包括农、林、牧、渔项目和国家重点扶持的公共基础设施项目、环境保护、节能节水项目以及符合条件的技术转让项目等）优惠的项目和金额。

27.《抵扣应纳税所得额明细表》（A107030）

本表填报纳税人本年度享受创业投资企业抵扣应纳税所得额优惠的情况和金额。纳税人有以前年度结转的尚未抵扣的股权投资余额的，也应填报以前年度累计结转情况。

28.《减免所得税优惠明细表》（A107040）

本表填报纳税人本年度享受减免所得税（包括小型微利企业、高新技术企业、民族自治地方企业、其他专项优惠等）的项目和金额。

29.《高新技术企业优惠情况及明细表》（A107041）

本表为高新技术企业资格在有效期内纳税人的必填表，填报高新技术企业本年度有关情况和优惠金额。

30.《软件、集成电路企业优惠情况及明细表》（A107042）

本表填报纳税人本年度享受软件、集成电路企业优惠的有关情况和优惠金额。

31.《税额抵免优惠明细表》（A107050）

本表填报纳税人享受购买专用设备投资额抵免税额情况和金额。纳税人有以前年度结转的尚未抵免的专用设备投资额的，也应填报以前年度已抵免情况。

32.《境外所得税收抵免明细表》（A108000）

本表填报纳税人本年度来源于或发生于不同国家、地区的所得，按照我国税收规定计算应缴纳和应抵免的企业所得税额。

33.《境外所得纳税调整后所得明细表》（A108010）

本表填报纳税人本年度来源于或发生于不同国家、地区的所得，按照我国税收规定计算调整后的所得。

34.《境外分支机构弥补亏损明细表》（A108020）

本表填报纳税人境外分支机构本年度及以前年度发生的税前尚未弥补的非实际亏损额和实际亏损额、结转以后年度弥补的非实际亏损额和实际亏损额。

35.《跨年度结转抵免境外所得税明细表》（A108030）

本表填报纳税人本年度发生的来源于不同国家或地区的境外所得按照我国税收法律、法规的规定可以抵免的所得税额。

36.《跨地区经营汇总纳税企业年度分摊企业所得税明细表》（A109000）

本表由跨地区经营汇总纳税企业的总机构按照规定计算的总机构、分支机构本年度应缴的企业所得税，以及总机构、分支机构应分摊的企业所得税。

37.《企业所得税汇总纳税分支机构所得税分配表》（A109010）

本表填报总机构本年度实际应纳所得税额以及所属分支机构本年度应分摊的所得税额。

（三）企业基础信息表及填报说明

企业基础信息表见表5-6所示。

表5-6　　A000000　　企业基础信息表

<table>
<tr><td colspan="7">100 基本信息</td></tr>
<tr><td>101 汇总纳税企业</td><td colspan="6">□总机构（跨省）——适用《跨地区经营汇总纳税企业所得税征收管理办法》
□总机构（跨省）——不适用《跨地区经营汇总纳税企业所得税征收管理办法》
□总机构（省内）
□分支机构（须进行完整年度纳税申报且按比例纳税）——就地缴纳比例 = %
□分支机构（须进行完整年度纳税申报但不就地缴纳）
□否</td></tr>
<tr><td>102 所属行业明细代码</td><td colspan="2"></td><td colspan="2">103 资产总额（万元）</td><td colspan="2"></td></tr>
<tr><td>104 从业人数</td><td colspan="2"></td><td colspan="2">105 国家限制或禁止行业</td><td colspan="2">□是 □否</td></tr>
<tr><td>106 非营利组织</td><td colspan="2">□是 □否</td><td colspan="2">107 存在境外关联交易</td><td colspan="2">□是 □否</td></tr>
<tr><td>108 上市公司</td><td colspan="2">是（□境内 □境外）□否</td><td colspan="2">109 从事股权投资业务</td><td colspan="2">□是 □否</td></tr>
<tr><td>110 适用的会计准则或会计制度</td><td colspan="6">企业会计准则（□一般企业 □银行 □证券 □保险 □担保）
□小企业会计准则
□企业会计制度
事业单位会计准则（□事业单位会计制度 □科学事业单位会计制度 □医院会计制度 □高等学校会计制度 □中小学校会计制度 □彩票机构会计制度）
□民间非营利组织会计制度
□村集体经济组织会计制度
□农民专业合作社财务会计制度（试行）
□其他</td></tr>
<tr><td colspan="7">200 企业重组及递延纳税事项</td></tr>
<tr><td colspan="3">201 发生资产（股权）划转特殊性税务处理事项</td><td colspan="2">□是</td><td colspan="2">□否</td></tr>
<tr><td colspan="3">202 发生非货币性资产投资递延纳税事项</td><td colspan="2">□是</td><td colspan="2">□否</td></tr>
<tr><td colspan="3">203 发生技术入股递延纳税事项</td><td colspan="2">□是</td><td colspan="2">□否</td></tr>
<tr><td colspan="3">204 发生企业重组事项</td><td colspan="4">是（□一般性税务处理 □特殊性税务处理） □否</td></tr>
<tr><td>204-1 重组开始时间</td><td colspan="2">年 月 日</td><td colspan="2">204-2 重组完成时间</td><td colspan="2">年 月 日</td></tr>
<tr><td>204-3 重组交易类型</td><td>□法律形式改变</td><td>□债务重组</td><td>□股权收购</td><td>□资产收购</td><td>□合并</td><td>□分立</td></tr>
<tr><td>204-4 企业在重组业务中所属当事方类型</td><td>*</td><td>□债务人
□债权人</td><td>□收购方
□转让方
□被收购企业</td><td>□收购方
□转让方</td><td>□合并企业
□被合并企业
□被合并企业股东</td><td>□分立企业
□被分立企业
□被分立企业股东</td></tr>
</table>

<table>
<tr><td colspan="6">300 企业主要股东及分红情况</td></tr>
<tr><td>股东名称</td><td>证件种类</td><td>证件号码</td><td>投资比例</td><td>当年（决议日）分配的股息、红利等权益性投资收益金额</td><td>国籍（注册地址）</td></tr>
<tr><td></td><td></td><td></td><td></td><td></td><td></td></tr>
<tr><td></td><td></td><td></td><td></td><td></td><td></td></tr>
<tr><td></td><td></td><td></td><td></td><td></td><td></td></tr>
<tr><td></td><td></td><td></td><td></td><td></td><td></td></tr>
<tr><td></td><td></td><td></td><td></td><td></td><td></td></tr>
<tr><td></td><td></td><td></td><td></td><td></td><td></td></tr>
<tr><td></td><td></td><td></td><td></td><td></td><td></td></tr>
<tr><td></td><td></td><td></td><td></td><td></td><td></td></tr>
<tr><td></td><td></td><td></td><td></td><td></td><td></td></tr>
<tr><td>其余股东合计</td><td>——</td><td>——</td><td></td><td></td><td>——</td></tr>
</table>

A000000《企业基础信息表》填报说明

纳税人在填报申报表前，首先填报基础信息表，为后续申报提供指引。基础信息表主要内容包括基本信息、重组事项、企业主要股东及分红情况等部分。有关项目填报说明如下：

(1)“101 汇总纳税企业”：纳税人根据情况选择。纳税人为《国家税务总局关于印发〈跨地区经营汇总纳税企业所得税征收管理办法〉的公告》（国家税务总局公告2012 第 57 号）规定的跨省、自治区、直辖市和计划单列市设立不具有法人资格分支机构的跨地区经营汇总纳税企业总机构，选择“总机构（跨省）——适用《跨地区经营汇总纳税企业所得税征收管理办法》”；

纳税人为《国家税务总局关于印发〈跨地区经营汇总纳税企业所得税征收管理办法〉的公告》（国家税务总局公告 2012 第 57 号）第二条规定的不适用该公告的总机构，选择“总机构（跨省）——不适用《跨地区经营汇总纳税企业所得税征收管理办法》”；

纳税人为仅在同一省、自治区、直辖市和计划单列市（以下称同一地区）内设立不具有法人资格分支机构的跨地区经营汇总纳税企业总机构，选择“总机构（省内）”；

纳税人根据相关政策规定为须进行完整年度申报并按比例纳税的分支机构，选择“分支机构（须进行完整年度申报并按比例纳税）”，并填写就地缴纳比例；

纳税人根据相关政策规定为须进行完整年度申报但不就地缴纳所得税的分支机构，选择“分支机构（须进行完整年度申报但不就地缴纳）”；

不是汇总纳税企业的纳税人选择“否”。

(2)“102 所属行业明细代码”：根据《国民经济行业分类》标准填报纳税人的行业代码。工业企业所属行业代码为 06 * * 至 4690，不包括建筑业。所属行业代码为7010 的房地产开发经营企业，可以填报表 A105010 中第 21 行至第 29 行。

(3)“103 资产总额（万元）”：填报纳税人全年资产总额季度平均数，单位为万元，保留小数点后 2 位。资产总额季度平均数，具体计算公式如下：

季度平均值 =（季初值 + 季末值）÷2

全年季度平均值 = 全年各季度平均值之和 ÷4

年度中间开业或者终止经营活动的，以其实际经营期作为一个纳税年度确定上述相关指标。

(4)“104 从业人数”：填报纳税人全年平均从业人数，从业人数是指与企业建立劳动关系的职工人数和企业接受的劳务派遣用工人数之和，依据和计算方法同“资产总额”口径。

(5)“105 国家限制或禁止行业”：纳税人从事国家限制和禁止行业，选择“是”，其他选择“否”。

(6)“106 非营利组织”：非营利组织选择“是”，其余企业选择“否”。

(7)“107 存在境外关联交易”：纳税人存在境外关联交易，选择“是”，不存在选择“否”。

(8)“108 上市公司”：纳税人根据情况，在境内上市的选择“境内”；在境外（含香港）上市的选择“境外”；其他选择“否”。

(9)“109 从事股权投资业务”：从事股权投资业务的企业（包括集团公司总部、创业投资企业等），选择“是”，其余企业选择“否”。

(10)“110 适用的会计准则或会计制度”：纳税人根据采用的会计准则或会计制度选择。

(11)“201 发生资产（股权）划转特殊性税务处理事项”：企业根据情况，发生资产（股权）划转特殊性税务处理事项，选择“是”，并填报表 A105100；未发生选择“否”。

(12)“202 发生非货币性资产投资递延纳税事项”：企业根据情况，发生非货币性资产投资递延纳税事项，选择“是”，并填报表 A105100；未发生选择“否”。

(13)“203 发生技术入股递延纳税事项”：企业发生技术入股递延纳税事项，选择“是”，并填报表 A105100；未发生选择“否”。

(14)“204 发生企业重组事项”：企业发生重组事项，根据情况选择税务处理方式，并填报 204－1 至 204－4 及表 A105100；未发生选择“否”。

(15)“204－1 重组开始时间”：填报企业本次重组交易开始时间。

(16)“204－2 重组完成时间”：填报企业本次重组完成时间或预计完成时间。

(17)“204－3 重组交易类型”：企业根据重组交易类型，选择填报“法律形式改变”“债务重组”“股权收购”“资产收购”“合并”“分立”。

(18)“204－4 企业在重组业务中所属当事方类型”：企业选择填报在重组业务中所属当事方类型。“交易类型”选择“债务重组”的，选择填报“债务人”或“债权人”；“交易类型”选择“股权收购”的，选择填报“收购方”“转让方”或“被收购企业”；“交易类型”选择“资产收购”的，选择填报“收购方”或“转让方”；“交易类型”选择“合并”的，选择填报“合并企业”“被合并企业”或“被合并企业股东”；“交易类型”选择“分立”的，选择填报“分立企业”“被分立企业”或“被分立企业股东”。

(19)“300 企业主要股东及分红情况”，填报本企业投资比例前 10 位的股东情况。包括股东名称，证件种类（营业执照、税务登记证、组织机构代码证、身份证、护照等），证件号码（统一社会信用代码、纳税人识别号、组织机构代码号、身份证号、护照号等），投资比例，当年（决议日）分配的股息、红利等权益性投资收益金额，国籍（注册地址）。超过十位的其余股东，有关数据合计后填在“其余股东合计”行。

企业主要股东为国外非居民企业的，证件种类和证件号码可不填写。

（四）年度纳税申报表及填报说明

企业所得税年度纳税申报表（A 类）如表 5－7 所示。

表 5－7　A100000　中华人民共和国企业所得税年度纳税申报表（A 类）

行次	类别	项　　目	金　额
1	利润总额计算	一、营业收入（填写 A101010＼101020＼103000）	
2		减：营业成本（填写 A102010＼102020＼103000）	
3		减：税金及附加	
4		减：销售费用（填写 A104000）	
5		减：管理费用（填写 A104000）	
6		减：财务费用（填写 A104000）	
7		减：资产减值损失	
8		加：公允价值变动收益	
9		加：投资收益	
10		二、营业利润（1－2－3－4－5－6－7＋8＋9）	
11		加：营业外收入（填写 A101010＼101020＼103000）	
12		减：营业外支出（填写 A102010＼102020＼103000）	
13		三、利润总额（10＋11－12）	
14	应纳税所得额计算	减：境外所得（填写 A108010）	
15		加：纳税调整增加额（填写 A105000）	
16		减：纳税调整减少额（填写 A105000）	
17		减：免税、减计收入及加计扣除（填写 A107010）	
18		加：境外应税所得抵减境内亏损（填写 A108000）	
19		四、纳税调整后所得（13－14＋15－16－17＋18）	
20		减：所得减免（填写 A107020）	
21		减：弥补以前年度亏损（填写 A106000）	
22		减：抵扣应纳税所得额（填写 A107030）	
23		五、应纳税所得额（19－20－21－22）	
24	应纳税额计算	税率（25%）	
25		六、应纳所得税额（23×24）	
26		减：减免所得税额（填写 A107040）	
27		减：抵免所得税额（填写 A107050）	
28		七、应纳税额（25－26－27）	
29		加：境外所得应纳所得税额（填写 A108000）	
30		减：境外所得抵免所得税额（填写 A108000）	
31		八、实际应纳所得税额（28＋29－30）	
32		减：本年累计实际已缴纳的所得税额	
33		九、本年应补（退）所得税额（31－32）	
34		其中：总机构分摊本年应补（退）所得税额（填写 A109000）	
35		财政集中分配本年应补（退）所得税额（填写 A109000）	
36		总机构主体生产经营部门分摊本年应补（退）所得税额（填写 A109000）	

A100000《中华人民共和国企业所得税年度纳税申报表（A类）》填报说明

本表为企业所得税年度纳税申报表主表，企业应该根据《中华人民共和国企业所得税法》及其实施条例（以下简称税法）、相关税收政策，以及国家统一会计制度（企业会计准则、小企业会计准则、企业会计制度、事业单位会计准则和民间非营利组织会计制度等）的规定，计算填报纳税人利润总额、应纳税所得额和应纳税额等有关项目。

企业在计算应纳税所得额及应纳所得税时，企业会计处理与税收规定不一致的，应当按照税收规定计算。税收规定不明确的，在没有明确规定之前，暂按国家统一会计制度计算。

一、有关项目填报说明

（一）表体项目

本表是在纳税人会计利润总额的基础上，加减纳税调整等金额后计算出“纳税调整后所得”。会计与税法的差异（包括收入类、扣除类、资产类等差异）通过《纳税调整项目明细表》（A105000）集中填报。

本表包括利润总额计算、应纳税所得额计算、应纳税额计算三个部分。

（1）“利润总额计算”中的项目，按照国家统一会计制度规定计算填报。实行企业会计准则、小企业会计准则、企业会计制度、分行业会计制度的纳税人，其数据直接取自利润表；实行事业单位会计准则的纳税人，其数据取自收入支出表；实行民间非营利组织会计制度纳税人，其数据取自业务活动表；实行其他国家统一会计制度的纳税人，根据本表项目进行分析填报。

（2）“应纳税所得额计算”和“应纳税额计算”中的项目，除根据主表逻辑关系计算的外，通过附表相应栏次填报。

（二）行次说明

第1~13行参照国家统一会计制度规定填写。

（1）第1行“营业收入”：填报纳税人主要经营业务和其他经营业务取得的收入总额。本行根据“主营业务收入”和“其他业务收入”的数额填报。一般企业纳税人根据《一般企业收入明细表》（A101010）填报；金融企业纳税人根据《金融企业收入明细表》（A101020）填报；事业单位、社会团体、民办非企业单位、非营利组织等纳税人根据《事业单位、民间非营利组织收入、支出明细表》（A103000）填报。

（2）第2行“营业成本”项目：填报纳税人主要经营业务和其他经营业务发生的成本总额。本行根据“主营业务成本”和“其他业务成本”的数额填报。一般企业纳税人根据《一般企业成本支出明细表》（A102010）填报；金融企业纳税人根据《金融企业支出明细表》（A102020）填报；事业单位、社会团体、民办非企业单位、非营利组织等纳税人，根据《事业单位、民间非营利组织收入、支出明细表》（A103000）填报。

（3）第3行“税金及附加”：填报纳税人经营活动发生的消费税、城市维护建设税、资源税、土地增值税和教育费附加等相关税费。本行根据纳税人相关会计科目填报。纳税人在其他会计科目核算的税金不得重复填报。

（4）第4行“销售费用”：填报纳税人在销售商品和材料、提供劳务的过程中发生的各种费用。本行根据《期间费用明细表》（A104000）中对应的“销售费用”填报。

（5）第5行“管理费用”：填报纳税人为组织和管理企业生产经营发生的管理费用。本行根据《期间费用明细表》（A104000）中对应的“管理费用”填报。

（6）第6行“财务费用”：填报纳税人为筹集生产经营所需资金等发生的筹资费用。本行根据《期间费用明细表》（A104000）中对应的“财务费用”填报。

（7）第7行“资产减值损失”：填报纳税人计提各项资产准备发生的减值损失。本行根据企业“资产减值损失”科目上的数额填报。实行其他会计制度的比照填报。

（8）第8行“公允价值变动收益”：填报纳税人在初始确认时划分为以公允价值计量且其变动计入当期损益的金融资产或金融负债（包括交易性金融资产或负债，直接指定为以公允价值计量且其变动计入当期损益的金融资产或金融负债），以及采用公允价值模式计量的投资性房地产、衍生工具和套期业务中公允价值变动形成的应计入当期损益的利得或损失。本行根据企业“公允价值变动损益”科目的数额填报，损失以“-”号填列。

（9）第9行“投资收益”：填报纳税人以各种方式对外投资确认所取得的收益或发生的损失。根据企业“投资收益”科目的数额计算填报，实行事业单位会计准则的纳税人根据“其他收入”科目中的投资收益金额分析填报，损失以“-”号填列。实行其他会计制度的纳税人比照填报。

（10）第10行“营业利润”：填报纳税人当期的营业利润。根据上述项目计算填列。

（11）第11行“营业外收入”：填报纳税人取得的与其经营活动无直接关系的各项收入的金额。一般企业纳税人根据《一般企业收入明细表》（A101010）填报；金融企业纳税人根据《金融企业收入明细表》（A101020）填报；实行事业单位会计准则或民间非营利组织会计制度的纳税人根据《事业单位、民间非营利组织收入、支出明细表》（A103000）填报。

（12）第12行“营业外支出”：填报纳税人发生的与其经营活动无直接关系的各项支出的金额。一般企业纳税人根据《一般企业成本支出明细表》（A102010）填报；金融企业纳税人根据《金融企业支出明细表》（A102020）填报；实行事业单位会计准则或民间非营利组织会计制度的纳税人根据《事业单位、民间非营利组织收入、支出明细表》（A103000）填报。

（13）第13行“利润总额”：填报纳税人当期的利润总额。根据上述项目计算填列。

（14）第14行“境外所得”：填报纳税人取得的境外所得且已计入利润总额的金额。本行根据《境外所得纳税调整后所得明细表》（A108010）填报。

（15）第15行“纳税调整增加额”：填报纳税人会计处理与税收规定不一致，进行纳税调整增加的金额。本行根据《纳税调整项目明细表》（A105000）“调增金额”列填报。

（16）第16行“纳税调整减少额”：填报纳税人会计处理与税收规定不一致，进行纳税调整减少的金额。本行根据《纳税调整项目明细表》（A105000）“调减金额”列填报。

（17）第17行“免税、减计收入及加计扣除”：填报属于税收规定免税收入、减计收入、加计扣除金额。本行根据《免税、减计收入及加计扣除优惠明细表》（A107010）填报。

（18）第18行“境外应税所得抵减境内亏损”：当纳税人选择不用境外所得抵减境内亏损时，填报0；当纳税人选择用境外所得抵减境内亏损时，填报境外所得抵减当年度境内亏损的金额，用境外所得弥补以前年度境内亏损的，填报《境外所得税收抵免明细表》（A108000）。

（19）第19行“纳税调整后所得”：填报纳税人经过纳税调整、税收优惠、境外所得计算后的所得额。

（20）第20行“所得减免”：填报属于税收规定所得减免金额。本行根据《所得减免优惠明细表》（A107020）填报。

（21）第21行“弥补以前年度亏损”：填报纳税人按照税收规定可在税前弥补的以前年度亏损数额，本行根据《企业所得税弥补亏损明细表》（A106000）填报。

（22）第22行“抵扣应纳税所得额”：填报根据税收规定应抵扣的应纳税所得额。本行根据《抵扣应纳税所得额明细表》（A107030）填报。

（23）第23行“应纳税所得额”：金额等于本表第19－20－21－22行计算结果。本行不得为负数。按照上述行次顺序计算结果本行为负数，本行金额填零。

（24）第24行“税率”：填报税收规定的税率25%。

（25）第25行“应纳所得税额”：金额等于本表第23×24行。

（26）第26行“减免所得税额”：填报纳税人按税收规定实际减免的企业所得税额。本行根据《减免所得税优惠明细表》（A107040）填报。

（27）第27行“抵免所得税额”：填报企业当年的应纳所得税额中抵免的金额。本行根据《税额抵免优惠明细表》（A107050）填报。

（28）第28行“应纳税额”：金额等于本表第25－26－27行。

（29）第29行“境外所得应纳所得税额”：填报纳税人来源于中国境外的所得，按照我国税收规定计算的应纳所得税额。本行根据《境外所得税收抵免明细表》（A108000）填报。

（30）第30行“境外所得抵免所得税额”：填报纳税人来源于中国境外所得依照中国境外税收法律以及相关规定应缴纳并实际缴纳（包括视同已实际缴纳）的企业所得税性质的税款（准予抵免税款）。本行根据《境外所得税收抵免明细表》（A108000）填报。

（31）第31行“实际应纳所得税额”：填报纳税人当期的实际应纳所得税额。金额等于本表第28＋29－30行。

（32）第32行“本年累计实际已缴纳的所得税额”：填报纳税人按照税收规定本纳税年度已在月（季）度累计预缴的所得税额，包括按照税收规定的特定业务已预缴

（征）的所得税额，建筑企业总机构直接管理的跨地区设立的项目部按规定向项目所在地主管税务机关预缴的所得税额。

（33）第33行“本年应补（退）的所得税额”：填报纳税人当期应补（退）的所得税额。金额等于本表第31－32行。

（34）第34行“总机构分摊本年应补（退）所得税额”：填报汇总纳税的总机构按照税收规定在总机构所在地分摊本年应补（退）所得税额。本行根据《跨地区经营汇总纳税企业年度分摊企业所得税明细表》（A109000）填报。

（35）第35行“财政集中分配本年应补（退）所得税额”：填报汇总纳税的总机构按照税收规定财政集中分配本年应补（退）所得税款。本行根据《跨地区经营汇总纳税企业年度分摊企业所得税明细表》（A109000）填报。

（36）第36行“总机构主体生产经营部门分摊本年应补（退）所得税额”：填报汇总纳税的总机构所属的具有主体生产经营职能的部门按照税收规定应分摊的本年应补（退）所得税额。本行根据《跨地区经营汇总纳税企业年度分摊企业所得税明细表》（A109000）填报。

二、表内、表间关系

（一）表内关系

（1）第10行＝第1－2－3－4－5－6－7＋8＋9行。

（2）第13行＝第10＋11－12行。

（3）第19行＝第13－14＋15－16－17＋18行。

（4）第23行＝第19－20－21－22行。

（5）第25行＝第23×24行。

（6）第28行＝第25－26－27行。

（7）第31行＝第28＋29－30行。

（8）第33行＝第31－32行。

（二）表间关系

（1）第1行＝表A101010第1行或表A101020第1行或表A103000第2＋3＋4＋5＋6行或表A103000第11＋12＋13＋14＋15行。

（2）第2行＝表A102010第1行或表A102020第1行或表A103000第19＋20＋21＋22行或表A103000第25＋26＋27行。

（3）第4行＝表A104000第26行第1列。

（4）第5行＝表A104000第26行第3列。

（5）第6行＝表A104000第26行第5列。

（6）第9行＝表A103000第8行或者第16行（仅限于填报表A103000的纳税人，其他纳税人根据财务核算情况自行填写）。

（7）第11行＝表A101010第16行或表A101020第35行或表A103000第9行或第17行。

（8）第12行＝表A102010第16行或表A102020第33行或表A103000第23行或

第28行。

(9)第14行=表A108010第14列合计-第11列合计。

(10)第15行=表A105000第45行第3列。

(11)第16行=表A105000第45行第4列。

(12)第17行=表A107010第31行。

(13)第18行:

①当A100000第13-14+15-16-17行≥0,第18行=0;

②当A100000第13-14+15-16-17<0且表A108000第5列合计行≥0,表A108000第6列合计行>0时,第18行=表A108000第5列合计行与表A100000第13-14+15-16-17行绝对值的孰小值;

③当A100000第13-14+15-16-17<0且表A108000第5列合计行≥0,表A108000第6列合计行=0时,第18行=0。

(14)第19行=表A100000第13-14+15-16-17+18行。

(15)第20行:

当第19行≤0时,本行填报0;

当第19行>0时,

① A107020表合计行第11列≤表A100000第19行,本行=表A107020合计行第11列;

② A107020表合计行第11列>表A100000第19行,本行=表A100000第19行。

(16)第21行=表A106000第6行第10列。

(17)第22行=表A107030第15行第1列。

(18)第26行=表A107040第32行。

(19)第27行=表A107050第7行第11列。

(20)第29行=表A108000第9列合计。

(21)第30行=表A108000第19列合计。

(22)第34行=表A109000第12+16行。

(23)第35行=表A109000第13行。

(24)第36行=表A109000第15行。

【本章思考题】

1. 试说明所得税会计核算的一般程序。

2. 试说明什么是暂时性差异及其分类,并举例。

3. 请阐述递延所得税资产和递延所得税负债的确认及计量。

4. 光华企业2015年年末为开发新技术发生研究开发支出3 000万元,其中研究阶段支出500万元,开发阶段符合资本化条件前发生的支出为500万元,符合资本化条件后至达到预定用途前发生的支出为2 000万元。税法规定企业为开发新技术、新产品、新工艺发生的研究开发费用，未形成无形资产计入当期损益的，在按照规定据实扣除的基础上，按照研究开发费用的50%加计扣除；形成无形资产的，按照无形资产成本的150%摊销。该研究开发项目形成的新技术符合上述税法规定，新技术在当期期末达到预定用途。假定该项无形资产从2016年1月开始摊销。

企业会计上和计税时，对该项无形资产均按照10年的期限采用直线法摊销，净残值为0。

2017年年末，该项无形资产出现减值迹象，经减值测试，该项无形资产的可收回金额为1 400万元，摊销年限和摊销方法不需变更。

假定光华企业每年的税前利润总额均为5 000万元；假定未发生企业纳税调整事项；光华企业适用的所得税税率为25%。

要求：

分别计算2015—2017年的递延所得税、应交所得税和所得税费用。（以万元为单位）

参考答案：

（1）2015年年末

无形资产的账面价值=2 000万元

计税基础=2 000×150%=3 000（万元）

暂时性差异=1 000万元，不需要确认递延所得税。

应纳税所得额=5 000－（500+500）×50%=4 500（万元）

应交所得税=4 500×25%=1 125（万元）

所得税费用=1 125万元

（2）2016年年末

无形资产的账面价值=2 000－2 000÷10=1 800（万元）

计税基础=3 000－3 000÷10=2 700（万元）

暂时性差异=900元，不需要确认递延所得税。

应纳税所得额=5 000－（3 000÷10－2 000÷10）=4 900（万元）

应交所得税=4 900×25%=1 225（万元）

所得税费用=1 225万元

（3）2017年年末

减值测试前无形资产的账面价值=2 000－（2 000÷10）×2=1 600（万元）

应计提的减值准备金额=1 600－1 400=200（万元）

计提减值准备后无形资产的账面价值=1 400万元

计税基础=3 000－（3 000÷10）×2=2 400（万元）

暂时性差异为1 000万元，其中800万元不需要确认递延所得税。

应确认的递延所得税资产=200×25%=50（万元）

应纳税所得额=5 000－（3 000÷10－2 000÷10）+200=5 100（万元）

应交所得税=5 100×25%=1 275（万元）

所得税费用 = 当期所得税 + 递延所得税 = 1 275 - 50 = 1 225（万元）

5. 光华公司于2017年1月设立，采用资产负债表债务法核算所得税费用，适用的所得税税率为25%，该公司2017年利润总额为6 000万元，当年发生的交易或事项中，会计规定与税法规定存在差异的项目如下：

（1）2017年12月31日，光华公司应收账款余额为5 000万元，对该应收账款计提了500万元坏账准备。税法规定，企业按照应收账款期末余额的5‰计提的坏账准备允许税前扣除，除已税前扣除的坏账准备外，应收款项发生实质性损失时允许税前扣除。

（2）按照销售合同规定，光华公司承诺对销售的X产品提供3年免费售后服务。光华公司2017年销售的X产品预计在售后服务期间将发生的费用为400万元，已计入当期损益。税法规定，与产品售后服务相关的支出在实际发生时允许税前扣除。光华公司2017年没有发生售后服务支出。

（3）光华公司2017年以4 000万元取得一项到期还本付息的国债投资，作为持有至到期投资核算。该投资实际利率与票面利率相差较小，光华公司采用票面利率计算确定利息收入，当年确认国债利息收入200万元，计入持有至到期投资账面价值。该国债投资在持有期间未发生减值。税法规定，国债利息收入免征所得税。

（4）2017年12月31日，光华公司Y产品的账面余额为2 600万元，根据市场情况对Y产品计提跌价准备400万元，计入当期损益。税法规定，该类资产在发生实质性损失时允许税前扣除。

（5）2017年4月，光华公司自公开市场购入基金，作为交易性金融资产核算，取得成本为2 000万元，2017年12月31日该基金的公允价值为4 100万元，公允价值相对账面价值的变动已计入当期损益，持有期间基金未进行分配，税法规定，该类资产在持有期间公允价值变动不计入应纳税所得额，待处置时一并计算应计入应纳税所得额的金额。

其他相关资料：

（1）假定预期未来期间光华公司适用的所得税税率不发生变化。

（2）光华公司预计未来期间能够产生足够的应纳税所得额用以抵扣可抵扣暂时性差异。

要求：

（1）计算光华公司2012年应纳税所得额、应交所得税、递延所得税和所得税费用。

（2）编制光华公司2012年确认所得税费用的会计分录。（答案中的金额单位用万元表示）

参考答案：

（1）①应收账款账面价值 = 5 000 - 500 = 4 500（万元）

应收账款计税基础 = 5 000 ×（1 - 5‰）= 4 975（万元）

应收账款形成的可抵扣暂时性差异 = 4 975 - 4 500 = 475（万元）

②预计负债账面价值 = 400 万元

预计负债计税基础 = 400 − 400 = 0

预计负债形成的可抵扣暂时性差异 = 400 万元

③持有至到期投资账面价值 = 4 200 万元

计税基础 = 4 200 万元

国债利息收入形成的暂时性差异 = 0

注释：对于国债利息收入属于免税收入，说明计算应纳税所得额时是要税前扣除的。故持有至到期投资的计税基础是 4 200 万元，不是 4 000 万元。

④存货账面价值 = 2 600 − 400 = 2 200（万元）

存货计税基础 = 2 600 万元

存货形成的可抵扣暂时性差异 = 400 万元

⑤交易性金融资产账面价值 = 4 100 万元

交易性金融资产计税基础 = 2 000 万元

交易性金融资产形成的应纳税暂时性差异 = 4 100 − 2 000 = 2 100（万元）

应纳税所得额：

6 000 + 475 + 400 + 400 − 2 100 − 200 = 4 975（万元）

应交所得税 = 4 975 × 25% = 1 243.75（万元）

递延所得税资产 =（475 + 400 + 400）× 25% = 318.75（万元）

递延所得税负债 = 2 100 × 25% = 525（万元）

递延所得税 = 525 − 318.75 = 206.25（万元）

所得税费用 = 1 243.75 + 206.25 = 1 450（万元）

（2）会计分录：

借：所得税费用	1 450	
递延所得税资产	318.75	
贷：应交税费——应交所得税		1 243.75
递延所得税负债		525

第六章　个人所得税的会计核算

【学习目的与要求】

1. 了解个人所得税的应税项目以及税率。
2. 掌握个人所得税应纳税额的计算。
3. 掌握代扣代缴以及个体工商户的会计处理方法。
4. 了解个人所得税纳税申报表的填制方法。

第一节　个人所得税概述

一、个人所得税的概念

个人所得税是指以自然人取得的各类应税所得为征税对象而征收的一种所得税。它是政府利用税收对个人收入进行调节的一种手段。个人所得税的征税对象不仅包括个人还包括具有自然人性质的企业。

个人所得税是世界各国普遍开征的一个税种，最早产生于18世纪的英国。很多国家的个人所得税在全部税收收入中所占比重超过了其他税种，成为政府重要的财政收入。

二、个人所得税的发展

个人所得税最早诞生于英国。18世纪末英国由于与法国交战致使财政吃紧，而作为当时主要税收收入来源的消费税和关税都无法解决这个问题，于是有人提议向高收入者征收所得税。1799年英国开征个人所得税。然而战争一结束，认为个人所得税侵犯隐私和个人权利的言论就占据了上风，个人所得税被停征。直到1842年，英国财政部门才又一次让议会和民众信服个人所得税的必要性，重新恢复征收个人所得税。随着现代国家的发展，公共财政的建立，国家机构日益膨胀，国家担负起越来越多的公共职能，相应地对于财政收入的需求也就越来越大。个人所得税在20世纪被世界上大多数国家所采纳，已经成为许多发达国家税收收入的最主要来源。个人所得税在调节收入分配、缓解贫富悬殊、促进社会稳定、增加财政收入等方面的作用也得到了公认。个人所得税也被称为经济调节的“内在稳定器”。

为了适应改革开放形势下对外经济往来、对外经济技术文化交流和合作的需要，为了维护国家的税收权益和保障外籍人员的合法权益，1980 年 9 月 10 日第五届全国人民代表大会第三次会议审议通过了《中华人民共和国个人所得税法》（以下简称《个人所得税法》），并同时公布实施。同年 12 月 14 日，经国务院批准，财政部公布了《个人所得税法实施细则》。该税法主要是针对来华工作的外籍人员设计的。

1986—1987 年，国务院根据经济改革与发展以及调节个人收入分配的需要，分别发布了《城乡个体工商业户所得税暂行条例》和《个人收入调节税暂行条例》。这样，我国对个人所得的课税制度即形成了个人所得税、城乡个体工商业户所得税和个人收入调节税三税并存的格局。在当时的经济条件下，这三种税收法律法规的出台，对促进经济的发展，调节个人收入等方面起到了积极的作用。但是，随着社会政治、经济形势的发展，这些税收法律法规逐渐暴露出一些矛盾和问题。为了规范和完善对个人所得的课税制度，适应建立社会主义市场经济体制的需要，1993 年 10 月 31 日第八届全国人民代表大会常务委员会第四次会议通过了《关于修改（中华人民共和国个人所得税法）的决定》，同时公布了修改后的《个人所得税法》，并于 1994 年 1 月 1 日起施行。1994 年 1 月 28 日国务院发布了《中华人民共和国个人所得税法实施条例》（以下简称《个人所得税法实施条例》）。1999 年 8 月 30 日第九届全国人民代表大会常务委员会第十一次会议通过了第二次修正的《个人所得税法》。

2000 年 9 月，财政部、国家税务总局根据《国务院关于个人独资企业和合伙企业征收所得税问题的通知》有关“对个人独资企业和合伙企业停征企业所得税，只对其投资者的经营所得征收个人所得税”的规定，制定了《关于个人独资企业和合伙企业投资者征收个人所得税的规定》（以下简称《规定》）。《规定》明确从 2000 年 1 月 1 日起，个人独资企业和合伙企业投资者将依法缴纳个人所得税。

三、应税项目

（一）工资、薪金所得

工资、薪金所得，是指个人因任职或者受雇而取得的工资、薪金、奖金、年终加薪、劳动分红、津贴、补贴以及任职或者受雇有关的其他所得。

一般来说，工资、薪金所得属于非独立个人劳动所得。所谓非独立个人劳动，是指个人所从事的是由他人指定、安排并接受管理的劳动，工作或服务于公司、工厂、行政、事业单位的人员（私营企业主除外）均为非独立劳动者。他们从上述单位取得的劳动报酬，是以工资、薪金的形式体现的。在这类报酬中，工资和薪金的收入主体略有差异。通常情况下，把直接从事生产、经营或服务的劳动者（工人）的收入称为工资，即所谓“蓝领阶层”所得；而将从事社会公职或管理活动的劳动者（公职人员）的收入称为薪金，即所谓“白领阶层”所得。但实际立法过程中，各国都从简便易行的角度考虑，将工资、薪金合并为一个项目计征个人所得税。

除工资、薪金以外的奖金、年终加薪、劳动分红、津贴、补贴也被确定为工资、薪金范畴。其中，年终加薪、劳动分红不分种类和取得情况，一律按工资、薪金所得课税。津贴、补贴等则有例外。根据我国目前个人收入的构成情况，规定对于一些不属于工资、薪金性质的补贴、津贴或者不属于纳税人本人工资、薪金所得项目的收入，不予征税。这些项目包括：

（1）独生子女补贴。

（2）执行公务员工资制度未纳入基本工资总额的补贴、津贴差额和家属成员的副食品补贴。

（3）托儿补助费。

（4）差旅费津贴、误餐补助。其中，误餐补助是指按照财政部规定，个人因公在城区、郊区工作，不能在工作单位或返回就餐的，根据实际误餐顿数，按规定的标准领取的误餐费。单位以误餐补助名义发给职工的补助、津贴不能包括在内。

奖金是指所有具有工资性质的奖金，免税奖金的范围在税法中另有规定。公司职工取得的用于购买企业国有股权的劳动分红，按“工资、薪金所得”项目计征个人所得税。

出租汽车经营单位对出租车驾驶员采取单车承包或承租方式运营，出租车驾驶员从事客货营运取得的收入，按工资、薪金所得征税。

（二）个体工商户的生产经营所得

个体工商户的生产、经营所得，是指：

（1）个体工商户从事工业、手工业、建筑业、交通运输业、商业、饮食业、服务业、修理业及其他行业取得的所得。

（2）个人经政府有关部门批准，取得执照，从事办学、医疗、咨询以及其他有偿服务活动取得的所得。

（3）上述个体工商户和个人取得的与生产、经营有关的各项应税所得。

（4）个人因从事彩票代销业务而取得所得，应按照“个体工商户的生产、经营所得”项目计征个人所得税。

（5）从事个体出租车运营的出租车驾驶员取得的收入，按个体工商户的生产、经营所得项目缴纳个人所得税。

出租车属个人所有，但挂靠出租汽车经营单位或企事业单位，驾驶员向挂靠单位缴纳管理费的，或出租汽车经营单位将出租车所有权转移给驾驶员的，出租车驾驶员从事客货运营取得的收入，比照个体工商户的生产、经营所得项目征税。

（6）个体工商户和从事生产、经营的个人，取得与生产、经营活动无关的其他各项应税所得，应分别按照其他应税项目的有关规定，计算征收个人所得税。如取得银行存款的利息所得、对外投资取得的股息所得，应按“股息、利息、红利”税目的规定单独计征个人所得税。

（7）个人独资企业、合伙企业的个人投资者以企业资金为本人、家庭成员及其相关人员支付与企业生产经营无关的消费性支出及购买汽车、住房等财产性支出，视为企业对个人投资者利润分配，并入投资者个人的生产经营所得，依照“个体工商户的生产、经营所得”项目计征个人所得税。

（8）其他个人从事个体工商业生产、经营取得的所得。

（三）对企事业单位的承包经营、承租经营的所得

对企事业单位的承包经营、承租经营所得，是指个人承包经营或承租经营以及转包、转租取得的所得。承包项目可分多种，如生产经营、采购、销售、建筑安装等各种承包。转包包括全部转包或部分转包。对企事业单位的承包经营、承租经营所得，适用5% ~35%的超额累进税率。

（四）劳务报酬所得

劳务报酬所得，是指个人独立从事各种非雇佣的各种劳务所取得的所得。其内容如下：

（1）设计，是指按照客户的要求，代为制定工程、工艺等各类设计业务。

（2）装潢，是指接受委托，对物体进行装饰、修饰，使之美观或具有特定用途的作业。

（3）安装，是指按照客户要求，对各种机器、设备的装配、安置，以及与机器、设备相连的附属设施的装设和被安装机器设备的绝缘、防腐、保温、油漆等工程作业。

（4）制图，是指受托按实物或设想物体的形象，依体积、面积、距离等，用一定比例绘制成平面图、立体图、透视图等的业务。

（5）化验，是指受托用物理或化学的方法，检验物质的成分和性质等业务。

（6）测试，是指利用仪器仪表或其他手段代客对物品的性能和质量进行检测试验的业务。

（7）医疗，是指从事各种病情诊断、治疗等医护业务。

（8）法律，是指受托担任辩护律师、法律顾问，撰写辩护词、起诉书等法律文书的业务。

（9）会计，是指受托从事会计核算的业务。

（10）咨询，是指对客户提出的政治、经济、科技、法律、会计、文化等方面的问题进行解答、说明的业务。

（11）讲学，是指应邀（聘）进行讲课、做报告、介绍情况等业务。

（12）新闻，是指提供新闻信息、编写新闻消息的业务。

（13）广播，是指从事播音等劳务。

（14）翻译，是指受托从事中、外语言或文字的翻译（包括笔译和口译）的业务。

（15）审稿，是指对文字作品或图形作品进行审查、核对的业务。

（16）书画，是指按客户要求，或自行从事书法、绘画、题词等业务。

（17）雕刻，是指代客镌刻图章、牌匾、碑、玉器、雕塑等业务。

（18）影视，是指应邀或应聘在电影、电视节目中出任演员，或担任导演、音响、化妆、道具、制作、摄影等等与拍摄影视节目有关的业务。

（19）录音，是指用录音器械代客录制各种音响带的业务，或者应邀演讲、演唱、采访而被录音的服务。

（20）录像，是指用录像器械代客录制各种图像、节目的业务，或者应邀表演、采访被录像的业务。

（21）演出，是指参加戏剧、音乐、舞蹈、曲艺等文艺演出活动的业务。

（22）表演，是指从事杂技、体育、武术、健美、时装、气功以及其他技巧性表演活动的业务。

（23）广告，是指利用图书、报纸、杂志、广播、电视、电影、招贴、路牌、橱窗、霓虹灯、灯箱、墙面及其他载体，为介绍商品、经营服务项目、文体节目或通告、声明等事项，所做的宣传和提供相关服务的业务。

（24）展览，是指举办或参加书画展、影展、盆景展、邮展、个人收藏品展、花鸟虫鱼展等各种展示活动的业务。

（25）技术服务，是指利用一技之长而进行技术指导、提供技术帮助的业务。

（26）介绍服务，是指介绍供求双方商谈，或者介绍产品、经营服务项目等服务的业务。

（27）经纪服务，是指经纪人通过居间介绍，促成各种交易和提供劳务等服务的业务。

（28）代办服务，是指代委托人办理受托范围内的各项事宜的业务。

（29）其他劳务，是指上述列举28项劳务项目之外的各种劳务。

自2004年1月20日起，对商品营销活动中，企业和单位对其营销业绩突出的非雇员以培训班、研讨会、工作考察等名义组织旅游活动，通过免收差旅费、旅游费对个人实行的营销业绩奖励（包括实物、有价证券等），应根据所发生费用的全额作为该营销人员当期的劳务收入，按照“劳务报酬所得”项目征收个人所得税，并由提供上述费用的企业和单位代扣代缴。

在实际操作过程中，还可能出现难以判定一项所得是属于工资、薪金所得，还是属于劳务报酬所得的情况。这两者的区别在于：工资、薪金所得是属于非独立个人劳务活动，即在机关、团体、学校、部队、企业、事业单位及其他组织中任职、受雇而得到的报酬；而劳务报酬所得，则是个人独立从事各种技艺、提供各项劳务取得的报酬。

（五）稿酬所得

稿酬所得，是指个人因其作品以图书、报刊形式出版、发表而取得的所得。将稿酬所得独立划归一个征税项目，而对不以图书、报刊形式出版、发表的翻译、审稿、书画所得归为劳务报酬所得，主要是考虑了出版、发表作品的特殊性。①它是一种依靠较高智力创作的精神产品；②它具有普遍性；③它与社会主义精神文明和物质文明密切相关；④它的报酬相对偏低。因此，稿酬所得应当与一般劳务报酬相对区别，并给予适当优惠照顾。

（六）特许权使用费所得

特许权使用费所得，是指个人提供专利权、商标权、著作权、非专利技术以及其他特许权的使用权取得的所得。提供著作权的使用权取得的所得，不包括稿酬所得。

专利权，是指由国家专利主管机关依法授予专利申请人或其权利继承人在一定期间内实施其发明创造的专有权。对于专利权，许多国家只将提供他人使用取得的所得，列入特许权使用费，而将转让专利权所得列为资本利得税的征税对象。我国没有开征资本利得税，故将个人提供和转让专利权取得的所得，都列入特许权使用费所得征收个人所得税。

商标权，即商标注册人享有的商标专用权。

著作权，即版权，是指作者依法对文学、艺术和科学作品享有的专有权。个人提供或转让商标权、著作权、专有技术或技术秘密、技术诀窍取得的所得，应当依法缴纳个人所得税。

（七）利息、股息、红利所得

利息、股息、红利所得，是指个人拥有债权、股权而取得的利息、股息、红利所得。利息，是指个人拥有债权而取得的利息，包括存款利息、贷款利息和各种债券的利息。按税法规定，个人取得的利息所得，除国债和国家发行的金融债券利息外，应当依法缴纳个人所得税。股息、红利，是指个人拥有股权取得的股息、红利。

按照一定的比率对每股发给的息金叫股息；公司、企业应分配的利润，按股份分配的叫红利。股息、红利所得，除另有规定外，都应当缴纳个人所得税。

除个人独资企业、合伙企业以外的其他企业的个人投资者，以企业资金为本人、家庭成员及其相关人员支付与企业生产经营无关的消费性支出及购买汽车、住房等财产性支出，视为企业对个人投资者的红利分配，依照“利息、股息、红利所得”项目计征个人所得税。企业的上述支出不允许在所得税前扣除。

纳税年度内个人投资者从其投资企业（个人独资企业、合伙企业除外）借款，在该纳税年度终了后既不归还又未用于企业生产经营的，其未归还的借款可视为企业对个人投资者的红利分配，依照“利息、股息、红利所得”项目计征个人所得税。

（八）财产租赁所得

财产租赁所得，是指个人出租建筑物、土地使用权、机器设备、车船以及其他财产取得的所得。个人取得的财产转租收入，属于“财产租赁所得”的征税范围，由财产转租人缴纳个人所得税。在确认纳税义务人时，应以产权凭证为依据；对无产权凭证的，由主管税务机关根据实际情况确定。产权所有人死亡，在未办理产权继承手续期间，该财产出租而有租金收入的，以领取租金的个人为纳税义务人。

（九）财产转让所得

财产转让所得，是指个人转让有价证券、股权、建筑物、土地使用权、机器设备、车船以及其他财产取得的所得。

在现实生活中，个人进行的财产转让主要是个人财产所有权的转让。财产转让实际上是一种买卖行为，当事人双方通过签订、履行财产转让合同，形成财产买卖的法律关系，使出让财产的个人从对方取得价款（收入）或其他经济利益。财产转让所得因其性质的特殊性，需要单独列举项目征税。对个人取得的各项财产转让所得，除股票转让所得外，都要征收个人所得税。

1. 股票转让所得

根据《个人所得税法实施条例》规定，对股票所得征收个人所得税的办法，由财政部另行制定，报国务院批准施行。鉴于我国证券市场发育还不成熟，股份制还处于试点阶段，对股票转让所得的计算、征税办法和纳税期限的确认等都需要进行深入的调查研究后，结合国际通行的做法，作出符合我国实际的规定。因此，国务院决定，对股票转让所得暂不征收个人所得税。

2. 量化资产股份转让

集体所有制企业在改制为股份合作制企业时，对职工个人以股份形式取得的拥有所有权的企业量化资产，暂缓征收个人所得税；待个人将股份转让时，就其转让收入额，减除个人取得该股份时实际支付的费用支出和合理转让费用后的余额，按“财产转让所得”项目计征个人所得税。

3. 个人出售自有住房

（1）根据《个人所得税法》的规定，个人出售自有住房取得的所得应按照“财产转让所得”项目征收个人所得税。应纳税所得税额按下列原则确定：

①个人出售除已购公有住房以外的其他自有住房，其应纳税所得额按照个人所得税法的有关规定确定。

②个人出售已购公有住房，其应纳税所得额为个人出售已购公有住房的销售价，减除住房面积标准的经济适用房价款、原支付超过住房面积标准的房价款、向财政或原产权单位缴纳的所得收益以及税法规定的合理费用后的余额。

已购公有住房是指城镇职工根据国家和县级（含县级）以上人民政府有关城镇住房制度改革政策规定，按照成本价（或标准价）购买的公有住房。

经济适用住房价格按县级（含县级）以上地方人民政府规定的标准确定。

③职工以成本价（或标准价）出资的集资合作建房、安居工程住房、经济适用住房以及拆迁安置住房，比照已购公有住房确定应纳税所得额。

（2）为鼓励个人换购住房，对出售自有住房并拟在现住房出售后 1 年内按市场价重新购房的纳税人，其出售现住房所应缴纳的个人所得税，视其重新购房的价值可全部或部分予以免税。具体办法为：

①个人出售现住房所应缴纳的个人所得税税款，应在办理产权过户手续前，以纳税保证金形式向当地主管税务机关缴纳。税务机关在收取纳税保证金时，应向纳税人正式开具“中华人民共和国纳税保证金收据”，并纳入专户存储。

②个人出售现住房后 1 年内重新购房的，按照购房金额大小相应退还纳税保证金。购房金额大于或等于原住房销售额（原住房为已购公有住房的，原住房销售额应扣除已按规定向财政或原产权单位缴纳的所得收益，下同）的，全部退还纳税保证金；购房金额小于原住房销售额的，按照购房金额占原住房销售额的比例退还纳税保证金，余额作为个人所得税缴入国库。

③个人出售现住房后 1 年内未重新购房的，所缴纳的纳税保证金全部作为个人所得税缴入国库。

④个人在申请退还纳税保证金时，应向主管税务机关提供合法、有效的售房、购房合同和主管税务机关要求提供的其他有关证明材料，经主管税务机关审核确认后方可办理纳税保证金退还手续。

⑤跨行政区域售、购住房又符合退还纳税保证金条件的个人，应向纳税保证金缴纳地主管税务机关申请退还纳税保证金。

（3）企事业单位将自建住房以低于购置或建造成本价格销售给职工的个人所得税的征税规定。

①根据住房制度改革政策的有关规定，国家机关、企事业单位及其他组织（以下简称单位）在住房制度改革期间，按照所在地县级以上人民政府的房改成本价格向职工出售公有住房，职工因支付的房改成本价格低于房屋建造成本价格或市场价格而取得的差价收益，免征个人所得税。

②除上述符合规定的情形外，根据《中华人民共和国个人所得税法》及其实施条例的有关规定，单位按低于购置或建造成本价格出售住房给职工，职工因此而少支出的差价部分，属于个人所得税应税所得，应按照"工资、薪金所得"项目缴纳个人所得税。

其中"差价部分"，是指职工实际支付的购房价款低于该房屋的购置或建造成本价格的差额。

③对职工取得的上述应税所得，比照《国家税务总局关于调整个人取得全年一次性奖金等计算征收个人所得税方法问题的通知》（国税发〔2005〕9 号）规定的全年一次性奖金的征税办法，计算征收个人所得税，即先将全部所得数额除以 12，按其商数并根据个人所得税法规定的税率表确定适用的税率和速算扣除数，再根据全部所得数额、适用的税率和速算扣除数，按照税法规定计算征税。此前未征收税款不再追征，已征税款不予退还。

（4）对个人转让自用 5 年以上并且是家庭唯一生活用房取得的所得，继续免征个人所得税。

（5）为了确保有关住房转让的个人所得税政策得到全面、正确的实施，各级房地产交易管理部门应与税务机关加强协作、配合，主管税务机关需要有关本地区房地产交易情况的，房地产交易管理部门应及时提供。

（6）个人现自有住房房产证登记的产权人为 1 人，在出售后 1 年内又以产权人配偶名义或产权人夫妻双方名义按市场价重新购房的，产权人出售住房所得应缴纳的个人所得税，可以按照《财政部、国家税务总局、建设部关于个人出售住房所得征收个人所得税有关问题的通知》（财税字〔1999〕278 号）第三条的规定，全部或部分予以免税；以其他人名义按市场价重新购房的，产权人出售住房所得应缴纳的个人所得税，不予免税。

（十）偶然所得

偶然所得，是指个人得奖、中奖、中彩以及其他偶然性质的所得。得奖是指参加各种有奖竞赛活动，取得名次得到的奖金；中奖、中彩是指参加各种有奖活动，如有奖销售、有奖储蓄，或者购买彩票，经过规定程序，抽中、摇中号码而取得的奖金。偶然所得应缴纳的个人所得税税款，一律由发奖单位或机构代扣代缴。

（十一）经国务院财政部门确定征税的其他所得

除上述列举的各项个人应税所得外，其他确有必要征税的个人所得，由国务院财政部门确定。个人取得的所得，难以界定应纳税所得项目的，由主管税务机关确定。

第二节 个人所得税的会计核算

一、个人所得税会计主体

个人所得税会计主体是指负有个人所得税纳税义务和代扣代缴义务的单位和个人，即个人所得税纳税人和扣缴义务人。

（一）个人所得税纳税人

个人所得税的纳税义务人，包括中国公民、个体工商户以及在中国有所得的外籍人员（包括无国籍人员，下同）和香港、澳门、台湾同胞。上述纳税义务人依据住所和居住时间两个标准，区分为居民和非居民，分别承担不同的纳税义务。

1. 居民个人

居民个人包括：

（1）在中国境内有住所，或者无住所而一个纳税年度内在中国境内居住累计满一百八十三天的个人，为居民个人。居民个人从中国境内和境外取得的所得，依照本法规定缴纳个人所得税。

（2）在中国境内无住所又不居住，或者无住所而一个纳税年度内在中国境内居住累计不满一百八十三天的个人，为非居民个人。非居民个人从中国境内取得的所得，依照本法规定缴纳个人所得税。

纳税年度，自公历一月一日起至十二月三十一日止。

在计算居住天数时，对临时离境应视同在华居住，不扣减其在华居住的天数。这里所说的临时离境，是指在一个纳税年度内，一次不超过30日或者多次累计不超过90日的离境。

综上可知，个人所得税的居民纳税义务人包括以下两类：

（1）在中国境内定居的中国公民和外国侨民。但不包括虽具有中国国籍，却并没有在中国大陆定居，而是居住在香港、澳门、台湾的同胞和侨居海外的华侨。

（2）从公历1月1日起至12月31日止，居住在中国境内的外国人、香港、澳门、台湾同胞和海外侨胞。这些人如果在一个纳税年度内，一次离境不超过30日，或者多次离境累计不超过90日的，仍应被视为全年在中国境内居住，从而判定为居民纳税义务人。例如，一个外籍人员从1997年10月起到中国境内的公司任职，在1998年纳税年度内，曾于3月7~12日离境回国，向其总公司述职，12月23日又离境回国欢度圣诞节和元旦。这两次离境时间相加，没有超过90日的标准，应视作临时离境，不扣减其在华居住天数。因此，该纳税义务人应为居民纳税义务人。

现行税法中关于“中国境内”的概念，是指中国大陆地区，目前还不包括香港、澳门和台湾地区。

2. 非居民个人

非居民纳税义务人，是指不符合居民纳税义务人判定标准（条件）的纳税义务人。

非居民纳税义务人承担有限纳税义务，即仅就其来源于中国境内的所得，向中国缴纳个人所得税。《个人所得税法》规定，非居民纳税义务人是“在中国境内无住所又不居住或者无住所而在境内居住不满一年的个人”。也就是说，非居民纳税义务人，是指习惯性居住地不在中国境内，而且不在中国居住，或者在一个纳税年度内，在中国境内居住不满一年的个人。在现实生活中，习惯性居住地不在中国境内的个人，只有外籍人员、华侨或香港、澳门和台湾同胞。因此，非居民纳税义务人，实际上只能是在一个纳税年度中，没有在中国境内居住，或者在中国境内居住不满一年的外籍人员、华侨或香港、澳门、台湾同胞。

自2004年7月1日起，对境内居住的天数和境内实际工作期间按以下规定为准：

（1）判定纳税义务及计算在中国境内居住的天数。

对中国境内无住所的个人，需要计算确定其在中国境内居住天数，以便依照税法和协定或安排的规定判定其在华负有何种纳税义务时，均应以该个人实际在华逗留天数计算。上述个人入境、离境、往返或多次往返境内外的当日，均按1天计算其在华实际逗留天数。

（2）个人入境、离境当日及在中国境内实际工作期间的判定。

对在中国境内、境外机构同时担任职务或仅在境外机构任职的境内无住所个人，在按《国家税务总局关于在中国境内无住所的个人计算缴纳个人所得税若干具体问题的通知》（国税函发〔1995〕125号）第一条的规定计算其境内工作期间时，对其入境、离境、往返或多次往返境内外的当日，均按半天计算为在华实际工作天数。

（二）个人所得税扣缴义务人

1. 扣缴义务人

凡支付个人应纳税所得的企业（公司）、事业单位、机关、社会团体、军队、驻华机构、个体户等单位或者个人，为个人所得税的扣缴义务人。驻华机构不包括外国驻华使领馆和联合国及其他依法享有外交特权和豁免的国际组织驻华机构。

2. 扣缴义务人的义务及应承担的责任

扣缴义务人应指定财务会计部门或者其他有关部门的人员为办税人员，由办税人员具体办理个人所得税的代扣代缴。代扣代缴义务人的有关领导要对代扣代缴工作提供便利，支持办税人员履行义务。确定办税人员或办税人员发生变动时，应将名单及时报告主管税务机关。

扣缴义务人的法定代表人或者单位主要负责人、财会部门的负责人及具体办理代扣代缴税款的有关人员，共同对依法履行代扣代缴义务负法律责任。

扣缴义务人在代扣税款时，必须向纳税人开具税务机关统一印制的代扣代收税款凭证，并详细注明纳税人姓名、工作单位、家庭地址和居民身份证或者护照号码等个人情况。对工资、奖金所得和利息、股息、红利所得等，因纳税人数众多，不便一一开具代扣代收税款凭证的，经主管税务机关同意，可不开具代扣代收税款凭证，但应通过一定形式告知纳税人已扣缴税款。纳税人为持有完税依据而向扣缴义务人索取代扣代收税款凭证的，扣缴义务人不得拒绝。扣缴义务人应主动向税务机关申领代扣代收税款凭证，据以向纳税人扣税。

二、个人所得税会计账户设置

个人所得税扣缴义务人，应在“应交税费”账户下设置“应交个人所得税”明细账户。该账户采用三栏式结构。代扣个人所得税时，记入该账户的贷方；缴纳个人所得税时，记入该账户的借方；纳税期满后，该账户的贷方余额反映欠缴的个人所得税。

个体工商户、个人独资企业和合伙企业，也应当设置“应交税费——应交个人所得税”账户，用来核算个人所得税缴纳情况。

三、代扣代缴个人所得税的会计核算

（一）工资、薪金所得

1. 应纳税所得额的计算

工资、薪金所得，以年度收入额减除费用60 000元后的余额，为应纳税所得额。

考虑到外籍人员和在境外工作的中国公民的生活水平比国内公民要高，而且，我国汇率的变化情况对他们的工资、薪金所得也有一定的影响。为了不因征收个人所得税而加重他们的负担，现行税法对外籍人员和在境外工作的中国公民的工资、薪金所得增加了附加减除费用的照顾。

按照税法的规定，对在中国境内无住所而在中国境内取得工资、薪金所得的纳税义务人和在中国境内有住所而在中国境外取得工资、薪金所得的纳税义务人，可以根据其平均收入水平、生活水平以及汇率变化情况确定附加减除费用，附加减除费用适用的范围和标准由国务院规定。国务院在发布的《个人所得税法实施条例》中，对在中国境内的外商投资企业和外国企业中工作取得工资、薪金所得的外籍人员，应聘在中国境内的企业、事业单位、社会团体、国家机关中工作取得工资、薪金所得的外籍专家，在中国境内有住所而在中国境外任职或者受雇取得工资、薪金所得的个人，财政部确定的取得工资、薪金所得的其他人员，在上述适用范围内的人员每年工资、薪金所得减除扣除额。①

2. 适用税率

工资、薪金所得，适用七级超额累进税率，税率为3% ~45%（见表6-1）。

表6-1 工资、薪金所得适用的速算扣除数表

级数	全年含税应纳税所得额	税率（%）	速算扣除数（元）
1	不超过36 000元的	3	0
2	超过36 000 ~144 000元的部分	10	105
3	超过144 000 ~300 000元的部分	20	555
4	超过300 000 ~420 000元的部分	25	1 005
5	超过420 000 ~660 000元的部分	30	2 755

① 截至本书定稿，具体扣除细则尚未颁布。

表6-1(续)

级数	全年含税应纳税所得额	税率（%）	速算扣除数（元）
6	超过660 000~960 000元的部分	35	5 505
7	超过960 000元的部分	45	13 505

注：①本表所称全年应纳税所得额是指依照本法第六条的规定，居民个人取得综合所得以每一纳税年度收入额减除费用6万元以及专项扣除、专项附加扣除和依法确定的其他扣除后的余额。

②非居民个人取得工资、薪金所得，劳务报酬所得，稿酬所得和特许权使用费所得，依照本表按月换算后计算应纳税额。

3. 应纳税额的计算

工资、薪金所得应纳税额的计算公式为：

应纳税额=应纳税所得额×适用税率-速算扣除数

=（每年收入额-60 000）×适用税率-速算扣除数

这里需要说明的是，由于工资、薪金所得在计算应纳个人所得税额时，适用的是超额累进税率，所以，计算比较烦琐。运用速算扣除数计算法，可以简化计算过程。速算扣除数是指在采用超额累进税率征税的情况下，根据超额累进税率表中划分的应纳税所得额级距和税率，先用全额累进方法计算出税额，再减去用超额累进方法计算的应征税额以后的差额。当超额累进税率表中的级距和税率确定以后，各级速算扣除数也固定不变，成为计算应纳税额时的常数。

4. 会计处理

（1）税款由个人负担，企业作为个人所得税的扣缴义务人，应按照规定代扣代缴个人所得税。当企业代扣代缴个人所得税时，借记“应付职工薪酬”，贷记“应交税费——应交代扣个人所得税”；当企业实际缴纳税金时，借记“应交税费——应交代扣个人所得税”，贷记“银行存款”以及“其他业务收入——手续费收入”。

【例6-1】某企业职工张某，2017年12月份的工资为5 000元、奖金1 200元。则该职工12月份应缴纳个人所得税的计算以及会计处理如下：

应纳税所得额=5 000+1 200-5 000=1 200（元）

应纳税额=1 200×3%-0=36（元）

支付该职工工资、代扣个人所得税时：

借：应付职工薪酬　　　　36

　贷：应交税费——应交代扣个人所得税　　　　36

实际缴纳个人所得税时：

借：应交税费——应交代扣个人所得税　　　　36

　贷：银行存款　　　　36

可以按36元预缴个人所得税，年底时再汇总清算。

（2）税款由企业负担，一是按照合同或者协议规定，纳税义务人应纳的个人所得税全部或部分由企业负担，这种情况通常是企业的自愿行为。二是因企业未履行扣缴义务，个人所得税由企业补缴，这种情况是税法对未履行扣缴义务的一种处罚，企业除了补缴税款外，还需按规定缴纳一定数量的滞纳金和罚款。由于个人所得税是对取得应税收入的个人征收的一种税，其税款本应由个人负担，企业代纳税人负担的税款属于与企业经营活动无关的支出，应记入利润分配或“营业外支出”科目与之相适应，企业代付的个人所得税也不得在企业所得税前扣除，在年终申报企业所得税时，应全额调增应纳所得税。

【例6-2】某企业职工2017年12月份的工资月收入为15 050元，企业为该职工全额负担个人所得税款。

应纳税所得额 = 15 050 - 5 000

= 10 050（元）

应纳个人所得税 = 10 050 × 10% - 105 = 900（元）

企业计提代付职工个人所得税款时：

借：营业外支出（或利润分配）——代付个人所得税　　900

　贷：应交税费——应交个人所得税　　900

支付税款时：

借：应交税费——应交个人所得税　　900

　贷：库存现金　　900

可以按900元进行预缴，年底进行汇总清算。

（二）对企事业单位的承包经营、承租经营的所得

1. 应纳税所得额的计算

对企事业单位的承包经营、承租经营所得，以每一纳税年度的收入总额，减除必要费用后的余额，为应纳税所得额。每一纳税年度的收入总额，是指纳税义务人按照承包经营、承租经营合同规定分得的经营利润和工资、薪金性质的所得；所说的减除必要费用，是指按年减除60 000元。

2. 适用税率

企事业单位的承包经营、承租经营的个人所得适用五级超额累进税率，税率为5% ~35%（见表6-2）。

表6-2　个体工商户的生产、经营所得和对企事业单位的承包经营、承租经营所得个人所得税税率表

级数	全年含税应纳税所得额	税率（%）	速算扣除数（元）
1	不超过30 000元的	5	0
2	超过30 000 ~ 90 000元的部分	10	750
3	超过90 000 ~ 300 000元的部分	20	3 750
4	超过300 000 ~ 500 000元的部分	30	9 750
5	超过500 000元的部分	35	14 750

注：本表所称全年应纳税所得额是指依照本法第六条的规定，以每一纳税年度的收入总额减除成本、费用以及损失后的余额。

这里值得注意的是，由于目前实行承包（租）经营的形式较多，分配方式也不相同，因此，承包、承租人按照承包、承租经营合同（协议）规定取得所得的适用税率也不一致。

（1）承包、承租人对企业经营成果不拥有所有权，但是按合同（协议）规定取得一定所得的，其所得按“工资、薪金”所得项目征税，适用3% ~45%的七级超额累进税率。

（2）承包、承租人按合同（协议）的规定只向发包、出租方缴纳一定费用后，企业经营成果归其所有的，承包、承租人取得的所得，按对企事业单位的承包经营、承租经营所得项目，适用5% ~35%的五级超额累进税率征税。

个人独资企业和合伙企业的个人投资者取得的生产经营所得也适用5% ~35%的五级超额累进税率。

3. 应纳税额的计算

对企事业单位的承包经营、承租经营所得，其个人所得税应纳税额的计算公式为：

应纳税额 = 应纳税所得额 × 适用税率 − 速算扣除数

或　　　　= (纳税年度收入总额 − 必要费用) × 适用税率 − 速算扣除数

这里需要说明的是：

（1）对企事业单位的承包经营、承租经营所得，以每一纳税年度的收入总额，减除必要费用后的余额为应纳税所得额。在一个纳税年度中，承包经营或者承租经营期限不足一年的，以其实际经营期为纳税年度。

（2）对企事业单位的承包经营、承租经营所得适用的速算扣除数，同个体工商户的生产、经营所得适用的速算扣除数。

4. 会计处理

承包经营、承租经营所得适用5% ~35%的五级超额累进税率，是以每一纳税年度扣除必要费用进行计算的。由于平时工资已发放，年终汇算清缴时，可从其应分得的利润中，将应缴的个人所得税一并代扣。承包经营、承租经营所得应纳代扣代缴个人所得税的计算，同工资、薪金所得代扣代缴所得税的计算相同，应先将纳税人取得的不含税收入核算为应纳税所得，然后再计算其应纳税额，应在取得每次收入的七日内预缴税款，年度终了后三个月内汇算清缴，多退少补。支付给个人承包、承租收入的单位为扣缴义务人，应代扣代缴个人所得税。扣缴义务人在支付承包所得并代扣个人所得税时，借记“应付利润（其他应付款）”，贷记“应交税费——应交个人所得税”；代缴税金时，借记“应交税费——应交个人所得税”，贷记“银行存款（库存现金）”。

自2018年10月1日至2018年12月31日，纳税人的工资、薪金所得，先行以每月收入额减除费用五千元以及专项扣除和依法确定的其他扣除后的余额为应纳税所得额，依照本决定第十六条的个人所得税税率表一（综合所得适用）按月换算后计算缴纳税款，并不再扣除附加减除费用；个体工商户的生产、经营所得，对企事业单位的承包经营、承租经营所得，先行依照本决定第十七条的个人所得税税率表二（经营所得适用）计算缴纳税款。

【例6－3】张某与光华公司签订了承包合同经营招待所，合同规定承包期为一年，张某全年上交费用20 000元，年终招待所实现利润90 600元。张某应纳个人所得税如下：

应纳税所得额＝承包经营利润－上交费用－每月费用扣减合计

＝90 600－20 000－5 000×12

＝10 600（元）

应纳税额＝全年应纳税所得额×使用税率－速算扣除数

＝10 600×5%－0

＝530（元）

（三）劳务报酬、特许权使用费、稿费、财产租赁所得

1．个人所得税的应税项目

（1）工资、薪金所得；

（2）劳务报酬所得；

（3）稿酬所得；

（4）特许权使用费所得；

（5）经营所得；

（7）财产租赁所得；

（8）财产转让所得；

（9）偶然所得。

居民个人取得前款第一项至第四项所得（以下称综合所得），按纳税年度合并计算个人所得税；非居民个人取得前款第一项至第四项所得，按月或者按次分项计算个人所得税。纳税人取得前款第五项至第九项所得，依照本法规定分别计算个人所得税。

2．个人所得税适用税率

（1）综合所得，适用百分之三至百分之四十五的超额累进税率（税率表附后）；

（2）经营所得，适用百分之五至百分之三十五的超额累进税率（税率表附后）；

（3）利息、股息、红利所得，财产租赁所得，财产转让所得和偶然所得，适用比例税率，税率为百分之二十。

3．应纳税所得额的计算

（1）居民个人的综合所得，以每一纳税年度的收入额减除费用六万元以及专项扣除、专项附加扣除和依法确定的其他扣除后的余额，为应纳税所得额。

（2）非居民个人的工资、薪金所得，以每月收入额减除费用五千元后的余额为应纳税所得额；劳务报酬所得、稿酬所得、特许权使用费所得，以每次收入额为应纳税所得额。

（3）经营所得，以每一纳税年度的收入总额减除成本、费用以及损失后的余额，为应纳税所得额。

（4）财产租赁所得，每次收入不超过四千元的，减除费用八百元；四千元以上的，减除百分之二十的费用，其余额为应纳税所得额。

（5）财产转让所得，以转让财产的收入额减除财产原值和合理费用后的余额，为

应纳税所得额。

（6）利息、股息、红利所得和偶然所得，以每次收入额为应纳税所得额。

劳务报酬所得、稿酬所得、特许权使用费所得以收入减除百分之二十的费用后的余额为收入额。稿酬所得的收入额减按百分之七十计算。

个人将其所得对教育、扶贫、济困等公益慈善事业进行捐赠，捐赠额未超过纳税人申报的应纳税所得额百分之三十的部分，可以从其应纳税所得额中扣除；国务院规定对公益慈善事业捐赠实行全额税前扣除的，从其规定。

本条第一款第一项规定的专项扣除，包括居民个人按照国家规定的范围和标准缴纳的基本养老保险、基本医疗保险、失业保险等社会保险费和住房公积金等；专项附加扣除，包括子女教育、继续教育、大病医疗、住房贷款利息或者住房租金、赡养老人等支出，具体范围、标准和实施步骤由国务院确定，并报全国人民代表大会常务委员会备案。

（7）在确定财产租赁的应纳税所得额时，纳税人在出租财产过程中缴纳的税金和教育费附加，可持完税（缴款）凭证，从其财产租赁收入中扣除。准予扣除的项目除了规定费用和有关税、费外，还准予扣除能够提供有效、准确的凭证，证明由纳税人负担的该出租财产实际并支出的修缮费用。允许扣除的修缮费用，以每次 800 元为限。一次扣除不完的，准予在下一次继续扣除，直到扣完为止。

个人出租财产取得的财产租赁收入，在计算缴纳个人所得税时，应依次扣除以下费用：

①财产租赁过程中缴纳的税费，②由纳税人负担的该出租财产实际开支的修缮费用，③税法规定的费用扣除标准。

应纳税所得额的计算公式为：

每次（月）收入不超过 4 000 元的：

应纳税所得额 = 每次(月)收入额 − 准予扣除项目 − 修缮费用(800 元为限) − 800 元

每次（月）收入超过 4 000 元的：

应纳税所得额 = [每次(月)收入额 − 准予扣除项目 − 修缮费用(800 元为限)] × (1 − 20%)

财产租赁所得适用 20% 的比例税率。但对个人按市场价格出租的居民住房取得的所得，自 2001 年 1 月 1 日起暂减按 10% 的税率征收个人所得税。其应纳税额的计算公式为：

应纳税额 = 应纳税所得额 × 适用税率

（四）财产转让所得

1. 应纳税所得额的计算

财产转让所得，以转让财产的收入额减除财产原值和合理费用后的余额，为应纳税所得额。财产原值，是指：

（1）有价证券，为买入价以及买入时按照规定缴纳的有关费用。

（2）建筑物，为建造费或者购进价格以及其他有关费用。

(3) 土地使用权，为取得土地使用权所支付的金额，开发土地的费用以及其他有关费用。

(4) 机器设备、车船，为购进价格、运输费、安装费以及其他有关费用。

(5) 其他财产，参照以上方法确定。

纳税义务人未提供完整、准确的财产原值凭证，不能正确计算财产原值的，由主管税务机关核定其财产原值。合理费用，是指卖出财产时按照规定支付的有关费用。

2. 适用税率

财产转让所得适用比例税率，税率为20%。

3. 应纳税额的计算

一般情况下，财产转让所得应纳税额的计算公式为：

应纳税额 = 应纳税所得额 × 适用税率

　　　　 = （收入总额 - 财产原值 - 合理税费）×20%

对个人转让住房征收个人所得税中，出现了需要进一步明确的问题。为完善征收管理制度，加强征管，根据《个人所得税法》和《税收征收管理法》的有关规定精神，国税发〔2006〕108号文件进一步明确了个人住房转让的征收管理规定。自2006年8月1日起，个人转让住房所得应纳个人所得税的计算具体规定如下：

(1) 以实际成交价格为转让收入。纳税人申报的住房成交价格明显低于市场价格且无正当理由的，征收机关依法有权根据有关信息核定其转让收入，但必须保证各税种计税价格一致。

(2) 纳税人可凭原购房合同、发票等有效凭证，经税务机关审核后，允许从其转让收入中减除房屋原值、转让住房过程中缴纳的税金及有关合理费用。

房屋原值具体为：①商品房：购置该房屋时实际支付的房价款及缴纳的相关税费。②自建住房：实际发生的建造费用及建造和取得产权时实际缴纳的相关税费。③经济适用房（含集资合作建房、安居工程住房）：原购房人实际支付的房价款及相关税费以及按规定缴纳的土地出让金。④已购公有住房：原购公有住房标准面积按当地经济适用房价格计算的房价款，加上原购公有住房超标准面积。支付的房价款以及按规定向财政部门（或原产权单位）缴纳的所得收益及相关税费。已购公有住房是指城镇职工根据国家和县级（含县级）以上人民政府有关城镇住房制度改革政策规定，按照成本价（或标准价）购买的公有住房。经济适用房价格按县级（含县级）以上地方人民政府规定的标准确定。⑤城镇拆迁安置住房。其原值分别为：房屋拆迁取得货币补偿后购置房屋的，为购置该房屋实际支付的房价款及缴纳的相关税费；房屋拆迁采取产权调换方式的，所调换房屋原值为《房屋拆迁补偿安置协议》注明的价款及缴纳的相关税费；房屋拆迁采取产权调换方式，被拆迁人除取得所调换房屋，又取得部分货币补偿的，所调换房屋原值为《房屋拆迁补偿安置协议》注明的价款和缴纳的相关税费，减去货币补偿后的余额；房屋拆迁采取产权调换方式，被拆迁人取得所调换房屋，又支付部分货币的，所调换房屋原值为《房屋拆迁补偿安置协议》注明的价款，加上所支付的货币及缴纳的相关税费。

转让住房过程中缴纳的税金是指纳税人在转让住房时实际缴纳的营业税、城市维护建设税、教育费附加、土地增值税、印花税等税金。

合理费用是指纳税人按照规定实际支付的住房装修费用、住房贷款利息、手续费、公证费等费用。其中：①住房装修费用。纳税人能提供实际支付装修费用的税务统一发票，并且发票上所列付款人姓名与转让房屋产权人一致的，经税务机关审核，其转让的住房在转让前实际发生的装修费用，可在以下规定比例内扣除：已购公有住房、经济适用房：最高扣除限额为房屋原值的15%；商品房及其他住房：最高扣除限额为房屋原值的10%。纳税人原购房为装修房，即合同注明房价款中含有装修费（铺装了地板，装配了洁具、厨具等）的，不得再重复扣除装修费用。②住房贷款利息。纳税人出售以按揭贷款方式购置的住房的，其向贷款银行实际支付的住房贷款利息，凭贷款银行出具的有效证明据实扣除。③纳税人按照有关规定实际支付的手续费、公证费等，凭有关部门出具的有效证明据实扣除。

纳税人未提供完整、准确的房屋原值凭证，不能正确计算房屋原值和应纳税额的，税务机关可根据《税收征收管理法》第三十五条的规定，对其实行核定征税，即按纳税人住房转让收入的一定比例核定应纳个人所得税额。具体比例由省级地方税务局或者省级地方税务局授权的地市级地方税务局根据纳税人出售住房的所处区域、地理位置、建造时间、房屋类型、住房平均价格水平等因素，在住房转让收入1% ~3%的幅度内确定。

为方便出售住房的个人依法履行纳税义务，加强税收征管，主管税务机关要在房地产交易场所设置税收征收窗口，个人转让住房应缴纳的个人所得税，应与转让环节应缴纳的营业税、契税、土地增值税等税收一并办理；地方税务机关暂没有条件在房地产交易场所设置税收征收窗口的，应委托契税征收部门一并征收个人所得税等税收。

为加强房地产交易中个人无偿赠予不动产行为的税收管理，《国家税务总局关于加强房地声交易个人无偿赠予不动产税收管理有关问题》（国税发［2006］144号文件）规定，个人将受赠的不动产对外销售应征收个人所得税。个人将受赠不动产对外销售征收个人所得税的具体规定如下：

（1）受赠人取得赠予人无偿赠予的不动产后，再次转让该项不动产的，在缴纳个人所得税时，以财产转让收入减除受赠、转让住房过程中缴纳的税金及有关合理费用后的余额为应纳税所得额，按20%的适用税率计算缴纳个人所得税。即：①按财产转让所得征收。②按财产转让收入减除受赠、转让住房过程中缴纳的税金及有关合理费用后的余额为应纳税所得额，按20%的适用税率计算缴纳个人所得税。③税务机关不得核定征收。

（2）在受赠和转让住房过程中缴纳的税金。个人转让住房和受赠住房涉及的其他税金，按相关的规定处理。

4. 会计处理

一般情况下，企业向个人购买财产符合固定资产要求的，支付的税金应该计入固定资产的初始成本。

购置固定资产时作会计分录如下：

借：固定资产

贷：银行存款

应交税费——应交个人所得税

累计折旧

实际缴纳上述个人所得税时的会计分录如下：

借：应交税费——应交个人所得税

贷：银行存款

（五）代扣代缴储蓄存款利息所得

1. 应纳税所得额的计算

利息、股息、红利所得，偶然所得和其他所得，以每次收入额为应纳税所得额。

自 2005 年 6 月 13 日起，个人从上市公司取得的股息、红利所得按以下规定处理：

（1）对个人投资者从上市公司取得的股息、红利所得，自 2005 年 6 月 13 日起暂减按 50% 计入个人应纳税所得额，依照现行税法规定计征个人所得税。

（2）对证券投资基金从上市公司分配取得的股息、红利所得，按照《财政部、国家税务总局关于股息、红利个人所得税有关政策的通知》（财税〔2005〕102 号文件）规定，扣缴义务人在代扣代缴个人所得税时，减按 50% 计算应纳税所得额。财税〔2005〕102 号文件所称上市公司是指在上海证券交易所、深圳证券交易所挂牌交易的上市公司。

为了贯彻依法治国方略，切实落实依法行政的要求，维护税法的严肃性、权威性和统一性，《财政部、国家税务总局关于严格执行个人所得税费用扣除标准和不征税项目的通知》（财税〔2004〕40 号文件）进一步明确：《中华人民共和国税收征收管理法》及其实施细则规定："任何机关、单位和个人不得违反法律、行政法规的规定，擅自做出税收开征、停征以及减税、免税、退税、补税和其他同税收法律、行政法规相抵触的决定""任何部门、单位和个人做出的与税收法律、行政法规相抵触的决定一律无效，税务机关不得执行，并应当向上级税务机关报告"。《个人所得税法》是全国人民代表大会制定的税收法律，各地、各部门、单位和个人都有自觉维护个人所得税法严肃性、完整性和统一性的义务，没有随意改变税法规定的权利。未经全国人大及其常委会授权，任何地区、部门和单位均不得擅自提高个人所得税费用扣除标准，不得随意变通或超越权限扩大不征税项目的适用范围。根据税收征收管理法，对于一些地方违反统一政策，擅自提高个人所得税费用扣除标准和扩大不征税项目适用范围的文件规定，各级税务机关一律不得执行，已执行的要停止执行。

2. 适用税率

利息、股息、红利所得适用比例税率，税率为 20%。从 2007 年 8 月 15 日起，居民储蓄利息税率调为 5%，自 2008 年 10 月 9 日起暂免征收储蓄存款利息的个人所得税。

3. 应纳税额的计算

利息、股息、红利所得应纳税额的计算公式为：

应纳税额 = 应纳税所得额 × 适用税率

= 每次收入额 × 20%（或 5%）适用税率

4. 会计处理

1998 年 8 月 30 日，第九届全国人大常委会第十一次会议通过了对储蓄存款利息所得征收个人所得税的决定，并从 1999 年 11 月 1 日起产生的利息开始计税，按产生利息全额的 20% 计算。从 2007 年 8 月 15 日起，税率降为 5%。银行等金融机构承担代扣代缴义务。

【例 6－4】某储户于 2007 年 7 月 15 日存入定期一年的存款 10 000 元，于 2011 年 7 月 15 日全部取出，设年利率为 4%。银行应代扣该储户利息税的计算如下：

年利息＝10 000×4%＝400（元）

月利息＝400÷12＝33.33（元）

应扣缴利息税＝33.33×1×20%＋33.33×11×5%＝25（元）

银行向储户支付存款本息并代扣利息税时，作会计分录如下：

借：应付存款	10 000	
应付利息	400	
贷：库存现金		10 375
应交税费——代扣个人所得税		25

四、个体工商户、个人独资企业和合伙企业个人所得税的核算

（一）个体工商户所得

1. 应纳税所得额的计算

个体工商户的生产、经营所得，以每一纳税年度的收入总额，减除成本、费用以及损失后的余额，为应纳税所得额。成本、费用，是指纳税义务人从事生产、经营所发生的各项直接支出和分配计入成本的间接费用以及销售费用、管理费用、财务费用；这里所说的损失，是指纳税义务人在生产、经营过程中发生的各项营业外支出。

从事生产、经营的纳税义务人未提供完整、准确的纳税资料，不能正确计算应纳税所得额的，由主管税务机关核定其应纳税所得额。

2. 适用税率

个体工商户的生产、经营所得适用的速算扣除数参见表 6－2。

3. 应纳税额的计算

个体工商户的生产、经营所得应纳税额的计算公式为：

应纳税额＝应纳税所得额×适用税率－速算扣除数

或　应纳税额＝（全年收入总额－成本、费用以及损失）×适用税率－速算扣除数

这里需要指出的是：

（1）自 2011 年 9 月 1 日起，个体工商户业主的费用扣除标准统一确定为 42 000 元/年，即 3 500 元/月。

（2）个体工商户向其从业人员实际支付的合理的工资、薪金支出，允许在税前据实扣除。

（3）个体工商户拨缴的工会经费、发生的职工福利费、职工教育经费支出分别在

工资薪金总额的2%、14%、2.5%的标准内据实扣除。

（4）个体工商户每一纳税年度发生的广告费和业务宣传费用不超过当年销售（营业）收入的15%的部分，可据实扣除；超过部分，准予在以后纳税年度结转扣除。

（5）个体工商户每一纳税年度发生的与其生产经营业务直接相关的业务招待费支出，按照发生额的60%扣除，但最高不得超过当年销售（营业）收入的5‰。

（6）个体工商户在生产、经营期间借款利息支出，凡有合法证明的，不高于按金融机构同类、同期贷款利率计算的数额的部分，准予扣除。

（7）个体工商户或个人专营种植业、养殖业、饲养业、捕捞业，应对其所得计征个人所得税。兼营上述四业并且四业的所得单独核算的，对属于征收个人所得税的，应与其他行业生产、经营所得合并计征个人所得税；对于上述四业的所得不能单独核算的，应就其全部所得计征个人所得税。

（8）个体工商户和从事生产、经营的个人，取得与生产、经营活动无关的各项应税所得，应分别适用各应税项目的规定计算征收个人所得税。

4. 会计处理

企业应设置“本年应税所得”账户。本账户下设“本年经营所得”和“应弥补的亏损”两个明细账户。

“本年经营所得”明细账，用来核算个体户本会计年度生产经营活动取得的收入减去费用后的利润。如果利润为正，则为本年应税所得，应该缴纳个人所得税，应该由“本年应税所得”账户转入“留存利润”账户；如果利润为负，则为本年经营亏损，由“本年应税所得”明细账户转入“应弥补的亏损”明细账户。

“应弥补的亏损”明细账户，用来核算个体户发生的可由生产经营活动所得税前弥补的亏损。发生亏损时，由“本年经营所得”明细账户转入本明细账户。但是，该税前弥补的亏损延续弥补期不得超过五年，超过弥补期的亏损，不能再以生产经营所得税前弥补。

【例6-5】某年12月31日，某个体户结转全年收入、成本和费用，计算确定本年经营所得。有关账户的余额如下：营业收入账户贷方余额500 000元；税金及附加账户借方余额20 000元；营业成本账户借方余额200 000元；销售费用账户借方余额100 000元；营业外收支账户借方余额30 000元。没有在税前弥补的亏损。

年末，应作结转分录如下：

借：营业收入	500 000	
贷：本年应税所得——本年经营所得		500 000
借：本年应税所得——本年经营所得	320 000	
贷：税金及附加		20 000
营业成本		200 000
销售费用		100 000
借：本年应税所得——本年经营所得	30 000	
贷：营业外收支		30 000

本年经营所得＝营业收入－税金及附加－营业成本－销售费用－营业外收支
＝500 000－20 000－200 000－100 000－30 000
＝150 000（元）

本年生产经营应缴纳的个人所得税＝（150 000－3 500×12）×20%－3 750
＝17 850（元）

实际缴纳个人所得税时：

借：应交税费——应交个人所得税　　17 850
　贷：银行存款（或库存现金）　　17 850

【例6－6】某个体户生产经营活动的有关账户如下：营业收入500 000元，营业成本400 000元，销售费用200 000元。

年末，应作结转分录如下：

借：营业收入　　500 000
　贷：本年应税所得——本年经营所得　　500 000
借：本年应税所得——本年经营所得　　600 000
　贷：营业成本　　400 000
　　销售费用　　200 000

该个体户当年亏损100 000元（500 000－400 000－200 000），该亏损应转入“应弥补的亏损”明细账户。作会计分录如下：

借：本年应税所得——应弥补的亏损　　100 000
　贷：本年应税所得——本年经营所得　　100 000

（二）个人独资企业和合伙企业所得

1. 应纳税所得额的计算

个人独资企业的投资者以全部生产经营所得为应纳税所得额；合伙企业的投资者按照合伙企业的全部生产经营所得和合伙协议约定的分配比例，确定应纳税所得额，合伙协议没有约定分配比例的，以全部生产经营所得和合伙人数量平均计算每个投资者的应纳税所得额。

上述所称生产经营所得，包括企业分配给投资者个人的所得和企业当年留存的所得（利润）。

2. 适用税率

个人独资企业和合伙企业个人所得税税率适用于5%～35%的超额累进税率（见表6－2）。

3. 应纳税额的计算

对个人独资企业和合伙企业生产经营所得，其个人所得税应纳税额的计算有以下两种方法：

第一种：查账征税

（1）自2011年9月1日起，个人独资企业和合伙企业投资者的生产经营所得依法计征个人所得税时，个人独资企业和合伙企业投资者本人的费用扣除标准统一确定为42 000元/年，即3 500元/月。投资者的工资不得在税前扣除。

（2）投资者及其家庭发生的生活费用不允许在税前扣除。投资者及其家庭发生的生活费用与企业生产经营费用混合在一起，并且难以划分的，全部视为投资者个人及其家庭发生的生活费用，不允许在税前扣除。

（3）企业生产经营和投资者及其家庭生活共用的固定资产，难以划分的，由主管税务机关根据企业的生产经营类型、规模等具体情况，核定准予在税前扣除的折旧费用的数额或比例。

（4）企业向其从业人员实际支付的合理的工资、薪金支出，允许在税前据实扣除。

（5）企业拨缴的工会经费、发生的职工福利费、职工教育经费支出分别在工资薪金总额的2%、14%、2.5%的标准内据实扣除。

（6）每一纳税年度发生的广告费和业务宣传费用不超过当年销售（营业）收入的15%的部分，可据实扣除；超过部分，准予在以后纳税年度结转扣除。

（7）每一纳税年度发生的与其生产经营业务直接相关的业务招待费支出，按照发生额的60%扣除，但最高不得超过当年销售（营业）收入的5‰。

（8）企业计提的各种准备金不得扣除。

（9）投资者兴办两个或两个以上企业，并且企业性质全部是独资的，年度终了后，汇算清缴时，应纳税款的计算按以下方法进行：汇总其投资兴办的所有企业的经营所得作为应纳税所得额，以此确定适用税率，计算出全年经营所得的应纳税额，再根据每个企业的经营所得占所有企业经营所得的比例，分别计算出每个企业的应纳税额和应补缴税额。其计算公式如下：

应纳税所得额 = ∑各个企业的经营所得

应纳税额 = 应纳税所得额 × 税率 − 速算扣除数

本企业应纳税额 = 应纳税额 × 本企业的经营所得 ÷ ∑各企业的经营所得

本企业应补缴的税额 = 本企业应纳税额 − 本企业预缴的税额

第二种：核定征收

核定征收方式，包括定额征收、核定应税所得率征收以及其他合理的征收方式。

实行核定应税所得率征收方式的，应纳所得税额的计算公式如下：

应纳所得税额 = 应纳税所得额 × 适用税率

应纳税所得额 = 收入总额 × 应税所得率

或 应纳税所得额 = 成本费用支出额 ÷（1 − 应税所得率）× 应税所得率

应税所得率应按表6－4规定的标准执行。

表6－4 个人所得税应税所得率表

行业	应税所得率
工业、交通运输业、商业	5%～20%
建筑业、房地产开发业	7%～20%
饮食服务业	7%～25%
娱乐业	20%～40%
其他行业	10%～30%

企业经营多业的，无论其经营项目是否单独核算，均应根据其主营项目确定其适用的应税所得率。实行核定征税的投资者，不能享受个人所得税的优惠政策。

实行查账征税方式的个人独资企业和合伙企业改为核定征税方式后，在查账征税方式下认定的年度经营亏损未弥补完的部分，不得再继续弥补。

4. 会计处理

同个体户的个人所得税会计核算一样，企业应设置“本年应税所得”账户，本账户下设“本年经营所得”和“应弥补的亏损”两个明细账户。

【例6－7】王某于2017年4月开办一家个人独资企业。2017年的经营情况如下：经营收入200 000元，已上缴销售税金5 400元，材料成本6 000元，支付两年房租72 000元，王某全年工资30 000元，雇佣8名职工工资总额88 000元，当地计税工资月标准1 600元，业务招待费开支5 000元，其他办公费900元。2012年王某应缴纳个人所得税以及会计处理如下：

（1）业务招待费税前扣除标准＝20 000×5‰＝1 000（元）

（2）投资者个人计费扣除额＝3 500×9＝31 500（元）

（3）房租可扣除金额＝72 000÷24×9＝27 000（元）

（4）工资扣除限额＝8×1 600×9＝115 200（元）

应纳税所得额＝200 000－5 400－6 000－31 500－27 000－1 000－88 000－900
＝40 200（元）

全年应纳税额＝40 200×10%－750＝3 270（元）

借：留存利润　　3 270
　贷：应交税费——应交个人所得税　　3 270

借：应交税费——应交个人所得税　　3 270
　贷：银行存款（或库存现金）　　3 270

五、居民个人取得四项所得时按月预扣预缴按年汇算清缴

2018年12月19日，国家税务总局印发《国家税务总局关于全面实施新个人所得税法若干征管衔接问题的公告》（国家税务总局公告2018年第56号，以下简称“56号公告”）规定，自2019年1月1日起，个人所得税扣缴义务人应按照规定在支付四项综合所得时，对居民个人实施预扣预缴，对非居民个人实行扣缴，所扣缴的税款应按照规定及时向主管税务机关申报并解缴税款。

（1）预扣预缴时间：扣缴义务人支付时。

扣缴义务人向居民个人支付工资、薪金所得，劳务报酬所得，稿酬所得，特许权使用费所得等四项综合所得时进行预扣预缴。

（2）扣缴方法：累计预扣法。

扣缴义务人向居民个人支付四项所得时，应当按照累计预扣法计算预扣税款，并按月办理全员全额扣缴申报。

(3) 汇算清缴：按年汇算清缴。

年度预扣预缴税额与年度应纳税额不一致的，由居民个人于次年3月1日至6月30日向主管税务机关办理综合所得年度汇算清缴，税款多退少补。

年度是指，1月1日至12月31日。

下面分别举例说明。

(一) 例解工资薪金所得个人所得税预扣预缴

【例6-8】柳林公司2019年1月支付员工张三工资9 000元，其中五险一金1 000元，专项扣除及专项附加1 400元（每月相同）；2-11月张三工资分别为30 000元；12月张三工资为50 000元。则：

1. 柳林公司2019年1月预扣预缴张三个税

累计预扣预缴应纳税所得额的确定：9 000-5 000×1-1 000-1 400=1 600（元）。

预扣率和速算扣除数的确定：累计预扣预缴应纳税所得额1 600元小于36 000元，适用预扣率3%，速算扣除数为0。

张三2019年1月应预扣预缴税额：1 600×3%-0=48（元）。

2. 柳林公司2019年2月预扣预缴张三个税

累计预扣预缴应纳税所得额的确定：

(9 000+30 000) -5 000×2-1 000×2-1 400×2=24 200（元）。

预扣率和速算扣除数的确定：累计预扣预缴应纳税所得额24 200元小于36 000元，适用预扣率3%，速算扣除数为0。

张三2019年2月应预扣预缴税额：(24 200×3%-0) -48=726-48=678（元）。

3. 柳林公司2019年3月预扣预缴张三个税

累计预扣预缴应纳税所得额的确定：

(9 000+30 000×2) -5 000×3-1 000×3-1 400×3=46 800（元）。

预扣率和速算扣除数的确定：累计预扣预缴应纳税所得额46 800元小于144 000元，适用预扣率10%，速算扣除数为2 520。

张三2019年4月应预扣预缴税额：(46 800×10%-2 520) -726=2 160-726=1 434（元）。

张三2019年4~12月个税预扣预缴计算方法以此类推。柳林公司2019年应预扣预缴张三工资薪金所得个税为37 120元。

(二) 例解劳务报酬所得个人所得税预扣预缴

【例6-9】柳林公司员工张三2019年度取得劳务报酬所得19万元，其中2月份取得光华公司专项咨询费4万元，4月份取得天府公司3万元讲课费，12月非柳林公司关联企业世纪公司2019年度董事费12万元（注：每月1万元）。

《国家税务总局关于全面实施新个人所得税法若干征管衔接问题的公告》（国家税务总局公告2018年第56号，以下简称“56号公告”）规定，扣缴义务人向居民个人支付劳务报酬所得，按次或者按月预扣预缴个人所得税，劳务报酬所得以收入减除费用后的余额为收入额。

劳务报酬所得每次收入不超过四千元的，减除费用按八百元计算；每次收入四千元以上的，减除费用按百分之二十计算。

劳务报酬所得，以每次收入额为预扣预缴应纳税所得额，适用百分之二十至百分之四十的超额累进预扣率。

1. 光华公司 2019 年 2 月预扣预缴张三个税

预扣预缴应纳税所得额的确定：40 000 - 40 000 × 20% = 32 000（元）。

预扣率和速算扣除数的确定：预扣预缴应纳税所得额 32 000 大于 2 万小于 5 万，适用预扣率 30%，速算扣除数为 2 000。

光华公司 2019 年 2 月应预扣预缴张三个人所得税税额：32 000 × 30% - 2 000 = 7 600（元）。

2. 天府公司 2019 年 4 月预扣预缴张三个税

预扣预缴应纳税所得额的确定：30 000 - 30 000 × 20% = 24 000（元）。

预扣率和速算扣除数的确定：预扣预缴应纳税所得额 24 000 大于 2 万小于 5 万，适用预扣率 30%，速算扣除数为 2 000。

天府公司 2019 年 4 月应预扣预缴张三个人所得税税额：24 000 × 30% - 2 000 = 5 200（元）。

3. 世纪公司 2019 年 12 月预扣预缴张三个税

（1）预扣预缴方法：2019 年 12 月一次性扣缴。

预扣预缴应纳税所得额的确定：120 000 - 120 000 × 20% = 96 000（元）。

预扣率和速算扣除数的确定：预扣预缴应纳税所得额 96 000 大于 5 万，适用预扣率 40%，速算扣除数为 7 000。

世纪公司 2019 年 12 月应预扣预缴张三个人所得税税额：960 000 × 40% - 7 000 = 31 400（元）。

（2）预扣预缴方法：如果世纪公司每月计提 1 万元张三董事费并挂张三个人往来，则世纪公司应以每月 1 万元预扣预缴个人所得税 1 600 元，12 个月共扣缴 19 200 元，2019 年 12 月支付张三 100 800.00 元。

显然，采用预扣预缴方法 2，张三 2019 年预缴劳务报酬个人所得税 32 000 元。则张三可少缴个人所得税 12 200.00 元。

扣缴义务人向居民个人支付稿酬所得、特许权使用费所得，按次或者按月预扣预缴个人所得税。

稿酬所得、特许权使用费所得以收入减除费用后的余额为收入额。其中，稿酬所得的收入额减按 70% 计算。

稿酬所得、特许权使用费所得每次收入不超过 4 000 元的，减除费用按 800 元计算；每次收入 4 000 元以上的，减除费用按 20% 计算。

稿酬所得、特许权使用费所得应预扣预缴税额 = 预扣预缴应纳税所得额 × 20%

因劳务报酬、稿酬所得、特许权使用费所得的预扣预缴方法与劳务报酬类似。

（三）综合所得税汇算清缴

根据《个人所得税法（2018 年版）》第六条规定：

居民个人的综合所得，以每一纳税年度的收入额减除费用六万元以及专项扣除、专项附加扣除和依法确定的其他扣除后的余额，为应纳税所得额。

劳务报酬所得、稿酬所得、特许权使用费所得以收入减除百分之二十的费用后的余额为收入额。稿酬所得的收入额减按百分之七十计算。

1．张三 2019 年度收入额确定

张三 2019 年度工资薪金收入额 359 000 元。

2019 年劳务报酬的收入额 = 1 900 001 − 190 000 × 20% = 152 000（元）。

张三 2019 年取得的收入额为 511 000 元。

2．张三 2019 年取得的综合所得应纳税所得额的确定

张三 2019 年取得的综合所得应纳税所得额 = 511 000 − 60 000 − 12 000 − 16 800 = 422 200（元）。

3．张三 2019 年取得的综合所得适用税率和速算扣除数确定

张三 2019 年取得的综合所得应纳税所得额 422 200 元，大于 420 000 元小于 660 000 元，适用税率 30%，速算扣除数 52 920 元。

4．张三 2019 年取得的综合所得应缴个税

张三 2019 年取得的综合所得应缴个人所得税额 = 422 200 × 30% − 52 920 = 73 740（元）。

5．张三 2019 年取得的综合所得应补退个税额

张三 2019 年取得的综合所得税已缴个税 69 120 元，其中柳林公司预扣预缴 37 120 元，光华公司预扣预缴 7 600 元，天府公司预扣预缴 5 200 元，世纪公司预扣预缴 19 200 元。

张三 2019 年取得的综合所得应补退个税额 = 73 740 − 69 120 = 4 620（元）。

张三应于 2020 年 3 月 1 日至 6 月 30 日期间向主管税务机关办理综合所得年度汇算清缴，补缴税款 4 620 元。

六、非居民个人取得四项所得时按月扣缴

（一）预扣预缴时间：扣缴义务人支付时

扣缴义务人向非居民个人支付工资、薪金所得，劳务报酬所得，稿酬所得，特许权使用费所得等综合所得时，按月或者按次进行扣缴。

（二）扣缴方法：直接扣缴

扣缴义务人向非居民个人支付四项所得时，应当直接代扣代缴税款。

（三）汇算清缴

非居民个人取得四项综合所得，由扣缴义务人扣缴税款，没有扣缴义务人的自行向税务机关申报缴纳，不需办理年度汇算清缴。

下面举例说明非居民个人取得四项所得个人所得税扣缴。

【例6-10】柳林公司2019年1月至5月每月支付非居民个人员工汤姆工资70 000元；3月汤姆从某大学取得课酬80 000万；5月取得某杂志稿酬10 000元。则：

1. 柳林公司2019年1-5月每月应扣缴个人所得税

应纳税所得额的确定：70 000-5 000=65 000。

税率和速算扣除数的确定：应纳税所得额65 000大于55 000小于80 000，适用预扣率35%，速算扣除数为7 160。

柳林公司2019年1月-5月每月应代扣代缴汤姆个人所得税：65 000×35%-7 160=15 590（元）。

汤姆2019年1-5月应缴个人所得税：15 590×5=77 950（元）。

2. 某大学2019年3月扣缴汤姆课酬个人所得税

应纳税所得额的确定：80 000-80 000×20%=64 000。

税率和速算扣除数的确定：应纳税所得额64 000大于55 000小于80 000，适用预扣率35%，速算扣除数为7 160。

某大学2019年3月应代扣代缴汤姆个人所得税：64 000×35%-7 160=15 240（元）。

3. 某杂志2019年5月扣缴汤姆课酬个人所得税

应纳税所得额的确定：10 000-10 000×20%=8 000。

税率和速算扣除数的确定：应纳税所得额8 000大于3 000小于12 000，适用预扣率10%，速算扣除数为210。

某杂志2019年5月应代扣代缴汤姆个人所得税：8 000×10%-210=590（元）。

因此，汤姆2019年应在中国缴纳个人所得税93 780元，不需办理2019年度个人所得税汇算清缴。

第三节　个人所得税纳税申报表的填制

一、个人所得税申报表的种类

个人所得税申报表主要设置了以下七类：

（1）个人所得税月份申报表；

（2）个人所得税年度申报表（见表6-5）；

（3）个人所得税扣缴税款报告；

（4）个人独资企业和合伙企业投资者个人所得税申报表；

（5）特定行业个人所得税年度申报表；

（6）特定行业个人所得税月度申报表；

（7）个体工商户所得税年度申报表。

二、个人所得税纳税申报表的填制

表 6－5　　　　　　　　**个人所得税纳税申报表**

（适用于年所得 12 万元以上的纳税人申报）

所得年份：　　年　　　填表日期：　　年　月　日　　　金额单位：人民币元（列至角分）

纳税人姓名		国籍(地区)		身份证照类型		身份证照号码	
任职、受雇单位		任职受雇单位税务代码		任职受雇单位所属行业		职务	职业
在华天数		境内有效联系地址				境内有效联系地址邮编	联系电话
此行由取得经营所得的纳税人填写	经营单位纳税人识别号					经营单位纳税人名称	

所得项目	年所得额			应纳税所得额	应纳税额	已缴(扣)税额	抵扣税额	减免税额	应补税额	应退税额	备注
	境内	境外	合计								
1. 工资、薪金所得											
2. 个体工商户的生产、经营所得											
3. 对企事业单位的承包经营、承租经营所得											
4. 劳务报酬所得											
5. 稿酬所得											
6. 特许权使用费所得											
7. 利息、股息、红利所得											
8. 财产租赁所得											
9. 财产转让所得											
其中：股票转让所得				—	—	—	—	—	—	—	
个人房屋转让所得											
10. 偶然所得											
11. 其他所得											
合 计											

我声明，此纳税申报表是根据《中华人民共和国个人所得税法》及有关法律、法规的规定填报的，我保证它是真实的、可靠的、完整的。

纳税人（签字）：

代理人（签章）：　　　　　　　　　　　　联系电话：

税务机关受理人（签字）：　　　税务机关受理时间：　　年　月　日　　　受理申报税务机关名称（盖章）：

填表说明：

一、本表根据《中华人民共和国个人所得税法》及其实施条例和《个人所得税自行纳税申报办法（试行）》制定，适用于年所得 12 万元以上纳税人的年度自行申报。

二、负有纳税义务的个人，可以由本人或者委托他人于纳税年度终了后三个月以内向主管税务机关报送本表。不能按照规定期限报送本表时，应当在规定的报送期限内提出申请，经当地税务机关批准，可以适当延期。

三、填写本表应当使用中文，也可以同时用中、外两种文字填写。

四、本表各栏的填写说明如下：

1. 所得年份和填表日期：

申报所得年份：填写纳税人实际取得所得的年度；

填表日期：填写纳税人办理纳税申报的实际日期。

2. 身份证照类型：填写纳税人的有效身份证照（居民身份证、军人身份证件、护照、回乡证等）名称。

3. 身份证照号码：填写中国居民纳税人的有效身份证照上的号码。

4. 任职、受雇单位：填写纳税人的任职、受雇单位名称。纳税人有多个任职、受雇单位时，填写受理申报的税务机关主管的任职、受雇单位。

5. 任职、受雇单位税务代码：填写受理申报的任职、受雇单位在税务机关办理税务登记或者扣缴登记的编码。

6. 任职、受雇单位所属行业：填写受理申报的任职、受雇单位所属的行业。其中，行业应按国民经济行业分类标准填写，一般填至大类。

7. 职务：填写纳税人在受理申报的任职、受雇单位所担任的职务。

8. 职业：填写纳税人的主要职业。

9. 在华天数：由中国境内无住所的纳税人填写在税款所属期内在华实际停留的总天数。

10. 中国境内有效联系地址：填写纳税人的住址或者有效联系地址。其中，中国有住所的纳税人应填写其经常居住地址。中国境内无住所居民住在公寓、宾馆、饭店的，应当填写公寓、宾馆、饭店名称和房间号码。

经常居住地，是指纳税人离开户籍所在地最后连续居住一年以上的地方。

11. 经营单位纳税人识别码、纳税人名称：纳税人取得的年所得中含个体工商户的生产、经营所得和对企事业单位的承包经营、承租经营所得时填写本栏。

纳税人识别码：填写税务登记证号码。

纳税人名称：填写个体工商户、个人独资企业、合伙企业名称或者承包承租经营的企事业单位名称。

12. 年所得额：填写在纳税年度内取得相应所得项目的收入总额。年所得额按《个人所得税自行纳税申报办法》的规定计算。

各项所得的计算，以人民币为单位。所得以非人民币计算的，按照税法实施条例第43条的规定折合成人民币。

13. 应纳税所得额：填写按照个人所得税有关规定计算的应当缴纳个人所得税的所得额。

14. 已缴（扣）税额：填写取得该项目所得在中国境内已经缴纳或者扣缴义务人已经扣缴的税款。

15. 抵扣税额：填写个人所得税法允许抵扣的在中国境外已经缴纳的个人所得税税额。

16. 减免税额：填写个人所得税法允许减征或免征的个人所得税税额。

17. 本表为A4横式，一式两联，第一联报税务机关，第二联纳税人留存。

【本章思考题】

1. 简述个人所得税应税项目的计算方法。

2. 张某出版了中篇小说一部，取得稿酬5 000元，同年该小说在一家晚报上连载，取得稿酬3 800元。计算张某应纳个人所得税并进行会计处理（未考虑张某的工资、薪金所得；劳务报酬所得以及特许权使用费所得）。

参考答案：

应预扣预缴个人所得税 =（5 000 + 3 800）×（1 − 20%）× 20% = 1 408（元）

借：应付职工薪酬　　1 408

　贷：应交税费——应交代扣个人所得税　　1 408

借：应交税费——应交代扣个人所得税　　1 408

　贷：银行存款　　1 408

3. 吉祥公司员工李四2019年2月份取得和平公司专项咨询费5万元，4月份取得光大公司3.5万元讲课费。要求：分别计算和平公司、光大公司应预扣李四个人所得税。

参考答案：

（1）和平公司2019年2月预扣预缴李四个税

预扣预缴应纳税所得额的确定：

50 000 − 50 000 × 20% = 400 000（元）。

预扣率和速算扣除数的确定：预扣预缴应纳税所得额40 000大于2万小于5万，适用预扣率30%，速算扣除数为2 000。

平和公司2019年2月应预扣预缴李四个人所得税税额：40 000 × 30% − 2 000 = 10 000（元）。

（2）光大公司2019年4月预扣预缴李四个税

预扣预缴应纳税所得额的确定：35 000 − 35 000 × 20% = 28 000（元）

预扣率和速算扣除数的确定：预扣预缴应纳税所得额28 000大于2万小于5万，适用预扣率30%，速算扣除数为2 000。

光大公司2019年4月应预扣预缴李四个人所得税税额：28 000 × 30% − 2 000 = 6 400（元）。

4. 某个体户的经营所得为150 000元，应缴纳个人所得税为45 750元，税后列支费用为30 000元，超过弥补亏损期而转入本账户的以前年度亏损为20 000元。以前年度留存利润为0。作出相关会计分录。

参考答案：

借：留存收益　　45 750

　贷：应交税费——应交个人所得税　　45 750

借：本年应税所得——应弥补的亏损　　20 000

　贷：本年应税所得——本年经营所得　　20 000

第七章 土地增值税的会计核算

【学习目的和要求】

1. 理解和掌握土地增值税的基本内容。
2. 掌握土地增值税的计算步骤和计算方法。
3. 理解和掌握土地增值税的会计处理方法。

第一节 土地增值税概述

土地增值税法是指国家制定的用以调整土地增值税征收与缴纳之间权利及义务关系的法律规范。我国现行土地增值税的基本规范是 1993 年 12 月 13 日颁布的《中华人民共和国土地增值税暂行条例》（以下简称《土地增值税暂行条例》）。同年，财政部发布了《中华人民共和国土地增值税暂行条例实施细则》，自 1995 年 1 月 27 日起施行。

土地增值税是对有偿转让国有土地使用权及地上建筑物和其他附着物产权，取得增值收入的单位和个人征收的一种税。征收土地增值税增强了政府对房地产开发和交易市场的调控，有利于抑制炒买炒卖土地获取暴利的行为。

一、土地增值税的概念

土地增值税是指对有偿转让国有土地使用权及地上建筑物和其他附着物产权，取得增值税收入的单位和个人征收的一种税。

二、土地增值税的特点

（一）以转让房地产的增值额为计税依据

增值额为纳税人转让房地产的收入，减除税法规定准予扣除的项目金额后的余额。土地增值税的增值额以征税对象的全部销售收入额扣除与其相关的成本、费用、税金及其他项目金额后的余额，与会计核算中计算会计利润的方法基本相似。

（二）征税面比较广

凡在我国境内转让房地产并取得收入的单位和个人，除税法规定免税以外的，均应依照《土地增值税暂行条例》的规定缴纳土地增值税。

(三) 实行超率累进税率

土地增值税的税率是以转让房地产增值率的高低为依据来确认的，按照累进原则设计，实行分级计税，增值率高的，税率高、多纳税；增值率低的，税率低、少纳税。

(四) 实行按次征收

土地增值税在房地产发生转让的环节，实行按次征收，每发生一次转让行为，就应依据每次取得的增值额征一次税。

三、土地增值税的纳税义务人

土地增值税的纳税义务人为转让国有土地使用权、地上的建筑物及其附着物（以下简称转让房地产）并取得收入的单位和个人。它包括：国有企业、集体企业、私营企业、外商投资企业和外国企业；机关、团体、部队、事业单位、个体工商户及其他单位和个人；外国机构、华侨、港澳台同胞及外国公民。

四、土地增值税的征税范围

根据《土地增值税暂行条例》及其实施细则的规定，土地增值税的征税范围包括：

(一) 转让国有土地使用权

这里所说的“国有土地”，是指按国家法律规定属于国家所有的土地。

(二) 地上的建筑物及其附着物连同国有土地使用权一并转让

这里所说的“地上的建筑物”，是指建于土地上的一切建筑物，包括地上、地下的各种附属设施。这里所说的“附着物”，是指附着于土地上的不能移动或一经移动即遭损坏的物品。

土地增值税纳税范围的具体界定：

1. 以出售方式转让国有土地使用权、地上的建筑物及附着物的

(1) 出售国有土地使用权的。出售国有土地使用权是指土地使用者通过出让方式，向政府缴纳了土地出让金，有偿受让土地使用权后，仅对土地进行通水、通电、通路和平整地面等土地开发，不进行房产开发，然后直接将空地出售。这属于国有土地使用权的有偿转让，应纳入土地增值税的征税范围。

(2) 取得国有土地使用权后进行房屋开发建造然后出售的。由于这种情况既发生了产权的转让又取得了收入，所以应纳入土地增值税的征税范围。

(3) 存量房地产的买卖。将已建成并已投入使用的房屋产权和土地使用权一并转让，这种情况既发生了产权的转让又取得了收入，应纳入土地增值税的征税范围。

2. 以继承、赠予方式转让房地产的

因其只发生房地产产权转让，没有取得相应的收入，属于无偿转让房地产的行为，不缴土地增值税。

3. 房地产的出租

出租人虽取得了收入，但没有发生房产产权、土地使用权的转让，不缴土地增值税。

4. 房地产的抵押

房地产在抵押期间未发生权属的变更，不缴纳土地增值税，抵押期满后，发生房地产权属转让的，缴纳土地增值税。

5. 房地产的交换

房地产的交换既发生了房产产权、土地使用权的转移，交换双方又取得了实物形态的收入，应缴纳土地增值税。但对个人之间互换自有居住用房地产的，经当地税务机关核实，可免征土地增值税。

6. 以房地产进行投资、联营

因其收入以股息、红利等形式体现，是否缴纳土地增值税，由财政部门、国家税务总局另行规定。

7. 合作建房

对于一方出资金，双方合作建房，建成后按比例分房自用的，暂免征收土地增值税；建成后转让的，应征收土地增值税。

8. 企业兼并转让房地产

在企业兼并中，对被兼并企业将房地产转让到兼并企业中的，暂免征收土地增值税。

9. 房地产的代建房行为

这种情况是指房地产开发公司代客户进行房地产的开发，开发完成后向客户收取代建收入的费用。对于房地产开发公司而言，虽然取得了收入，但没有发生房地产权属的转移，其收入属于劳务收入性质，故不属于土地增值税的征税范围。

10. 房地产的重新评估

国有企业在清产核资时对房地产进行重新评估，虽使其价值上升，但因未发生房地产权属转移，房产产权、土地使用权人也未取得收入，因此不属于土地增值税的征税范围。

五、土地增值税税率

土地增值税实行四级超率累进税率：

（1）增值额未超过扣除项目金额的50%的部分，税率为30%。

（2）增值额超过扣除项目金额的50%、未超过扣除项目金额的100%的部分，税率为40%。

（3）增值额超过扣除项目金额的100%、未超过扣除项目金额的200%的部分，税率为50%。

（4）增值额超过扣除项目金额的200%的部分，税率为60%。

上述所列四级超率累进税率，每级“增值额未超过扣除项目金额”的比例，均包括本比例数。超率累进税率见表7-1。

表 7-1　　土地增值税四级超率累进税率

级数	增值额与扣除项目金额的比率	税率（%）	速算扣除系数（%）
1	不超过 50% 的部分	30	0
2	超过 50% 至 100% 的部分	40	5
3	超过 100% 至 200% 的部分	50	15
4	超过 200% 的部分	60	35

六、土地增值税的税收优惠

（一）建造普通标准住宅的税收优惠

纳税人建造普通标准住宅出售，增值额未超过扣除项目金额的 20% 的，免征土地增值税。

（二）国家征用收回的房地产的税收优惠

因国家建设需要依法征用、收回的房地产，免征土地增值税。

（三）因城市实施规划、国家建设的需要而搬迁由纳税人自行转让原房地产的税收优惠

因城市实施规划、国家建设的需要而搬迁，由纳税人自行转让原房地产的，免征土地增值税。

（四）对企事业单位、社会团体以及其他组织转让旧房作为公共租赁房源的税收优惠

对企事业单位、社会团体以及其他组织转让旧房作为公共租赁房房源的且增值额未超过扣除项目金额 20% 的，免征土地增值税。

七、土地增值税的纳税期限和纳税地点

土地增值税的纳税人应于转让房地产合同签订之日起七日内到房地产所在地的税务机关办理纳税申报，并向税务机关提交房屋及建筑物产权、土地使用权证书，土地转让、房屋买卖合同，房地产评估报告以及其他与转让房地产有关的资料。

纳税人因经常发生房地产转让而难以在每次转让后申报的，经税务机关审核同意后，可以定期进行纳税申报，具体期限由税务机关根据情况确定。

房地产所在地是指房地产的坐落地。纳税人转让房地产坐落在两个或两个以上地区的，应按房地产所在地分别纳税。

纳税人应按照税务机关核定的税额及规定的期限缴纳土地增值税。

纳税人没有依法缴纳土地增值税，土地管理部门、房产管理部门可以拒办权属变更手续。

第二节　土地增值税的会计核算

一、应税收入的确定

根据《土地增值税暂行条例》及其实施细则的规定，纳税人转让房地产取得的应税收入，应包括转让房地产的全部价款及有关的经济利益。从收入的形式来看，包括货币收入、实物收入和其他收入。

（一）货币收入

货币收入是指纳税人转让国有土地使用权、地上建筑物及其附着物产权而取得的现金、银行存款、支票、银行本票、汇票等各种信用票据和国库券、金融债券、企业债券、股票等有价证券。这些类型的收入其实质是转让方因转让土地使用权、房屋产权而向取得方收取的价款。货币收入一般比较容易确定。

（二）实物收入

实物收入是指纳税人转让国有土地使用权、地上的建筑物及其附着物产权而取得的各种实物形态的收入。实物收入的价值不太容易确定，一般要对这些实物形态的财产进行估价。

（三）其他收入

其他收入是指纳税人转让国有土地使用权、地上建筑物及其附着物而取得的无形资产收入或具有财产价值的权利。由于这类收入较为罕见，其价值需要进行专门的评估。

二、扣除项目的确定

（一）取得土地使用权所支付的金额

取得土地使用权所支付的金额是指纳税人为取得土地使用权所支付的地价款或出让金，以及按国家统一规定缴纳的有关费用。

（二）房地产开发成本

房地产开发成本是指纳税人房地产开发项目实际发生的成本，包括土地的征用及拆迁补偿费、前期工程费、建筑安装工程费、基础设施费、公共配套设施费、开发间接费用等。

（三）房地产开发费用

房地产开发费用是指与房地产开发项目有关的销售费用、管理费用和财务费用。根据现行财务会计制度的规定，这三项费用作为期间费用，直接计入当期损益，不按成本核算对象进行分摊。故作为土地增值税扣除项目的房地产开发费用，不按纳税人房地产开发项目实际发生的费用进行扣除。

（四）与转让房地产有关的税金

与转让房地产有关的税金是指在转让房地产时缴纳的城市维护建设税、印花税。因转让房地产缴纳的教育费附加，也可视同税金予以扣除。

（五）其他扣除项目

对从事房地产开发的纳税人可按《土地增值税暂行条例实施细则》第七条（一）（二）项规定计算的金额之和，加计20%的扣除。在此，应特别指出的是：此项优惠只适用于从事房地产开发的纳税人，除此之外的其他纳税人不适用。这样规定，目的是为了抑制炒买炒卖房地产的投机行为，保护正常开发投资者的积极性。

（六）旧房及建筑物的评估价格

旧房及建筑物的评估价格是指在转让已使用的房屋及建筑物时，由政府批准设立的房地产评估机构评定的重置成本价乘以成新度折扣率后的价格。

三、增值额的确定

增值额即为土地增值税纳税人转让房地产所取得的收入减除规定的扣除项目金额后的余额。

四、应纳税额的计算方法

土地增值税按照纳税人转让房地产所取得的增值额和规定的税率计算征收。土地增值税的计算公式如下：

应纳税额 = ∑（每级距的土地增值额 × 适用税率）

在实际工作中，分步计算土地增值税比较烦琐，一般可以采用速算扣除法计算。根据表 7 – 1 的速算扣除系数，其计算公式如下：

应纳税额 = 土地增值额 × 适用税率 – 扣除项目金额 × 速算扣除率

【例 7 – 1】光华房地产开发公司转让一块已开发的土地使用权，取得转让收入1 200 万元，为取得土地使用权所支付金额 300 万元，开发土地成本 69 万元，开发土地的费用 19 万元，应纳有关税费 66.7 万元。计算应纳土地增值税如下：

①开发费用 19 万元，未超过前两项成本之和的 10%（36.9 万元），可据实扣除。

②扣除项目金额 = （300 + 69） × （1 + 20%） + 19 + 66.7 = 528.5（万元）

③增值额 = 1 200 – 528.5 = 671.5（万元）

④增值额占扣除项目的比例 = 671.5 ÷ 528.5 = 127.06%

⑤应纳税额 = 671.5 × 50% – 528.5 × 15% = 256.475（万元）

五、预缴土地增值税的会计处理

预缴土地增值税的会计处理与企业上缴土地增值税相同，均是借记“应交税费——应交土地增值税”账户，贷记“银行存款”账户。

待房地产营业收入实现时，再按应交的土地增值税，借记“税金及附加”账户，贷记“应交税费——应交土地增值税”账户。企业还可增设“递延所得税资产”账户，以避免“应交税费——应交土地增值税”账户出现借方余额。

【例7-2】光华房地产开发公司在某项目竣工前，预先售出部分房地产而取得收入200万元，假设应预缴土地增值税20万元；项目竣工后，工程全部收入500万元。按税法规定计算，该项目应交土地增值税80万元。会计处理如下：

①收到预收款时：

借：银行存款	2 000 000	
贷：预收账款		2 000 000

②按税务机关核定比例预提应交土地增值税时：

借：递延所得税资产——土地增值税	200 000	
贷：应交税费——应交土地增值税		200 000

③预缴土地增值税时：

借：应交税费——应交土地增值税	200 000	
贷：银行存款		200 000

④实现收入、办理结算时：

借：预收账款	2 000 000	
银行存款	3 000 000	
贷：主营业务收入		5 000 000

⑤按土地增值税的有关规定，计算整个工程项目收入应交土地增值税时：

借：税金及附加	800 000	
贷：应交税费——应交土地增值税		600 000
递延所得税资产——土地增值税		200 000

⑥缴清应交土地增值税时：

借：应交税费——应交土地增值税	600 000	
贷：银行存款		600 000

六、主营房地产业务的企业土地增值税的会计计算

主营房地产业务的企业，是指在企业的经营业务中，房地产业务是企业的主要经营业务，其经营收入在企业全部经营收入中占有较大比重，并且直接影响企业的经济效益。

由于土地增值税是在转让房地产的流转环节纳税，并且是为了取得当期营业收入而支付的费用，因此，应由当期营业收入负担的土地增值税，借记“税金及附加”等账户，贷记“应交税费——应交土地增值税”账户。实际缴纳土地增值税时，借记“应交税费——应交土地增值税”账户，贷记“银行存款”账户。

（一）现货房地产销售

在现货房地产销售情况下，采用一次性收款、房地产移交使用、发票账单提交买

主、钱货两清的，应于房地产移交和发票结算账单提交买主时作为销售实现，借记“银行存款”等账户，贷记“主营业务收入”等账户。同时，计算应由实现的营业收入负担的土地增值税，借记“税金及附加”等账户，贷记“应交税费——应交土地增值税”账户。

采用赊销、分期收款方式销售房地产的，应以合同规定的收款时间作为销售实现，分次结转收入。

【例7-3】 光华房地产开发公司转让高级公寓一幢，共获得货币收入7 500万元，获得购买方原准备盖楼的钢材2 100吨（每吨2 500元）。公司为取得土地使用权所支付的金额1 450万元，开发土地、建房及配套设施等共支出2 110万元，开发费用共计480万元（其中：利息支出295万元，未超过规定标准），转让房地产有关的税金共付47万元。

准予扣除项目金额 = 1 450 + 2 110 + 47 + 295 + (2 110 + 1 450) × 5% + (2 110 + 1 450) × 20% = 4 792（万元）

土地增值额 = 75 000 000 + 2 100 × 2 500 − 47 920 000 = 32 330 000（元）

土地增值额占扣除项目金额比例 = 3 233 ÷ 4 792 = 67%

应纳土地增值税 = 3 233 × 40% − 4 792 × 5% = 1 053.6（万元）

①收入实现时：

借：银行存款	75 000 000	
贷：主营业务收入		75 000 000
借：库存材料	5 250 000	
贷：主营业务收入		5 250 000

②应缴土地增值税时：

借：税金及附加	10 536 000	
贷：应交税费——应交土地增值税		10 536 000

（二）商品房预售

在商品房预售的情况下，商品房交付使用前采取一次性收款或分次收款的，收到购房款时，借记“银行存款”，贷记“预收账款”等；待该商品房交付使用后，开出发票结算账单交给买主时，作为收入实现，借记“应收账款”账户，贷记“主营业务收入”等账户；同时，将“预收账款”转入“应收账款”，并计算由实现的营业收入负担的土地增值税，借记“税金及附加”等账户，贷记“应交税费——应交土地增值税”账户。按照税法规定，该项目全部竣工、办理决算后进行清算，企业收到退回多交的土地增值税，借记“银行存款”等账户，贷记“应交税费——应交土地增值税”账户。补缴土地增值税时，作相反的会计分录。

七、兼营房地产业务的企业土地增值税的会计处理

兼营房地产业务的企业，转让房地产取得的收入，计算应由当期营业收入负担的土地增值税时，记入“其他业务成本”等账户。企业按规定计算出应缴纳的土地增值

税，借记“其他业务成本”账户，贷记“应交税费——应交土地增值税”账户。兼营房地产业务的企业如果没有设置“其他业务成本”账户，计算转让房地产应纳的土地增值税时，应同企业缴纳营业税的会计处理一样，计入相关账户。

企业实际缴纳土地增值税时，借记“应交税费——应交土地增值税”账户，贷记“银行存款”等账户。

【例7-4】兼营房地产业务的光华公司，按6 000元/平方米的价格购入一幢两层楼房，共计1 000平方米，支付价款6 000 000元。后来，该公司没有经过任何开发，以8 000元/平方米的价格出售，取得转让收入8 000 000元，缴纳有关税金300 000元。该公司既不能按转让房地产项目计算分摊利息支出，也不能提供金融机构证明。

①计算土地增值税税额：

扣除项目金额 = 6 000 000 + 6 000 000 × 10% + 300 000 = 6 900 000（元）

增值额 = 8 000 000 − 6 900 000 = 1 100 000（元）

增值额占扣除项目金额的比例 =（1 100 000 ÷ 6 900 000）× 100% = 15.942%

土地增值税税额 = 1 100 000 × 30% = 330 000（元）

②土地增值税的会计处理：

计算应由当期营业收入负担的土地增值税时：

借：其他营业支出　　330 000

　贷：应交税费——应交土地增值税　　330 000

实际缴纳土地增值税时：

借：应交税费——应交土地增值税　　330 000

　贷：银行存款　　330 000

八、转让房地产的土地增值税的会计处理

企业转让国有土地使用权连同地上建筑物及其附着物，一并在“固定资产清理”账户核算。其转让房地产取得的收入，记入“固定资产清理”账户的贷方，应缴纳的土地增值税，记入“固定资产清理”账户的借方，借记“固定资产清理”，贷记“应交税费——应交土地增值税”。

企业转让国有土地使用权连同地上建筑物及其附着物，一并在“在建工程”账户核算。其转让房地产取得的收入，记入“在建工程”账户的贷方，应缴纳的土地增值税，记入“在建工程”账户的借方，借记“在建工程”，贷记“应交税费——应交土地增值税”。

【例7-5】非主营房地产的光华公司买进土地及建筑物，价值420万元。3年后，该企业将土地使用权和地上建筑物一并转让给柳林公司，取得转让收入550万元，应交土地增值税30万元，转让时建筑物累计折旧40万元。作如下会计分录：

①购建时：

借：固定资产　　4 200 000

贷：银行存款　　　　4 200 000

②转让时：

借：固定资产清理　　　　3 800 000

　　累计折旧　　　　400 000

　贷：固定资产　　　　4 200 000

③收到转让收入时：

借：银行存款　　　　5 500 000

　贷：固定资产清理　　　　5 500 000

④计算应交土地增值税时：

借：固定资产清理　　　　300 000

　贷：应交税费——应交土地增值税　　　　300 000

⑤上缴税金时：

借：应交税费——应交土地增值税　　　　300 000

　贷：银行存款　　　　300 000

第三节　土地增值税纳税申报表的填制

1995 年 5 月 17 日，国家税务总局制定并下发了土地增值税纳税申报表。此表包括适用于从事房地产开发纳税人的土地增值税纳税申报表（一）（见表 7－2）和适用于非从事房地产开发纳税人的土地增值税纳税申报表（二）（见表 7－3）。国家税务总局同时规定，纳税人必须按照税法的有关规定，向房地产所在地主管税务机关如实申报转让房地产所取得的收入、扣除项目金额以及应纳土地增值税税额，并按期缴纳税款。

表 7－2　　**土地增值税纳税申报表（一）**

（从事房地产开发的纳税人适用）

填表日期：　　年　　月　　日

纳税人识别号：□□□□□□□□□□□□□□□□□□□□　　金额单位：元（列至角分）

纳税人名称		税款所属时期	
项　目		行次	金 额
一、转让房地产收入总额 1 = 2 + 3		1	
其中	货币收入	2	
	实物收入及其他收入	3	
二、扣除项目金额合计 4 = 5 + 6 + 13 + 16 + 20		4	
1. 取得土地使用权所支付的金额		5	
2. 房地产开发成本 6 = 7 + 8 + 10 + 11 + 12		6	

表7－2（续）

<table>
<tr><td colspan="4">项　目</td><td>行次</td><td>金 额</td></tr>
<tr><td rowspan="6">其中</td><td colspan="3">土地征用及拆迁补偿费</td><td>7</td><td></td></tr>
<tr><td colspan="3">前期工程费</td><td>8</td><td></td></tr>
<tr><td colspan="3">建筑安装工程费</td><td>9</td><td></td></tr>
<tr><td colspan="3">基础设施费</td><td>10</td><td></td></tr>
<tr><td colspan="3">公共配套设施费</td><td>11</td><td></td></tr>
<tr><td colspan="3">开发间接费用</td><td>12</td><td></td></tr>
<tr><td colspan="4">3. 房地产开发费用 13＝14＋15</td><td>13</td><td></td></tr>
<tr><td rowspan="2">其中</td><td colspan="3">利息支出</td><td>14</td><td></td></tr>
<tr><td colspan="3">其他房地产开发费用</td><td>15</td><td></td></tr>
<tr><td colspan="4">4. 与转让房地产有关的税金等 16＝17＋18＋19</td><td>16</td><td></td></tr>
<tr><td rowspan="3">其中</td><td colspan="3">增值税</td><td>17</td><td></td></tr>
<tr><td colspan="3">城市维护建设税</td><td>18</td><td></td></tr>
<tr><td colspan="3">教育费附加</td><td>19</td><td></td></tr>
<tr><td colspan="4">5. 财政部规定的其他扣除项目</td><td>20</td><td></td></tr>
<tr><td colspan="4">三、增值额 21＝1－4</td><td>21</td><td></td></tr>
<tr><td colspan="4">四、增值额与扣除项目金额之比（%）22＝21÷4</td><td>22</td><td></td></tr>
<tr><td colspan="4">五、适用税率（%）</td><td>23</td><td></td></tr>
<tr><td colspan="4">六、速算扣除系数（%）</td><td>24</td><td></td></tr>
<tr><td colspan="4">七、应缴土地增值税税额 25＝21×23－4×24</td><td>25</td><td></td></tr>
<tr><td colspan="4">八、已缴土地增值税税额</td><td>26</td><td></td></tr>
<tr><td colspan="4">九、应补（退）土地增值税税额 27＝25－26</td><td>27</td><td></td></tr>
<tr><td colspan="2">如纳税人填报，由纳税人填写以下各栏</td><td colspan="3">如委托代理人填报，由代理人填写以下各栏</td><td>备注</td></tr>
<tr><td rowspan="3">会计主管
（签章）</td><td rowspan="3">纳税人
（公章）</td><td>代理人名称</td><td></td><td rowspan="2">代理人
（公章）</td><td rowspan="3"></td></tr>
<tr><td>代理人地址</td><td></td></tr>
<tr><td>经办人姓名</td><td></td><td>电话</td></tr>
<tr><td colspan="6">（以下由税务机关填写）</td></tr>
<tr><td colspan="2">收到申报表日期</td><td colspan="2"></td><td>接受</td><td></td></tr>
</table>

表 7－3

土地增值税纳税申报表（二）

（非从事房地产开发的纳税人适用）

填表日期：　　年　　月　　日

纳税人识别号：□□□□□□□□□□□□□□□□□□□□　　金额单位：元（列至角分）

<table>
<tr><td colspan="2">纳税人名称</td><td></td><td>税款所属时期</td><td></td></tr>
<tr><td colspan="3">项　目</td><td>行次</td><td>金额</td></tr>
<tr><td colspan="3">一、转让房地产收入总额 1＝2＋3</td><td>1</td><td></td></tr>
<tr><td rowspan="2">其中</td><td colspan="2">货币收入</td><td>2</td><td></td></tr>
<tr><td colspan="2">实物收入及其他收入</td><td>3</td><td></td></tr>
<tr><td colspan="3">二、扣除项目金额合计 4＝5＋6＋9</td><td>4</td><td></td></tr>
<tr><td colspan="3">1. 取得土地使用权所支付的金额</td><td>5</td><td></td></tr>
<tr><td colspan="3">2. 旧房及建筑物的评估价格 6＝7×8</td><td>6</td><td></td></tr>
<tr><td rowspan="2">其中</td><td colspan="2">旧房及建筑物的重置成本价</td><td>7</td><td></td></tr>
<tr><td colspan="2">成新度折扣率</td><td>8</td><td></td></tr>
<tr><td colspan="3">3. 与转让房地产有关的税金等 9＝10＋11＋12＋13</td><td>9</td><td></td></tr>
<tr><td rowspan="4">其中</td><td colspan="2">增值税</td><td>10</td><td></td></tr>
<tr><td colspan="2">城市维护建设税</td><td>11</td><td></td></tr>
<tr><td colspan="2">印花税</td><td>12</td><td></td></tr>
<tr><td colspan="2">教育费附加</td><td>13</td><td></td></tr>
<tr><td colspan="3">三、增值额 14＝1－4</td><td>14</td><td></td></tr>
<tr><td colspan="3">四、增值额与扣除项目金额之比（%）15＝14÷4</td><td>15</td><td></td></tr>
<tr><td colspan="3">五、适用税率（%）</td><td>16</td><td></td></tr>
<tr><td colspan="3">六、速算扣除系数（%）</td><td>17</td><td></td></tr>
<tr><td colspan="3">七、应缴土地增值税税额 18＝14×16－4×17</td><td>18</td><td></td></tr>
</table>

<table>
<tr><td colspan="2">如纳税人填报，由纳税人填写以下各栏</td><td colspan="3">如委托代理人填报，由代理人填写以下各栏</td><td>备注</td></tr>
<tr><td rowspan="3">会计主管
（签章）</td><td rowspan="3">纳税人
（公章）</td><td>代理人名称</td><td></td><td rowspan="2">代理人
（公章）</td><td rowspan="3"></td></tr>
<tr><td>代理人地址</td><td></td></tr>
<tr><td>经办人姓名</td><td></td><td>电话</td></tr>
<tr><td colspan="6">（以下由税务机关填写）</td></tr>
<tr><td colspan="2">收到申报表日期</td><td colspan="2"></td><td>接受</td><td></td></tr>
</table>

【本章思考题】

1. 土地增值税的特点是什么?

2. 土地增值税的纳税义务人有哪些?

3. 土地增值税的税收优惠有哪些?

4. 柳林公司 2012 年有如下业务:

(1) 1 月，企业从政府取得 A 地 80 亩（1 亩≈666.67 平方米，下同）土地的使用权，支付出让金 600 万元。当月将其中 40 亩土地使用权作价 550 万元作为投资，与另一企业建立合资企业 E;

(2) 3 月，将上述剩余 40 亩土地的使用权，直接转让给附近的一家工厂，转让时价格为 400 万元，缴纳各项税费 22.2 万元;

(3) 4 月，柳林公司从金沙公司购得 B 地 100 亩土地使用权，支付土地转让金 800 万元;

(4) 5 月，企业从 B 地取得的 60 亩土地使用权抵押给银行获得 6 个月贷款 500 万元，12 月企业无法偿还到期贷款，银行将土地拍卖;

(5) 6 月，企业从 B 地取得的 10 亩土地使用权出租给清江公司，每月收取租金 5 万元;

(6) 7 月，企业从 B 地取得的 30 亩土地使用权与光华公司交换取得房产一处，价值 300 万元;

(7) 12 月将 E 企业的股权转让给 F 企业，获得收入 600 万元。

要求：计算本年柳林公司应缴纳的土地增值税。

参考答案:

(1) 1 月柳林公司以土地（房地产）作价入股对外进行投资或作为联营条件的，按规定暂免征土地增值税。因此，该笔业务不予计征土地增值税。

(2) 3 月转让土地使用权取得收入 400 万元。

允许扣除的金额 =22.2 万元

扣除项目金额合计 =300 +22.2 =322.2（万元）

增值额 =400 −322.2 =77.8（万元）

增值率 =77.8 ÷322.2 ×100% ≈24%

应纳土地增值税 =77.8 ×30% =23.34（万元）

(3) 4 月取得土地使用权，不需要缴纳土地增值税。

(4) 抵押后被银行拍卖则需要缴纳土地增值税，以贷款额 500 万元作为收入。

扣除项目金额合计 =60 ×（800 ÷100）=480（万元）

增值额 =500 −480 =20（万元）

增值率 =20 ÷480 ×100% ≈4%

应纳土地增值税 =20 ×30% =6（万元）

(5) 6 月出租土地使用权不需要缴纳土地增值税。

(6) 7 月以土地使用权换取房产视同销售需要缴纳土地增值税，收入是 300 万元。

扣除项目金额合计 = 30 × （800 ÷ 100） = 240（万元）

增值额 = 300 − 240 = 60（万元）

增值率 = 60 ÷ 240 × 100% = 25%

应纳土地增值税 = 60 × 30% = 18（万元）

(7) 以土地使用权投资不征收土地增值税，但是投资后转让股权的则要征收土地增值税，收入为股权转让收入 600 万元。

扣除项目金额合计 = 40 × （600 ÷ 80） = 300（万元）

增值额 = 600 − 300 = 300（万元）

增值率 = 300 ÷ 300 × 100% = 100%

应纳土地增值税 = 300 × 40% − 300 × 5% = 120 − 15 = 105（万元）

第八章　其他税种的会计核算

【学习目的与要求】

1. 明确关税、土地使用税、印花税等 10 个小税种的概念、征税范围、纳税义务人。

2. 掌握每个税种在会计上的核算方法，正确地进行会计处理。

第一节　关税的会计核算

关税是指国家制定的调整关税征收与缴纳权利义务关系的法律规范。我国现行关税法律规范以全国人民代表大会于 2000 年 7 月修正颁布的《中华人民共和国海关法》为法律依据，以国务院于 2003 年 11 月发布的《中华人民共和国进出口关税条例》以及由国务院关税税则委员会审定并报国务院批准，作为条例组成部分的《中华人民共和国海关进出口税则》和《中华人民共和国海关入境旅客行李物品和个人邮递物品征收进口税办法》为基本法规，由负责关税政策制定和征收管理的主管部门依据基本法规拟定的管理办法和实施细则为主要内容。

一、关税概述

（一）关税的概念

关税是指对进出国境的货物、物品征收的一种税收。关税是贯彻对外经济贸易政策的重要手段。它在调节经济、促进改革开放方面，在正确保护民族企业生产、防止国外的经济侵袭、争取关税互惠、促进对外贸易发展、增加国家财政收入方面，都具有重要作用。

（二）关税的分类

依据不同的标准，关税可以划分为不同的种类。

1. 按征收对象划分，有进口税、出口税和过境税

（1）进口税。它是指海关在外国货物进口时所课征的关税。进口税通常在外国货物进入关境或国境时征收；或在外国货物从保税仓库提出运往国内市场时征收。现今世界各国的关税，主要是征收进口税。征收进口税的目的在于保护本国市场和增加财

政收入。

（2）出口税。它是指海关在本国货物出口时所课征的关税。为了降低出口货物的成本，提高本国货物在国际市场上的竞争能力，世界各国一般少征或不征出口税。但为了限制本国某些产品或自然资源的输出，或为了保护本国生产、本国市场供应和增加财政收入以及某些特定的需要，有些国家也征收出口税。

（3）过境税，又称通过税。它是指对外国货物通过本国国境或关境时征收的一种关税。过境税最早产生并流行于欧洲各国，主要是为了增加国家财政收入而征收的。后来由于各国的交通事业发展，竞争激烈，再征收过境税，不仅妨碍国际商品流通，而且还减少港口、运输、仓储等方面的收入。于是自 19 世纪后半期起，各国相继废止征收，1921 年资本主义国家在巴塞罗那签订自由过境公约后，便废除了过境税的条款。

2. 按征收目的划分，有财政关税和保护关税

（1）财政关税，又称收入关税。它是指以增加国家财政收入为主要目的而课征的关税。财政关税的税率比保护关税低，因为过高就会阻碍进出口贸易的发展，达不到增加财政收入的目的。随着世界经济的发展，财政关税的意义逐渐减低，而为保护关税所代替。

（2）保护关税。它是指以保护本国经济发展为主要目的而课征的关税。保护关税主要是进口税，税率较高。通过征收高额进口税，使进口商品成本较高，从而削弱它在进口国市场的竞争能力，甚至阻碍其进口，以达到保护本国经济发展的目的。保护关税是实现一个国家对外贸易政策的重要措施之一。

3. 按征收标准划分，有从量税、从价税、混合税和滑准税

（略）

4. 按税率制定划分，有自主关税和协定关税

（1）自主关税，又称国家关税。它是指一个国家基于其主权，独立自主地制定的、并有权修订的关税，包括关税税率及各种法规、条例。国定税率一般高于协定税率，适用于没有签订关税贸易协定的国家。

（2）协定关税。它是指两个或两个以上的国家，通过缔结关税贸易协定而制定的关税税率。协定关税有双边协定税率、多边协定税率和片面协定税率。双边协定税率是两个国家达成协议而相互减让的关税税率。多边协定税率是两个以上的国家之间达成协议而相互减让的关税税率，如关税及贸易总协定中的相互减让税率的协议。片面协定税率是一国对他国输入的货物降低税率，为其输入提供方便，而他国并不以降低税率回报的税率制度。

5. 按差别待遇和特定的实施情况划分，有进口附加税、差价税、特惠税和普遍优惠制

（1）进口附加税。它是指除了征收一般进口税以外，还根据某种目的再加征额外的关税。它主要有反贴补税和反倾销税。

（2）差价税，又称差额税。它是指当某种本国生产的产品国内价格高于同类的进口商品价格时，为了削弱进口商品的竞争能力，保护国内生产和国内市场，按国内价格与进口价格之间的差额征收的关税。

(3) 特惠税，又称优惠税。它是指对某个国家或地区进口的全部商品或部分商品，给予特别优惠的低关税或免税待遇。但它不适用于从非优惠国家或地区进口的商品。特惠税有的是互惠的，有的是非互惠的。

(4) 普遍优惠制，简称普惠制。它是发展中国家在联合国贸易与发展会议上经过长期斗争，于1968年通过建立普惠制决议后取得的。该决议规定，发达国家承诺对从发展中国家或地区输入的商品，特别是制成品和半成品，给予普遍的、非歧视性的和非互惠的优惠关税待遇。

(三) 关税的征税对象和纳税义务人

关税的纳税范围（对象）是指进出我国国境的货物和物品。货物是指贸易性商品；物品包括入境旅客随身携带的行李和物品、个人邮递物品，各种运输工具上的服务人员携带进口的自用物品、馈赠物品，以及其他方式进入我国国境的个人物品。

进口货物的收货人、出口货物的发货人、进出境物品的所有人，是关税的纳税义务人。

进出口货物的收、发货人是依法取得对外贸易经营权，并进口或者出口货物的法人或者其他社会团体。进出境物品的所有人包括该物品的所有人和推定为所有人的人。一般情况下，对于携带进境的物品，推定其携带人为所有人；对分离运输的行李，推定相应的进出境旅客为所有人；对以邮递方式进境的物品，推定其收件人为所有人；以邮递或其他运输方式出境的物品，推定其寄件人或托运人为所有人。

(四) 关税的完税价格

关税的完税价格具体包括：

1. 进口货物的完税价格

进口货物的完税价格是指以海关审定的成交价格为基础的到岸价格作为完税价格。到岸价格包括货价，加上货物运抵中国关境内输入地点起卸前的包装费、运费、保险费和其他劳务费等费用。

2. 出口货物的完税价格

出口货物完税价格是指以海关审定的货物售价与境外的离岸价格，扣除出口关税后，作为完税价格。

二、关税的会计核算

(一) 关税核算会计科目的设置

企业缴纳进出口关税，应设置“应交税费——应交关税”科目进行核算，企业按规定计算应纳税额时，借记有关科目，贷记“应交税费——应交关税”；实际缴纳时，借记“应交税费——应交关税”，贷记“银行存款”。

(二) 自营进出口关税的核算

自营进出口是指由有进出口自营权的企业办理对外洽谈和签订进出口合同，执行合同并办理运输、开证、付汇全过程，并自负进出口盈亏。

自营进口商品计算应纳关税额时，借记“物资采购”等科目，贷记“应交税费——应交关税”，按规定时间缴纳税款时，借记“应交税费——应交关税”，贷记“银行存款”。自营出口商品计算应纳关税额时，借记“税金及附加”等科目，贷记“应交税费——应交关税”。

【例8－1】某进出口公司柳林公司自营出口商品一批，我国口岸FOB价格折合人民币为720 000元，出口关税税率为20%，根据海关开出的专用缴款书，以银行转账支票付讫税款。计算出口关税如下：

出口关税＝720 000÷（1＋20%）×20%＝120 000（元）

作会计分录如下：

借：税金及附加　　120 000

　贷：应交税费——出口关税　　120 000

【例8－2】某外贸公司光华公司从国外自营进口商品一批，CIF价格折合人民币为400 000元，进口关税税率为40%，计算应交关税并进行账务处理。

应交关税＝400 000×40%＝160 000（元）

作会计分录如下：

计提关税时：

借：物资采购　　560 000

　贷：应交税费——进口关税　　160 000

　　　应付账款　　400 000

支付关税时：

借：应交税费——进口关税　　160 000

　贷：银行存款　　160 000

（三）代理进出口关税的核算

代理进出口是外贸企业接受国内委托方的委托，办理对外洽谈和签订进出口合同，执行合同并办理运输、开证、付汇全过程的进出口业务。受托企业进出口商品计算应纳关税时，借记“应收账款”等有关科目，贷记“应交税费——应交关税”科目；代交进口关税时，借记“应交税费——应交关税”科目，贷记“银行存款”科目；收到委托单位的税款时，借记“银行存款”科目，贷记“应收账款”科目。受托企业不负担进出口盈亏，只按规定收取一定比例的手续费。

【例8－3】某进出口公司柳林公司代理某工厂出口一批商品。我国口岸FOB价折合人民币为360 000元，出口关税税率为20%，手续费为10 800元。计算应缴出口关税如下：

应交关税：360 000÷（1＋20%）×20%＝60 000（元）

作会计分录如下：

计缴出口关税时：

借：应收账款——××单位　　60 000

　贷：应交税费——出口关税　　60 000

缴纳出口关税时：

借：应交税费——出口关税　　60 000

　贷：银行存款　　60 000

应收手续费时：

借：应收账款——××单位　　10 800

　贷：代购代销收入——手续费　　10 800

收到委托单位付来的税款及手续费时：

借：银行存款　　70 800

　贷：应收账款——××单位　　70 800

第二节　土地使用税的会计核算

一、城镇土地使用税概述

城镇土地使用税法是指国家制定的调整城镇土地使用税征收与缴纳权利及义务关系的法律规范。现行城镇土地使用税法的基本规范，是2006年12月31日国务院修改并颁布的《中华人民共和国城镇土地使用税暂行条例》，2013年12月4日国务院第32次常务会议做了部分修改（2013年12月7日起实施）（以下简称《城镇土地使用税暂行条例》）。

（一）城镇土地使用税的概念

城镇土地使用税是以国有土地为征税对象，对拥有土地使用权的单位和个人征收的一种税。征收城镇土地使用税有利于促进土地的合理使用，调节土地级差收入，也有利于筹集地方财政资金。

（二）纳税义务人

在城市、县城、建制镇、工矿区范围内使用土地的单位和个人，为城镇土地使用税（以下简称土地使用税）的纳税人。

上述所称单位，包括国有企业、集体企业、私营企业、股份制企业、外商投资企业、外国企业以及其他企业和事业单位、社会团体、国家机关、军队以及其他单位；所称个人，包括个体工商户以及其他个人。

（三）征税范围

城镇土地使用税的征税范围，包括在城市、县城、建制镇和工矿区内的国家所有和集体所有的土地。

上述城市、县城、建制镇和工矿区分别按以下标准确认：

（1）城市是指经国务院批准设立的市。

（2）县城是指县人民政府所在地。

（3）建制镇是指经省、自治区、直辖市人民政府批准设立的建制镇。

（4）工矿区是指工商业比较发达，人口比较集中，符合国务院规定的建制镇标准，但尚未设立建制镇的大中型工矿企业所在地，工矿区须经省、自治区、直辖市人民政府批准。

上述城镇土地使用税的征税范围中，城市的土地包括市区和郊区的土地，县城的土地是指县人民政府所在地的城镇的土地，建制镇的土地是指镇人民政府所在地的土地。

建立在城市、县城、建制镇和工矿区以外的工矿企业不需要缴纳城镇土地使用税。

二、税率、计税依据和应纳税额的计算

（一）税率

城镇土地使用税采用定额税率，即采用有幅度的差别税额，按大、中、小城市和县城、建制镇、工矿区分别规定每平方米土地使用税年应纳税额。具体标准如下：

（1）大城市 1.5 ~30 元；

（2）中等城市 1.2 ~24 元；

（3）小城市 0.9 ~18 元；

（4）县城、建制镇、工矿区 0.6 ~12 元。

大、中、小城市以公安部门登记在册的非农业正式户口人数为依据，按照国务院颁布的《城市规划条例》中规定的标准划分。人口在 50 万人以上者为大城市；人口在 20 万 ~50 万人之间者为中等城市；人口在 20 万以下者为小城市。

（三）应纳税额的计算方法

按规定计算出应缴的土地使用税时：

借：税金及附加

　　贷：应交税金——应交土地使用税

城镇土地使用税的应纳税额可以通过纳税人实际占用的土地面积乘以该土地所在地段的适用税额求得。其计算公式为：

全年应纳税额 = 实际占用应税土地面积（平方米）×适用税额

【例 8 -4】设在某城市的一家企业使用土地面积为 10 000 平方米，经税务机关核定；该土地为应税土地，每平方米年税额为 4 元。请计算其全年应纳的土地使用税税额。

全年应纳税额 = 10 000 ×4 = 40 000（元）

借：税金及附加　　　　40 000

　　贷：应交税金——应交土地使用税　　　　40 000

第三节　印花税的会计核算

一、印花税概述

印花税法是指国家制定的用以调整印花税征收与缴纳权利及义务关系的法律规范。现行印花税法的基本规范，是1988年8月6日国务院发布并于同年10月1日实施的《中华人民共和国印花税暂行条例》（以下简称《印花税暂行条例》）。

（一）印花税的概念

印花税是以经济活动和经济交往中，书立、领受应税凭证的行为为征税对象征收的一种税。印花税因其采用在应税凭证上粘贴印花税票的方法缴纳税款而得名。征收印花税有利于增加财政收入、有利于配合和加强经济合同的监督管理、有利于培养纳税意识，也有利于配合对其他应纳税种的监督管理。

（二）纳税义务人

印花税的纳税义务人，是在中国境内书立、使用、领受印花税法所列举的凭证并应依法履行纳税义务的单位和个人。

所称单位和个人，是指国内各类企业、事业、机关、团体、部队以及中外合资企业、合作企业、外资企业、外国公司和其他经济组织及其在华机构等单位和个人。

上述单位和个人，按照书立、使用、领受应税凭证的不同，可以分别确定为立合同人、立据人、立账簿人、领受人、使用人和各类电子应税凭证的签订人。

二、税目与税率

（一）税目

印花税的税目，指印花税法明确规定的应当纳税的项目，它具体划定了印花税的征税范围。一般地说，列入税目的就要征税，未列入税目的就不征税，印花税共有13个税目。

（1）购销合同。

（2）加工承揽合同。

（3）建设工程勘察设计合同。

（4）建筑安装工程承包合同。

（5）财产租赁合同。

（6）货物运输合同。

（7）仓储保管合同。

（8）借款合同。

（9）财产保险合同。

（10）技术合同。

（11）产权转移书据。

（12）营业账簿。

（13）权利、许可证照。

（二）税率

印花税的税率设计，遵循税负从轻、共同负担的原则。所以，税率比较低；凭证的当事人，即对凭证有直接权利与义务关系的单位和个人均应就其所持凭证依法纳税。

印花税的税率有两种形式，即比例税率和定额税率。

1. 比例税率

在印花税的13个税目中，各类合同以及具有合同性质的凭证（含以电子形式签订的各类应税凭证）、产权转移书据、营业账簿中记载资金的账簿，适用比例税率。

印花税的比例税率分为4个档次，分别是0.05‰、0.3‰、0.5‰、1‰。

（1）适用0.05‰税率的为“借款合同”。

（2）适用0.3‰税率的为“购销合同”“建筑安装工程承包合同”“技术合同”。

（3）适用0.5‰税率的为“加工承揽合同”“建筑工程勘察设计合同”“货物运输合同”“产权转移书据”“营业账簿”税目中记载资金的账簿（自2018年5月1日起，减半征收印花税）。

（4）适用1‰税率的为“财产租赁合同”“仓储保管合同”“财产保险合同”。

（5）在上海证券交易所、深圳证券交易所、全国中小企业股份转让系统买卖、继承、赠予优先股所书立的股权转让书据，均依书立时实际成交金额，由出让方按1‰的税率计算缴纳证券（股票）交易印花税。

（6）香港市场投资者通过沪港通买卖、继承、赠予上交所上市A股，按照内地现行税制规定缴纳证券（股票）交易印花税。内地投资者通过沪港通买卖、继承、赠予联交所上市股票，按照香港特别行政区现行税法规定缴纳印花税。

2. 定额税率

在印花税的13个税目中，“权利、许可证照”适用定额税率，均为按件贴花，税额为5元。这样规定，主要是考虑到上述应税凭证比较特殊，有的是无法计算金额的凭证，例如权利、许可证照；有的是虽记载有金额，但以其作为计税依据又明显不合理的凭证，例如其他账簿。采用定额税率，便于纳税人缴纳，便于税务机关征管。

三、印花税的会计核算

纳税人的应纳税额，根据应纳税凭证的性质，分别按比例税率或者定额税率计算，其计算公式为：

应纳税额 = 应税凭证计税金额（或应税凭证件数）× 适用税率

（1）按合同自贴花：根据《印花税暂行条例》，由合同书立人在合同书立或领受时自行贴花。纳税人在购入税票时做账：

借：预付账款

贷：银行存款

书立合同贴花时做账：

借：税金及附加

贷：预付账款

一份凭证应纳税额超过500元的，应向当地税务机关申请填写缴款书或者完税证，将其中一联粘贴在凭证上或者由税务机关在凭证上加注完税标记代替贴花。此时，做账：

借：税金及附加

贷：银行存款

（2）汇总缴纳：同一种类应纳税凭证，需频繁贴花的，应向当地税务机关申请按期汇总缴纳印花税。

汇总缴纳印花税，每月计提印花税时，作分录：

借：税金及附加

贷：应交税费——应交印花税

实际缴纳时，作分录：

借：应交税费——应交印花税

贷：银行存款

【例8-5】某建筑安装公司金沙公司承包某工厂建筑工程一项，工程造价60 000 000元，按照经济合同法，双方签订建筑承包工程合同。按照规定，订立建筑安装工程承包合同，应按合同金额的0.03‰贴花。

应纳税额=60 000 000×0.03‰=1 800（元）

借：税金及附加——印花税　　1 800

贷：应交税费——印花税　　1 800

借：应交税费——印花税　　1 800

贷：银行存款　　1 800

第四节　船舶吨税的会计核算

现行船舶吨税的规范是2011年11月23日国务院第182次常务会议通过并公布的《中华人民共和国船舶吨税暂行条例》，自2012年1月1日起施行。2017年12月27日发布了《中华人民共和国船舶吨税法》，从2018年7月1日起正式实施。

一、征税范围和税率

（一）征税范围

自中华人民共和国境外港口进入境内港口的船舶（以下简称应税船舶），应当缴纳船舶吨税（以下简称吨税）。吨税的税目、税率依照《吨税税目税率表》执行。

（二）税率

吨税设置优惠税率和普通税率。中华人民共和国国籍的应税船舶，船籍国（地区）与中华人民共和国签订含有相互给予船舶税费最惠国待遇条款的条约或者协定的应税船舶，适用优惠税率。其他应税船舶，适用普通税率。《吨税税目税率表》的调整，由国务院决定（见表8－1）。

表8－1　　吨税税目税率表

税目（按船舶净吨位划分）	税率（元/净吨）						备注
	普通税率（按执照期限划分）			优惠税率（按执照期限划分）			
	1年	90日	30日	1年	90日	30日	
不超过2 000净吨	12.6	4.2	2.1	9.0	3.0	1.5	拖船和非机动驳船驳船分别按相同净吨位船舶税率的50%计征税款
超过2 000净吨，但不超过10 000净吨	24.0	8.0	4.0	17.4	5.8	2.9	
超过10 000净吨，但不超过50 000净吨	27.6	9.2	4.6	19.8	6.6	3.3	
超过50 000净吨	31.8	10.6	5.3	22.8	7.6	3.8	

注：拖船，是指专门用于拖（推）动运输船舶的专业作业船舶，拖船按照发动机功率每1千瓦折合净吨位0.67吨；非机动驳船，是指在船舶管理部门登记为驳船的非机动船舶。

二、应纳税额的会计核算

吨税按照船舶净吨位和吨税执照期限征收，应纳税额按照船舶净吨位乘以适用税率计算。净吨位，是指由船籍国（地区）政府授权签发的船舶吨位证明书上标明的净吨位。计算公式为：

应纳税额＝船舶净吨位×定额税率

船舶吨税是海关代为对进出中国港口的国际航行船舶征收的一种税。其征收税款主要用于港口建设维护及海上干线公用航标的建设维护。开征船舶吨税的基本法律依据是1952年9月29日中国海关总署发布的《中华人民共和国海关船舶吨税暂行办法》。

账务处理：

计提时：

借：税金及附加

　贷：应交税费——应交车船使用税

交纳时：

借：应交税费——应交车船使用税

　贷：银行存款（或现金）

船舶吨税由船舶使用人（船长）或其委托的外轮代理公司为纳税人。船舶吨税纳税人，应当在海关签发吨税缴款书之次日起15日内向指定银行缴清税款。逾期未缴纳的，则要按日征收万分之五的税款滞纳金。纳税人缴清船舶吨税后，海关填发船舱吨税执照，交纳税人收存。

【例8－6】B国某运输公司一艘货轮驶入我国某港口，该货轮净吨位为30 000吨，货轮负责人已向我国该海关领取了吨税执照，在港口停留期限为30天，B国已与我国签订有相互给予船舶税费最惠国待遇条款。请计算该货轮负责人应向我国海关缴纳的船舶吨税。

（1）根据船舶吨税的相关规定，该货轮座享受优惠税率，每净吨位为3.3元。

（2）应缴纳船舶吨税＝30 000×3.3＝99 000（元）。

计提时：

借：税金及附加　　99 000

　贷：应交税费——应交车船使用税　　99 000

交纳时：

借：应交税费——应交车船使用税　　99 000

　贷：银行存款（或库存现金）　　99 000

第五节　车辆购置税的会计核算

一、车辆购置税的概述

（一）车辆购置税概念

车辆购置税是指以在中国境内购置规定的车辆为课税对象、在特定的环节向车辆购置者征收的一种税。就其性质而言，属于直接税的范畴。车辆购置税的征税范围包括：汽车、摩托车、电车、挂车、农用运输车。

现行车辆购置税法的基本规范，是2000年10月22日国务院令第294号颁布并于2001年1月1日起施行的《中华人民共和国车辆购置税暂行条例》（以下简称《车辆购置税暂行条例》）。

（二）车辆购置税的纳税义务人

车辆购置税的纳税义务人是指在中华人民共和国境内购置应税车辆的单位和个人。其中，购置是指购买使用行为、进口使用行为、受赠使用行为、自产自用行为、获奖使用行为以及以拍卖、抵债、走私、罚没等方式取得并使用的行为。这些都属于车辆购置税的应税行为。

（三）车辆购置税的税率与计税依据

车辆购置税实行统一比例税率，税率为10%。

其计税依据有以下几种情况：

1. 购买自用应税车辆计税依据的确定

纳税人购买自用的应税车辆以计税价格为计税依据。计税价格为纳税人支付给销售者的全部价款和价外费用，不包括增值税税款。价外费用是指销售方价外向购买方收取的基金、集资费、返还利润、补贴、违约金（延期付款利息）和手续费、包装费、储存费、优质费、运输装卸费、保管费、代收款项、代垫款项以及其他各种性质的价外收费。

2. 进口自用应税车辆计税依据的确定

纳税人进口自用的应税车辆以组成计税价格为计税依据。计税价格的计算公式为：

计税依据 = 关税完税价格 + 关税 + 消费税

或 $$组成计税价格 = \frac{关税完税价格 + 关税}{1 - 消费税税率}$$

3. 其他自用应税车辆计税依据的确定

纳税人自产、受赠、获奖或者以其他方式取得并自用的应税车辆的计税价格，按购置该型号车辆的价格的确认不能取得购置价格的，则由主管税务机关参照国家税务总局核定的应税车辆最低计税价格核定。

4. 最低计税价格作为计税依据的确定

纳税人购买自用或者进口自用应税车辆，申报的计税价格低于同类型应税车辆的最低计税价格，又无正当理由的，计税依据为最低计税价格。

二、车辆购置税的会计核算

企业缴纳的车辆购置税应当作为所购置车辆的成本。由于车辆购置税是一次性缴纳，因此它可以不通过"应交税费"账户进行核算，而是通过"固定资产"和"银行存款"等账户进行核算。

在进行具体会计核算时，根据企业实际缴纳的车辆购置税，作如下分录：

借：固定资产

　贷：银行存款

【例 8-7】某企业购置小轿车一辆，支付小轿车价款 100 000 元，同时按照车辆购置税的规定税率 10% 缴纳车辆购置税 10 000 元。则其纳税的会计处理为：

借：固定资产　　10 000

　贷：银行存款　　10 000

第六节　房产税的会计核算

一、房产税概述

（一）房产税的概念

房产税是指以房屋为征税对象，以房屋的计税余值或租金收入为计税依据，向房屋产权所有人征收的一种财产税。现行房产税法的基本规范，是 1986 年 9 月 15 日国务院颁布的《中华人民共和国房产税暂行条例》（以下简称《房产税暂行条例》）。

（二）房产税的纳税义务人

房产税以在征税范围内的房屋产权所有人为纳税人，其中：

（1）产权属国家所有的，由经营管理单位纳税；产权属集体和个人所有的，由集体单位和个人纳税。

（2）产权出典的，由承典人纳税。

（3）产权所有人、承典人不在房屋所在地的，由房产代管人或者使用人纳税。

（4）产权未确定及租典纠纷未解决的，亦由房产代管人或者使用人纳税。

（5）无租使用其他房产的问题。纳税单位和个人无租使用房产管理部门、免税单位及纳税单位的房产，应由使用人代为缴纳房产税。

（6）自2009年1月1日起，外商投资企业、外国企业和组织以及外籍个人，依照《中华人民共和国房产税暂行条例》缴纳房产税。

（三）房产税的计税依据与税率

按照房产余值征税的，称为从价计征；按照房产租金收入计征的，称为从租计征。

1. 计税依据

（1）从价计征：房产税依照房产原值一次减除10%～30%后的余值计算缴纳。

扣除比例由当地政府规定。

房产原值：应包括与房屋不可分割的各种附属设备或一般不单独计算价值的配套设施。主要有：暖气、卫生、通风等，纳税人对原有房屋进行改建、扩建的，要相应增加房屋的原值。

（2）从租计征：房产出租的，以房产租金收入为房产税的计税依据。

2. 税率

（1）按房产余值计征的，年税率为1.2%；

（2）按房产出租的租金收入计征的，税率为12%。但对个人按市场价格出租的居民住房，用于居住的，可暂减按4%的税率征收房产税。

3. 应纳税额的计算

（1）从价计征的计算。从价计征是按房产的原值减除一定比例后的余值计征，其计算公式为：

应纳税额＝应税房产原值×（1－扣除比例）×年税率1.2%

（2）从租计征的计算。从租计征是按房产的租金收入计征。其计算公式为：

应纳税额＝租金收入×12%（或4%）

二、房产税的会计核算

为了反映和核算企业应缴、已缴、多缴或欠缴的房产税的情况，企业应在会计上设置“应交税费——应交房产税”科目进行核算。

当企业计算出应缴的房产税时，借记“税金及附加”科目，贷记“应交税费——应交房产税”科目；当按规定实际上缴房产税时，借记“应交税费——应交房产税”科目，贷记“银行存款”等科目。

（1）按月计算出应缴纳的房产税时：

借：税金及附加

贷：应交税费——应交房产税

（2）实际以银行存款缴纳房产税时：

借：应交税费——应交房产税

贷：银行存款

第七节　车船税的会计核算

一、车船税概述

（一）车船税的概念

车船税是指对在我国境内车辆、船舶的所有人或者管理人所征收的一种税。现行车船税法的基本规范，是2011年2月25日，由中华人民共和国第十一届全国人民代表大会常务委员会第十九次会议通过的《中华人民共和国车船税法》（以下简称车船税法），自2012年1月1日起施行。

（二）车船税的纳税义务人和征税范围

车船税的纳税义务人是指在中华人民共和国境内，车辆、船舶（以下简称车船）的所有人或者管理人，应当依照《中华人民共和国车船税暂行条例》的规定缴纳车船税。

车船税的征税范围是指在中华人民共和国境内属于车船税法所附《车船税税目税额表》规定的车辆、船舶。车辆、船舶是指：

（1）依法应当在车船管理部门登记的机动车辆和船舶；

（2）依法不需要在车船管理部门登记、在单位内部场所行驶或者作业的机动车辆和船舶。

二、车船税的会计核算

企业缴纳的车船税，应通过“应交税费——应交车船税”科目进行核算。该科目的贷方反映企业应缴纳的车船税税额，借方反映企业已经缴纳的车船税税额。其余额在贷方，表示企业应缴而未缴的车船税。

（1）月份终了，企业计算出应缴纳的车船使用税税额时：

借：税金及附加

贷：应交税费——应交车船税

（2）按规定，车船税按年征收，分期缴纳。具体纳税期限由省、自治区、直辖市人民政府规定。企业在缴纳税款时：

借：应交税费——应交车船税

贷：银行存款

第八节 耕地占用税的会计核算

一、耕地占用税概述

（一）耕地占用税的概念

耕地占用税是指对在我国境内占用耕地建房或者从事其他非农业建设的单位和个人，按其实际占用面积定额征用的一种税。耕地占用税是国家为了利用土地资源，加强土地管理，保护农用耕地而征收的一种税。耕地占用税以实际占用的耕地面积计税，按照规定税额一次征收。现行耕地占用税法的基本规范，是2007年12月1日国务院重新颁布的《中华人民共和国耕地占用税暂行条例》（以下简称《耕地占用税暂行条例》）。

（二）耕地占用税的纳税义务人和征税范围

根据《耕地占用税暂行条例》的规定，占用耕地建房或者从事非农业建设的单位或者个人，为耕地占用税的纳税人，应当依照本条例规定缴纳耕地占用税。

耕地占用税的征税范围包括国家所有和集体所有的耕地。上述耕地是指用于种植农作物的土地，包括种植粮食作物、经济作物的土地、菜地、园地（包括苗圃、花圃、茶园、果园、桑园和其他种植经济林木的土地），也包括新开荒地、休闲地、轮歇地、草田轮作地。占用前三年之内曾经用于种植农作物的土地、占用鱼塘和其他农业用地建房或者从事其他非农业建设，视同占用耕地。占用已开发用于种植、养殖的滩涂、草场、水面和林地等从事非农业建设的，是否征收耕地占用税，由各省、自治区、直辖市根据当地的具体情况自行确定。

（三）耕地占用税的应纳税额的计算

耕地占用税以纳税人实际占用的耕地面积（平方米）为计税依据，乘以所在地区适用的单位税额计算应纳税额。其计算公式为：

应纳税额 = 实际占用的耕地面积（平方米）×适用税额

二、耕地占用税的会计核算

由于耕地占用税是在实际占用耕地之前一次性缴纳的，不存在与征税机关清算和结算的问题，因此企业按规定缴纳的耕地占用税，可以不通过“应交税费”科目核算。企业为购建固定资产而缴纳的耕地占用税，作为固定资产价值的组成部分，记入“在建工程”科目。

【例8-8】金沙公司2013年1月1日经批准征用耕地3 000平方米用于建设厂房，当地政府规定的耕地占用税税额为20元/平方米。则实际向征收机关申报缴纳耕地占用税时作如下会计分录：

借：在建工程	60 000	
贷：银行存款		60 000

【例8－9】某房地产开发企业清江公司经土地管理部门批准征用土地16 000平方米用于房地产开发。当地政府规定的耕地占用税税额为6元/平方米。则实际向征收机关申报缴纳耕地占用税时作如下会计分录：

借：开发成本　　96 000

　贷：银行存款　　96 000

第九节　契税的会计核算

一、契税概述

（一）契税的概念

契税是指以所有权发生转移的不动产为征税对象，向产权承受人征收的一种税。按照税法规定，在我国境内转移土地、房屋权属（即土地使用权、房屋所有权），承受（指通过购买、受让、受赠、交换等方式取得土地使用权、房屋所有权）的单位和个人，为契税的纳税人。现行契税法的基本规范，是1997年7月7日国务院发布并于同年10月1日开始实施的《中华人民共和国契税暂行条例》（以下简称《契税暂行条例》）。

（二）契税的征税对象和税率

（1）契税的征税对象是境内转移土地、房屋权属，具体包括以下六项内容：

①国有土地使用权出让，是指土地使用者向国家交付土地使用权出让费用，国家将国有土地使用权在一定年限内让与土地使用者的行为。

②土地使用权的转让，是指土地使用者以出售、赠予、交换或者其他方式将土地使用权转移给其他单位和个人的行为。土地使用权的转让不包括农村集体土地承包经营权的转移。

③房屋买卖，是指房屋所有者将其房屋出售，由承受者交付货币、实物、无形资产或者其他经济利益的行为。

④房屋赠予，是指房屋所有者将其房屋无偿转让给受赠者的行为。

⑤房屋交换，是指房屋所有者之间互相交换房屋的行为。

⑥承受国有土地使用权支付的土地出让金，对承受国有土地使用权所应支付的土地出让金，要计征契税。不得因减免土地出让金而减免契税。

（2）契税实行3%～5%的幅度税率，实行幅度税率是考虑到我国经济发展不平衡，各地经济差别较大的实际情况。

二、契税的会计核算

企业按规定计算应缴纳的契税，借记“在建工程”“固定资产”“无形资产”等科目，贷记“应交税费——应交契税”科目。实际上缴契税，借记“应交税费——应交契税”科目，贷记“银行存款”科目。

（1）对于企业取得的土地使用权，若是有偿取得的，一般应作为无形资产入账。相应地，为取得该项土地使用权而缴纳的契税，也应当计入无形资产价值。

【例8－10】某中外合资企业柳林公司2012年12月从当地政府手中取得某块土地使用权，支付土地使用权出让费1 200 000元，省政府规定契税的税率为3%。则按规定企业应当缴纳的契税为：

应纳税额＝1 200 000×3%＝36 000（元）

企业在实际缴纳契税时应作如下会计分录：

借：无形资产——土地使用权　　36 000

　贷：银行存款　　36 000

（2）若该土地使用权为无偿取得，则一般不将该土地使用权作为无形资产入账。相应地，企业缴纳的契税，可作为当期费用入账。

【例8－11】某福利工厂光华工厂2012年11月收到当地政府无偿划入土地一块，该企业申报缴纳契税，契税征收机关参照同样土地市价，确定该土地使用权价格为600 000元，当地政府规定契税税率为4%，则：

应纳税额＝600 000×4%＝24 000（元）

企业实际缴纳契税时作如下会计分录：

借：管理费用　　24 000

　贷：银行存款　　24 000

（3）对于企业承受房屋权属所应缴纳的契税，不管是有偿取得还是无偿取得，按规定都应当计入固定资产价值。

【例8－12】清江公司2009年购入办公房一幢，价值6 400 000元，当地政府规定契税税率为3%，企业按规定申报缴纳契税。其应纳税额为：

应纳税额＝6 400 000×3%＝192 000（元）

企业在实际缴纳契税时作如下会计分录：

借：固定资产　　192 000

　贷：银行存款　　192 000

第十节　城市维护建设税及教育费附加的会计核算

一、城市维护建设税及教育费附加概述

城市维护建设税是我国为了加强城市的维护建设，扩大和稳定城市维护建设资金来源开征的一个税种。城市维护建设税的纳税人是在征税范围内从事工商经营，并缴纳消费税、增值税、营业税的单位和个人。外商投资企业和外国企业暂不缴纳城市维护建设税。

教育费附加是具有专项用途的，为了地方教育事业筹集资金的一种附加；也是对

缴纳增值税、消费税、营业税的单位和个人，就其实际缴纳的税额为计算依据征收的一种附加费。

二、城市维护建设税及教育费附加的会计核算

企业应设置“应交税费——应交城市维护建设税”明细科目，用来核算企业城市维护建设税的计提与缴纳情况。每月计提应交城市维护建设税时，借记“税金及附加”或“其他业务成本”科目，贷记“应交税费——应交城市维护建设税”科目；实际缴纳税款时，借记“应交税费——应交城市维护建设税”科目，贷记“银行存款”科目。该科目期末贷方余额表示企业应交未交的城市维护建设税款。

教育费附加是国家为了发展地方教育事业而随同“三税”同时征收的一种附加费。严格来说教育费附加不属于税收的范畴，但由于同城市维护建设税类似，因此，也可以视同税款进行核算。教育费附加的征收对象、计费依据、计算方法和征收管理与城市维护建设税相同。企业对教育费附加通过“应交税费——应交教育费附加”明细科目核算。

【例 8 - 13】 光华公司在市区，2008 年 6 月实际缴纳增值税款为 430 万元，消费税款为 70 万元。则城市维护建设税、教育费附加的金额和会计处理为：

应纳城市维护建设税额 = (430 + 70) × 7% = 35（万元）

应交的教育费附加 = (430 + 70) × 3% = 15（万元）

核算时的会计处理如下：

借：税金及附加　　500 000

　贷：应交税费——应交城市维护建设税　　350 000

　　　　　　——应交教育费附加　　150 000

实际缴纳时：

借：应交税费——应交城市维护建设税　　350 000

　　　　——应交教育费附加　　150 000

　贷：银行存款　　500 000

【本章思考题】

1. 关税的含义是什么？完税价格的含义是什么？
2. 关税的会计处理分为几种情况？分别怎样处理？
3. 土地使用税、印花税、车辆购置税的含义分别是什么？如何进行会计处理？
4. 房产税、车船税、耕地占用税、契税的含义是什么？怎样进行会计处理？
5. 城市维护建设税与教育费附加的含义与会计核算方法是什么？
6. 某单位委托某进出口公司进口商品一批，进口货款 2 550 000 元已汇入进出口公司存款户。该进口商品我国口岸 CIF 价格为 USD 240 000，进口关税税率为 20%，当日的外汇牌价为 USD 1 = RMB 8.64，代理手续费按货价的 2% 收取。现该批商品已运达，

向委托单位办理结算。如何进行会计处理？

参考答案：

计算该批商品的人民币货价如下：

240 000×8.64＝2 073 600（元）

计算进口关税如下：

2 073 600×20%＝414 720（元）

计算代理手续费如下：

2 073 600×2%＝41 472（元）

根据上述计算资料，该进出口公司接受委托单位货款及向委托单位收取关税和手续费等。作会计分录如下：

收到委托单位划来进口货款时：

借：银行存款　　2 550 000

　贷：应付账款——××单位　　2 550 000

对外付汇进口商品时：

借：应收账款——××外商　　2 073 600

　贷：银行存款　　2 073 600

支付进口关税时：

借：应付账款——××单位　　414 720

　贷：应交税费——进口关税　　414 720

借：应交税费——进口关税　　414 720

　贷：银行存款　　414 720

将进口商品交付委托单位并收取手续费时：

借：应付账款——××单位　　2 115 072

　贷：代购代销收入——手续费　　41 472

　　　应收账款——××外商　　2 073 600

将委托单位剩余的进口货款退回时：

借：应付账款——××单位　　20 208

　贷：银行存款　　20 208